Sieben Frauen in Tibet

Sieben Frauen in Tibet

Auf den Spuren von Alexandra David-Néel

VON MARIE JAOUL DE PONCHEVILLE

mit Fotos von
Franz Christoph Giereke
Jeanne Mascolo de Filippis
Dr. Gyurme Dorje
und Snafu Wowkonowicz

Aus dem Französischen von
Annette Lallemand und
Eva-Liselotte Schmid

CIP-Titelaufnahme der Deutschen Bibliothek

Poncheville, Marie Jaoul de:
Sieben Frauen in Tibet : auf den Spuren von Alexandra David-Néel / von Marie Jaoul de Poncheville. Mit Fotos von Jeanne Mascolo de Filippis und Gyurme Dorje. Aus dem Franz. von Annette Lallemand und Eva-Liselotte Schmid. – 1. Aufl. – Köln : vgs, 1991
  Einheitssacht.: Sept femmes au Tibet <dt.>
  ISBN 3-8025-2203-6

Das Buch basiert auf der gleichnamigen
Fernsehreihe, die vom WDR, Köln, Filmpool GmbH, Köln
und F.-Productions, Paris, koproduziert wurde.

Titel der französischen Originalausgabe:
Sept Femmes au Tibet
Sur Les Traces D'Alexandra David-Néel
Voyage au Tibet Oriental

Text von Marie Jaoul de Poncheville
© Editions Albin Michel S.A. – Paris 1990

1. Auflage 1991
© vgs verlagsgesellschaft Köln 1991
Lektorat: Brigitte Kempkens
Satz: ICS Communikations-Service GmbH, Bergisch Gladbach
Schutzumschlag: Papen Agentur, Köln
Druck und Verarbeitung: May + Co., Darmstadt
Printed in Germany
ISBN 3-8025-2203-6

*Meinem Großvater
Guy de Miniac,
dem tibetischen Ritter,
der nun endlich
zurückfand zu Tara
ins Königreich des Lichts.*

*„Man stellte eine Leiter vor dich hin, als du geboren
– daß du eines Tags den Weg zum Himmel wiederfinden kannst."*

(Rumi, aus dem Persischen übertragen von Annemarie Schimmel)

Inhalt

Vorwort von Andrew Harvey 11

Einleitung 15

Von Paris nach Chengdu 23

Endlich in Tibet! 61

Der Amnye Machen 141

Amdo 173

Kham 212

Die Rückreise 245

Epilog 282

Anhang 295
   Karten 296
   Auszug aus dem Reisetagebuch der
   Alexandra David-Néel 298
   Auszug aus der Reisekarte der Alexandra David-Néel . . . 299

Bibliographie 301

Danksagung 303

VORWORT

Als Alexandra zu Beginn der zwanziger Jahre die osttibetischen Regionen Amdo und Kham bereiste, hatte sich aus der westlichen Welt noch kaum jemand bis dorthin gewagt – und vor allem noch keine einzige Frau. Kühnheit, Begeisterung, Neugierde, aber auch profunde und vielseitige Kenntnisse befähigten sie zur Durchführung ihrer Vorhaben und dienten allen, die seither ihren Spuren bis Tibet folgten, als Vorbild. Ihre Schilderungen sind zuverlässige und zugleich anrührende Augenzeugenberichte. Grundlegende Lebensfragen erhielten durch sie einen neuen Sinn, die Frage nach dem Sinn des Reisens übrigens auch.

Die Situation, die sich Marie Jaoul de Poncheville und ihrem Expeditionsteam auf den Spuren Alexandra David-Néels in den tibetischen Regionen Amdo und Kham sechzig Jahre später darbot, ähnelte der von Alexandra beschriebenen auf befremdende Weise. In Alexandras Briefen an ihren Mann lesen wir von Krieg zwischen Moslems und Chinesen, Chinesen und Tibetern, insbesondere im Nordosten von Amdo. Dies erscheint aus heutiger Sicht wie eine düstere Prophezeiung der tragischen Situation, mit der die von ihren chinesischen Herren unterjochten und gedemütigten Tibeter konfrontiert sind. Amdo und Kham wurden zerstückelt und fünf verschiedenen Provinzen einverleibt: Qinghai, Sichuan, Gansu, Yunnan und Xizang bzw. der Autonomen Region Tibet, die in Wirklichkeit den Tibetern nur einen stark beschnittenen Teil des alten Tibet in Pseudo-Autonomie beläßt. Diese beklemmende Situation prägt die Atmosphäre dieses Buches.

Vorwort

Alexandra David-Néels unschätzbarer Beitrag zur Kenntnis Tibets war das Sammeln und Übersetzen zahlreicher tibetischer Schriftstücke. Sechzig Jahre später nun gelingt es einem aus Frauen zusammengesetzten Kamerateam trotz aller Widerstände, ein frappierendes visuelles Zeitzeugnis mitzubringen, aus dem hervorgeht, daß selbst in Regionen, die die Chinesen als ihr Besitztum einfordern, die tibetische Kultur noch immer pulsiert – im beharrlichen Glanz ihrer langen Geschichte.

Was Alexandra sich abverlangte und vollendete, basierte auf einer zugleich hochgradigen, geschärften und untrüglichen Sensibilität. Ihr lag nichts an eitlen Glanzleistungen, und sie wurde auch nicht zur unkritischen Schwärmerin. Es gelang ihr, dieses schwer zu bewerkstelligende Gleichgewicht zwischen westlichem Skeptizismus und leidenschaftlicher und wohlfundierter Bewunderung für die orientalische Zivilisation zu wahren. Diese Ausgewogenheit verleiht ihrem Zeugnis eine bewundernswerte Authentizität. Dieses Buch nun beweist, daß Marie Alexandras Intentionen verstanden hat. Auch sie bleibt kaltblütig in heiklen Situationen und gerät bei aller Begeisterung nicht ins Schwärmen; dafür verdient sie unsere tiefempfundene Hochachtung. Mit Frauen aus Frankreich, England, Israel und Deutschland sowie chinesischen Offizieren und Tibetern als Begleitern eine Expedition zusammenzustellen und zu leiten, zeugt von der doch recht seltenen Kombination kultureller und spiritueller Begabungen. Alexandra wäre stolz auf Marie, ihre geistige Tochter.

Die Lektüre eines so gewissenhaften Erlebnisberichtes ist eine große Freude. Banaler Tourismus und „Großtaten" haben heutzutage keinerlei Geltung mehr. Unsere Welt ist derartig gefährdet, daß jeder Reisende gleichzeitig Bewahrer von Kulturen sein muß, die – wie die tibetische – ums Überleben bangen müssen. Dies ist mehr als eine Pflicht; dies ist eine der wesentlichen Aufgaben, um dem Menschen Zukunft und Raum zu sichern, die er benötigt, um sich selbst neu zu definieren und die Welt neu zu ersinnen.

Vorwort

Das Überleben der großen tibetischen Kultur und des Buddhismus ist von entscheidender Bedeutung, nicht nur für Tibet und China, sondern auch für eine Welt, in der die Quellen antiker und Erneuerung spendender Weisheit so erschreckend schnell zu versiegen drohen.

ANDREW HARVEY
März 1990

„Der Reisende ist im allgemeinen auf ein spezielles Vorhaben konzentriert: Grund oder Vorwand, mit dem er sein Umherreisen legitimiert. Der eine ist Geograph, der andere Naturforscher; ich habe die Ausprägungen menschlichen Denkens gesammelt und dabei versucht, in das Geheimnis der Welt vorzudringen und ihr Entsetzen vor Leid und Tod dadurch zu mildern."

ALEXANDRA DAVID-NÉEL
Au Pays des Brigands Gentilshommes

Einleitung

Wege, die man später einschlägt, zeichnen sich schon ab in den ersten Träumen, den ersten Erfahrungen. Man schöpft dann ein Leben lang aus dem Zauberschatz, den die Kindheit versteckt hat.

Das kleine Mädchen:

Ich sitze bei Guy de Miniac auf dem Schoß und überreiche ihm ein Gedicht von Victor Hugo. Ich habe es in der Vorschule abgeschrieben und schön verziert: Es handelt von einem kleinen Mädchen, das seinen Großvater liebt und ihm zum Namenstag gratuliert. Er freut sich sehr darüber. Dann erzählt er mir meine Lieblingsgeschichte, die von den Reitern, die die Steppen durchqueren, über Rußland aus der Mongolei kommend, und die erst am Meer haltmachen. Er ändert die Geschichte jedes Mal, aber das macht nichts, denn es ist unsere Geschichte.

Auf seinem goldenen Ring zeigt er mir einen gekrönten Adler mit zwei Köpfen und rings herum die sieben kleinen geheimen Quadrate, Hauklötze, auf denen er den sieben Mongolen, die ihn verfolgten, den Kopf abgeschlagen hat. Dieses Geheimnis darf ich niemandem verraten. Er zeigt mir auch, wo sein ehemaliges Königreich lag, weit weg im Osten, vielleicht auch im Süden, ich weiß das nicht mehr so genau.

Er erzählt mir, wie er sich auf seinen langen Ritten von rohem Gams- und Bärenfleisch, von roten oder violetten wildwachsenden Früchten und köstlich schmeckenden Wurzeln ernährte.

Umgeben von seinen Mannen mit den langen schwarzen Haaren und deren bildschönen Frauen mit ihrem türkis- und korallenbesetzten Schmuck, zieht er unermüdlich weiter auf der Suche nach einem gastlichen Fleckchen Erde.

Als er durch Rußland kommt, beschließt er, seine Schätze in der Erde zu vergraben, Seide und weiche Wolle, Truhen aus kostbaren Hölzern, Schalen aus zisiliertem Gold und die geheiligten Schriften.

Ständig vom Haß Dschingis Khans verfolgt, zieht mein Großvater mit seiner Truppe immer weiter gen Westen in der Hoffnung, eines schönen Tages würden sich die Rachegelüste des anderen in Wohlgefallen auflösen.

Lange Jahre vergehen. Eines Tages müssen sie innehalten in ihrer Hast, denn vor ihnen erstreckt sich eine schier unendliche Wasserfläche: Das muß das Ende der Welt sein. Sie satteln ihre Mongolenpferde ab, die sich unterwegs vermehrt haben, und schlagen ihre Zelte auf. Sie zünden ein großes Feuer an und beschließen in jener Nacht, daß dieses wüste Land nun ihnen gehören solle. Das war die Bretagne.

Sie bauen noch einmal die gleichen Schlösser wie daheim, aus schönen viereckigen Granitsteinen. Sie sind glücklich. Sie bekommen viele Kinder und schaffen von neuem ein großartiges Königreich, wo Heide und Vergißmeinnicht blühen.

„Die Minyak sind Menschen, die rings um ihre Stadt Steinmauern errichten. Es sind Leute, die ihren Lagerplatz nicht wechseln.

Sie können uns nicht entfliehen, da sie ihre Granithäuser nicht auf dem Buckel davontragen können."
Dschingis Khan

Die Fünfjährige:

Ich schließe mich im Badezimmer der Eltern ein und drehe die Heißwasserhähne auf. Ich will sterben. Ich klammere mich ans Waschbecken und betrachte mich im Spiegel, wobei ich vor mich hin murmele: „Ich will nicht auf der Welt sein, weil man zur Schule gehen muß. Wenn man brav ist, darf man ins Kino gehen, das ist doch nichts . . . Ich will zwischen Blumen herumlaufen und nicht mehr zur Schule gehen. Nie mehr! Ich will noch einmal von vorne anfangen. So war das Leben nicht gemeint."

Die Zehnjährige:

Als mein anderer Großvater in New York starb, erscheinen meine Vorfahren im Fenster meines gelben Schlafzimmers. Sie geben mir ein Zeichen, und ich erkenne sie alle wieder. Ich rufe meinen kleinen Bruder. Er weint. Dann rufe ich meine Mutter. – Ich habe keine Angst. Ich fühle mich emporgehoben. – Am nächsten Morgen in der Schule erzähle ich meinen Klassenkameraden, ich hätte Visionen gehabt, weil ich eine Heilige sei. Seitdem habe ich immer wieder gespürt, daß ich Verbindungen herzustellen vermochte mit den anderen Welten . . .

Etwas später:

Mein Vater reist nach Indien. Er baut dort Hüttenwerke. Er erzählt uns von Kühen, die die Begrenzungspfähle der für die künftigen Stahlwerke vorgesehenen Flächen niederreißen. Er erzählt uns auch, wie anders dort alles ist.

Seine indischen Freunde kommen nach Frankreich und wohnen in unserem Haus. Morgens laufen sie in weißen Jodhpurs herum und essen Pfeffer zum Frühstück. Sie waschen sich oft.

Eines Tages nimmt er mich mit, um *Pather Panchali* von Satyajit Ray zu sehen. Ich bin verzaubert von der reinen Liebe der jungen Frau. Im Schlaf halten ihr Mann und sie sich bei den Händen, in einem armseligen Zimmerchen in der Nähe eines Bahnhofs. Sie hat Ringe unter den Augen.

Ich war Kind und empfand meine Einsamkeit. Diese Szene gab mir Hoffnung auf mögliche Zärtlichkeit, eine Zärtlichkeit, die ich mit Asien gleichsetzte.

60er Jahre:

Mein großer Bruder erhält als Bester in Mathematik von seiner Schule Sainte-Croix in Neuilly Heinrich Harrers Buch *Sieben Jahre in Tibet*.

Ich darf es auch lesen: Zwei Deutsche sind während des Zweiten Weltkriegs aus ihrem Gefängnis in Indien geflohen und gelangen trotz Verfolgung durch die Engländer nach Tibet, in dieses den Fremden verschlossene Land, das verbotene Land, das höchste Land der Erde.

Es gibt auch Aufnahmen von Lhasa im Buch. Dies alles kommt mir höchst geheimnisvoll vor. Menschen wie lebende, dekorierte Statuen, auf Staubstraßen, von Häusern mit dreieckigen Fenstern gesäumt.

Das ruft in mir den unwiderstehlichen Wunsch wach, dem Unbekannten zu begegnen und dorthin zu gehen.

70er Jahre:

Reise nach Indien. Man hält mich für eine Inderin. Man spricht Hindi mit mir. Ich trage Sari. Habe einen roten Punkt auf der Stirn. Trage meine schwarzen Haare zu einem langen Zopf geflochten, der mir bis zur Taille reicht.

Von Bombay aus reise ich gen Süden, über die Nilgiri Hills bis Cochin und dann hinüber nach Madras, über Madurai, Coimbatore, Tanjore, Salem und Vellore. Ich bin Inderin geworden.

In den Bergen kippt der Bus in eine Schlucht. Von Bäumen aufgehalten, hängt er über dem Abgrund. Ich robbe den Gang zum hinteren Ausstieg hinauf und springe in den feuchten Wald. Die Inder schreien auf. Sie ducken sich unter die Bäume. Es regnet. Ich blute. Ein Elefant trottet über die regenglitzernde Straße.

Nebel und Blattwerkgewirr. Inder in grauweißer, goldbetreßter Gewandung nehmen mich auf; eine Siedlerbehausung aus Holz und Bambus.

Es gibt nur einen Schlafraum; Laken, schwarz wie der Boden. Durchs Fenster erkenne ich Pfefferpflanzen, die sich um Flamboyants ringeln. Ich bin Erde, Blut, Regen, Frau, entrückt . . .
Die Grenzen des Ich sind in Wirklichkeit grenzenlos.

Das Abenteuer begann an jenem Tag, als zu viele Enttäuschungen mich drängten, mein Schicksal neu zu definieren. Jeder muß einmal an einen Punkt gelangen, wo es nicht mehr weitergeht, und ich hatte wohl das Glück, auf unerbittliche Weise damit konfrontiert zu werden.

Reisen ist ein komplexer Austausch, wo einem klar wird, daß

man winzig und unendlich ist. Ich empfand das Bedürfnis nach einer geistigen und erleuchteten Zivilisation. Ich entdeckte den Buddhismus, wo Religion und Philosophie bei allem von echter Fröhlichkeit überströmenden Realismus auf der Achtung des Nächsten gründen.

Man reist, um den Sinn des Todes, den man uns hier entwendet hat, wiederzufinden. Jedes wirkliche Leben beginnt mit einer Meditation über den Tod. Und der Buddhismus eröffnet uns, indem er die erschreckenden Realitäten des Todes hinnimmt, ein Tor zur Unsterblichkeit. Und wie soll man leben, ohne unsterblich zu sein?

Der Buddhismus hat enthüllt, daß diese Unsterblichkeit etwas ganz Simples ist, wie ein Stein, ein Schneefall, ein Kornfeld, ein Gebirgsbach, die alle für uns diese lichterfüllten Mantras rezitieren.

Ich beschloß also, den ersten Teil meines Lebens zu vergessen und für den zweiten – den zukünftigen – einen neuen Weg zu ersinnen.

Das Reisen läßt einen die bereits toten „Ichs" abschütteln und zwingt zu neuem Staunen, den neuen geistigen und seelischen Quellen. Man reist, um an einen Ort jenseits von Raum und Zeit zu gelangen, wo man sich ruhig, reglos, transparent, offen, erleuchtet fühlt. Eine echte Reise ist wie Musik: sie schafft einen Luftraum für Stille und innere Sammlung.

Durch Reisen wird man empfänglich für alle Weisheiten der Welt, für die unendlich verschiedenen Freuden und Kümmernisse derer, die man entdeckt.

Vor sechs Jahren las ich zum ersten Mal Alexandra David-Néel. Da war endlich eine Frau, die sich wirklich von allen Rollen, aus allen für uns westliche Frauen errichteten Gefängnissen befreit hatte. Mir war bereits klar, daß die Befreiung der Frau nur gelingen konnte, wenn sie gleichzeitig geistig frei wurde. Alexandras aufregendes und tapferes Leben, ihre Freiheit und ihre große Disziplin verliehen mir den Mut zum totalen Neubeginn.

Mir wurde bewußt, daß ihr Leben beispielhaft und prophetisch war. Die Revolution der Frau greift auf alle Wesensbereiche über. Wir bergen eine Weisheit in uns, die sich in sanften Explosionen über die Erde verbreiten muß. Aus dieser strahlenden Explosion erwächst eine zugleich praktische und erleuchtete Erkenntnis. Sie allein kann uns retten – Männer wie Frauen. Sie ist der Schlüssel zur Zukunft und findet vollkommenen Widerhall und unendliche

Unterstützung in der von Tara, dem weiblichen Prinzip Buddhas, personifizierten tibetischen Weisheit, einer unausschöpfbaren Quelle von Erleuchtung und Kraft.

Dies alles erspürte ich in Alexandras Werk.

Die buddhistische Weisheit verbindet die Kraft des Intellekts und die Leidenschaft, das Geistige und das Seelische, Himmel und Erde, Körper und Geist zu einem strahlenden und revolutionären, totalen und sehr einfachem Ganzen.

Als ich Alexandra David-Néel las, erkannte ich zum ersten Mal in mir die Frau, die zu werden ich im Begriff war, eine – endlich – freie Frau.

Frei, um Kinder zu berühren und Greise zu lieben, frei, um ohne Scham und ohne Einschränkungen im Glanze einer dargebotenen Natur zu tanzen, frei, um Teil einer Göttin zu werden, ein Funke ihres ewigen Feuers und eine Träne ihres sublimierten Mitleids – Tara, meine Freundin, meine Mutter, mein Kind, meine Schwester.

Dieses Tagebuch hier ist nur eine sehr bescheidene Huldigungsgabe an die Göttin in uns. Ich habe versucht, sowohl die Schwierigkeiten als auch die Offenbarungen, die Niederlagen und die Höhenflüge der Seele darzustellen.

Von Alexandra David-Néel und von Tibet habe ich gelernt, daß jedes Detail des Lebens, jede Gebärde, jede Handlung, Teil eines Mandala ist, das sich in allen Augenblicken verwandelt und enthüllt, um uns zu zeigen, wo wir stehen und was wir zu tun haben. Schmutz und Schmerz, Verzweiflung und Eifersucht sind keine zu verwerfenden Erfahrungen, sondern vielmehr Anlässe und Kräfte, die es zu nutzen gilt in einem allumfassenden und fröhlichen Umwandlungsprozeß, der nie enden wird. In tiefster Demut und größter Dankbarkeit widme ich meine Arbeit dem von der Grausamkeit und dem unwissenden Wahn seiner falschen Herren so entsetzlich bedrohten tibetischen Volk.

Von alters her hieß das rund 1 000 000 km² große Territorium Ost-Tibets Dokham. Es umfaßte die Regionen Kham im Süden und Amdo im Norden. Seit 1951 wurde Tibet von der chinesischen Regierung in mehrere Zonen unterteilt. Der Westen des Landes und ein Teil des Südens wurden zur Autonomen Region Tibet mit der Hauptstadt Lhasa. Die Bevölkerung dieser Region wurde 1985 auf eine Million neunhunderttausend Tibeter und zwei Millionen Chinesen geschätzt. Amdo gehört jetzt zur Provinz Qinghai, mit Ausnahme seiner südöstlichen und nordöstlichen Randgebiete, die

Einleitung

Sichuan bzw. Gansu zugeschlagen wurden. 1985 betrug die Bevölkerungszahl Amdos achthunderttausend Tibeter und zwei Millionen Chinesen; Kham, wo drei Millionen dreihunderttausend Tibeter und drei Millionen Chinesen gezählt wurden, ist jetzt aufgeteilt zwischen den Provinzen Sichuan, Xizang und Yunnan. Unser Team hat im Laufe der Expedition die Teile Khams und Amdos besucht, die den Provinzbehörden von Sichuan, Qinghai und Gansu unterstehen. Die Geschichte und auch die sozio-kulturelle Entwicklung Ost-Tibets wurde von seiner Geographie geprägt: diese Region bildet im Westen Chinas eine Barriere, deren Berge eine Höhe von mehr als fünftausend Metern erreichen. Die Region Amdo besteht überwiegend aus Hochebenen, deren üppige Weidegründe sich zur Aufzucht von Yaks, Ziegen und Schafen sowie für das Nomadenleben bestens eignen; derartige Plateaus finden sich auch in weiten Teilen des nordwestlichen Kham. Weiter südlich sind die Berge eingeschnitten von bewaldeten Schluchten und fruchtbaren Tälern. Die fünf wichtigsten Flüsse Ost-Asiens entspringen in diesen Gegenden: der Changjiang, der Yalung, der Gelbe Fluß, der Mekong und der Saluen. Diese Umgebung bietet sich an für seßhaftes bäuerliches Leben.

Zu Kham gehörten fünf Königreiche: Chakla, Derge, Lingtsang, Nangchen und Lhato sowie mehrere unabhängige Kleinstaaten. Die Nomadenbevölkerung Amdos schloß sich zu Stammesverbänden zusammen, zu den Ranaks und Goloks, gefürchtete Räuber und Krieger. All diese Volksstämme verteidigten mitleidlos ihre jeweilige Unabhängigkeit. So verwarfen sie auch jede Einmischung Chinas oder der Regierung in Lhasa.

Vom 8. nachchristlichen Jahrhundert an wurde der Buddhismus zur bestimmenden Religion ganz Tibets. Trotz mancher Stammesrivalitäten war die Region Kham bis ins 7. Jahrhundert für ihre religiöse Toleranz berühmt: hier waren die Nyingmapa-, Sakyapa- und Gelukpa-Schulen, aber auch die vorbuddhistische Bön-Religion vertreten. Die im 17. Jahrhundert in Zentraltibet ausbrechenden fanatischen Kämpfe zwischen Anhängern der Gelukpa- und der Kagyur-Schule wirkten sich auch in Kham aus. Das Bön-Königreich Beri wurde durch die mongolischen Eroberer für die Gelukpa-Schule gewonnen. Bis ins 18. Jahrhundert hinein reichte das Mitspracherecht der Mongolen, bis es von der Macht der Moslems und der Mandschus gebrochen wurde.

In der Folgezeit proklamierte das Mandschu-China zwar seine Vorherrschaft über einen großen Teil von Amdo und Kham, doch in Wirklichkeit blieben die Königreiche und Stämme dieser Regionen unabhängig. Zu Beginn des 20. Jahrhunderts fachten die Sichuanesen die Feindseligkeiten in Kham wieder an, eine chinesische Reaktion auf die Expedition des britischen Colonel Younghusband nach Lhasa. Der Feldzug General Chao Erh Fengs zwischen 1909 und 1918 verwüstete dann Kham.

Nachdem die Kommunistische Partei Chinas an die Macht gekommen war, flammte der sino-tibetische Krieg erneut auf. Die Invasion Tibets durch die Volksbefreiungsarmee im Jahre 1950 und der Aufstand der Khampa im Jahre 1956 haben die Zerstörung zahlreicher buddhistischer Kunstwerke und den Tod Tausender von Menschen verursacht. Zehn Jahre später hat die Kulturrevolution die Verstümmelung des tibetischen Kulturguts vollendet. Im Laufe der letzten zehn Jahre hat das kommunistische Regime sich in manchen Bereichen zwar etwas liberaler gezeigt, doch ist dies noch kein durchgreifender Wandel. Die Krise, in der es sich befindet, hat in Tibet Widerhall gefunden. Um dafür Zeugnis abzulegen, sind wir hergekommen.

Als die Chinesen in ganz Tibet Klöster und Dörfer dem Erdboden gleichmachten und ausplünderten, die Mönche und Bauern töteten, wuchs bereits wenige Monate nach diesen grauenvollen Zerstörungen und unverzeihlichen Massakern neues Gras aus den Ruinen hervor. Vergißmeinnicht öffneten ihre Blütenkelche und kennzeichneten jede Stelle, wo einmal ein Haus oder ein Tempel gestanden hatte. Das war die Blauskizze des göttlichen Architekten, der die Menschen daran erinnerte, daß das Leben nicht auszulöschen und das Heilige nicht zu töten ist.

Marie Jaoul de Poncheville

Von Paris nach Chengdu

12. Juli 1989

Roissy A2, sechs Uhr abends. Abflug nach Hongkong um 22.40 Uhr. Ich wage es kaum zu glauben! Wir haben es also geschafft, diese Expedition auf die Beine zu stellen! Obwohl in Tibet seit dem 10. März und in China seit dem 20. Mai das Kriegsrecht herrscht. Und obwohl – mit Ausnahme von Guerlain, der bis zum Schluß durchhielt – unsere „Sponsoren" uns in letzter Minute im Stich gelassen haben. Jetzt sind wir Samsara-Frauen, startbereit für Tibet . . .

Plötzlich, mitten in der Abflughalle, überkommen mich Zweifel, sie schnüren mir die Kehle zu: warum das alles? Es ist gefährlich. Zu viele Risiken. Was ist, wenn Alice nicht durchhält? Und die Erdbeben, die mein Bruder Olivier, der Geophysiker, prophezeit hat? Und die blutigen Ereignisse auf dem Tiananmen, das Gemetzel in Lhasa, der Haß zwischen Chinesen und Tibetern . . . Das alles geht mir durch den Kopf, doch zum Glück trudeln sie jetzt ein, einer nach dem andern, das ganze Team. Sammelpunkt ist der Air France-Schalter. Ein bißchen Scheu, angedeutetes Lächeln, ein paar belanglose Sätze. Sieben Frauen, drei Männer. Einige kenne ich seit langem. Die anderen gilt es zu entdecken. Werde ich mich mit ihnen verstehen?

Jeanne Mascolo de Filippis, meine Regieassistentin, habe ich schon vor einem Jahr kennengelernt, dank „Little Mary", einer Freundin aus Katmandu. Sie hat ein ausgeglichenes Wesen, organisatorisches Talent und im Blick genau die richtige Dosis Skepsis und Abenteuerlust. Jeanne und ich haben gemeinsam diese Reise erträumt, ersonnen und ausgearbeitet. Sie hat stets treu daran geglaubt, daß der Plan verwirklicht würde, trotz der Stürme, die ihn mehr als einmal beinahe hätten scheitern lassen. Nurith Aviv, die „camerawoman", verfügt über eine natürliche Autorität, hat kurzgeschnittenes Haar, sehr schöne grünblaue Augen und ein jungenhaftes Auftreten. Sie schätzt Präzision. Claire Bailly du Bois, ihre Assistentin, ist eine Mischung aus Sanftmut und Entschlossenheit; Sybille Tiedeman, die ich hier zum ersten Mal treffe, wirkt auf mich friedfertig, gemächlich, Nähe und zugleich Distanz wahrend. Sie ist unsere Toningenieurin; Jane Mathieson, die Ärztin, sieht wie ein verträumter, blonder kleiner Engel aus; ob das die zwei Monate über so bleiben wird? Und dann ist da noch Alice de Poncheville, mein zwanzigjähriges Nesthäkchen, Studentin der Sinologie, Komödiantin, Skriptgirl und zweite Assistentin. Im Augenblick besteht zwischen ihr und mir der feste Vorsatz, eine berufliche Beziehung herzustellen, die unsere Bindung um eine weitere Dimension bereichern würde. Ich kann mir vorstellen, daß wir uns nach dieser Reise anders lieben werden, vielleicht wie zwei autonome und einander achtende Personen.

Was die drei Männer betrifft, so sind sie im Augenblick noch recht zurückhaltend, beeindruckt wohl von diesen sieben Frauen, mit denen sie sich während der zehnwöchigen Expedition und Dreharbeit notgedrungen werden einigen müssen. Christoph Giercke, der Produzent, vertieft in die letzten Produktionsprobleme, gibt sich eher unbeteiligt. Snafu Wowkonowicz, der Produktionsassistent, hat alles bereit: die Tickets, die Vorbereitungen für den Versand des Filmmaterials von China nach Frankreich, das Geld, die Hotelreservierungen in Hongkong, Guangzhou (Kanton) etc. Er ist . . . ein Schatz. Gyurme Dorje ist Schotte; doch seit über zwanzig Jahren kennt man ihn unter diesem tibetischen Namen, seit er in Indien studiert und innere Sammlung gesucht hat. Er fühlt sich den Traditionen der Nyingmapa-Schule verbunden und ist mit einer Tibeterin verheiratet, mit der er zwei Kinder hat. Vor kurzem erst hat er 2600 Seiten der Nyingmapa-Überlieferung übersetzt. Ein Teil davon bildet seine Doktorarbeit, die er an der Universität London vorlegen wird. An der Universität von Colorado hat er Buddhismus gelehrt und Gruppenreisen nach Tibet organisiert. Er spricht mehrere tibetische Dialekte. Heute ist er stumm wie ein Fisch und langsam wie eine Schildkröte, denn er schwebt bereits tausend Meilen über den nichtigen menschlichen Zänkereien.

Von Paris nach Chengdu

Wir fliegen mit der Air France: unliebenswürdiges Bordpersonal, Zwischenlandung in Delhi nach 7 Stunden und 40 Minuten Flugzeit. Wir begeben uns in den Transitraum, um uns ein wenig die Beine zu vertreten. Nur 27 °C in Delhi. Der Himmel ist grau. Alice ist ganz hohläugig, wie immer, wenn sie übermüdet ist. Nach zwei Stunden Wartezeit starten wir gen Hongkong. Noch fünf Stunden Flug! Die neue Crew ist reizend, und jeder von uns hat eine ganze Sitzreihe, um sich auszustrecken. An Schlaf ist nicht zu denken: alle Probleme, die uns bei der Ankunft bevorstehen, gehen mir im Kopf herum. Die Unmengen von Material, all die persönlichen Sachen, die zahllosen Handgepäckstücke . . . das alles will morgen per Zug bis Guangzhou transportiert werden.

13. Juli

Ankunft in Hongkong. Wie in São Paulo liegt der Flughafen in der Stadt. Auf dem Meer zeichnen sich die Inseln ab. Der Tag verblaßt. Die Straßen sind erleuchtet. 32 °C. Geringe Luftfeuchtigkeit. Ich habe doch geschlafen, von Delhi bis Hongkong, und fühle mich gerüstet, fürs Leben, fürs Abenteuer. Alles scheint mir machbar. Die Staatliche Chinesische Tourismus-Agentur (CITS) hat jemanden abgesandt, um uns zu empfangen. Wir klettern in einen Bus, der uns zum Hotel Metropol bringt, Luxus, Klimaanlage, fünf Sterne, zwei Personen pro Zimmer.

Ich bin zum ersten Mal in Hongkong. Stellenweise recht schöne Glas- und Stahl-Architektur, an New York erinnernd. Die älteren Hochhäuser duften nach Orient; ihre Balkone quellen über von tropischen Pflanzen und Blumentöpfen. Auf allen Stockwerken werden Besen, igelförmig in die Dachrinnen gesteckt, als Wäschetrockner benutzt. Büstenhalter und Jacken mit Mao-Kragen baumeln, sich mühsam im Gleichgewicht haltend, über dem Abgrund. Die Bambusgerüste sehen aus wie riesige Spinnweben.

Gewimmel und Gedränge auf den Straßen und Märkten, wo in wildem Durcheinander Nike-Schuhe zum halben Preis, Höschen, Kaschmirschals, Modeschmuck, Gemüse, Hamburger und elektronischer Schnickschnack feilgeboten werden. Wir kaufen, was uns noch an Material fehlt für die Kameras, kaufen Videos und Batterien etc. Die Luft ist feucht. Es riecht nach gegrilltem Fleisch. Die Frauen unseres Teams haben ihren Spaß. Sybille und Nurith bilden mit Claire die eine Gruppe, Alice, Jane und ich die andere.

Werden sie endgültig sein, diese ersten Formationen? Jane hat sich in den Kopf gesetzt, für ihren Freund einen Autositz-Überzug aus Holzkügelchen zu kaufen, wie man ihn bei den Pariser Taxifahrern sieht. Per Post nach Südafrika!

Dann kehren wir ins Hotel zurück, wo wir auf unsere drei ständigen Begleiter warten dürfen: Christoph, Gyurme und Snafu waren von der Zollpolizei, die unser Material nicht freigeben wollte, aufgehalten worden.

Gemeinsames Abendessen in einem koreanischen Restaurant: zwei kuriose Fische mit niedlichen weißen Punkten, allerlei Suppen, köstliche Garnelen. Gyurme wäre lieber in ein australisches Restaurant gegangen, um ein kräftiges Stück Fleisch zu essen. Merkwürdig für einen Buddhisten; vielleicht liegt es an der Aussicht auf zehn Wochen chinesische und tibetische Küche ...

Morgen müssen wir um 12.45 Uhr den Zug nach Guangzhou nehmen, der für ihre Weltoffenheit berühmten südchinesischen Provinzhauptstadt. Das schließlich freigegebene Filmmaterial wird mit uns reisen. Zwei Stunden Bahnfahrt – dann werden wir wirklich in Süd-China sein.

14. Juli

Zehn Uhr: Wir versammeln uns im Speisesaal. Lächelnde Gesichter. Nurith ist etwas besorgt, denn sie fürchtet, wir könnten uns verspäten. Jane ist in Panik: wie soll sie bloß ihre Holzkügelchen nach Südafrika schicken? Kein Postamt, kein Papier, kein Bindfaden. Das Hotel weigert sich, ihr Paket abzusenden. Jeanne wird ungeduldig und nimmt die Dinge in die Hand: Es gelingt ihr, das Hotel zur Abwicklung dieses Problems zu überreden. Da wird uns zum ersten Mal bewußt, daß so manches hier anders läuft als im Westen. Es kommt darauf an, wie man's anpackt, wie man spricht. Die Chinesen verstehen Janes Akzent nicht. Er ist vielleicht zu englisch.

In Begleitung des CITS-Abgesandten erreichen wir den Bahnhof, ein großes Gebäude aus den fünfziger Jahren, verdreckt und verwahrlost. Reglos und in Reih und Glied aufgestellt wie eine Batterie Weinflaschen, stehen die Chinesen Schlange ... Wir müssen uns mehr als eine Dreiviertelstunde in einem schäbigen kleinen Büro gedulden. Wir kommen schier um vor Hitze. Frauen um die fünfzig, mit blauen Mützen, werfen uns Formulare hin, die

Von Paris nach Chengdu

wir auszufüllen haben, und verbieten uns, den Raum zu verlassen, bevor ein Offizier uns zum Zug bringen wird. Ich komme mir vor wie in einem Traum und empfinde nicht die geringste Beklemmung.

Obwohl der Fuhrpark alles andere als üppig ist, plaziert man uns in einen herrlichen 1.-Klasse-Waggon. Er hat Klimaanlage (Außentemperatur 30 bis 35 °C), beiges Linnen über den Sitzflächen, graues über den Kopfstützen, maschinell hergestellte weiße Spitzengardinen mit Bambusblätter-Motiv vor den Fenstern. Eine griesgrämige Chinesin schiebt unaufhörlich Servierwägelchen zu uns herein: zuerst Bier und Fruchtsäfte, dann eine warme süßliche Suppe aus weißen Algen, in der undefinierbare Kügelchen und Wachteleier schwimmen, als nächstes dann gepökeltes Hühnerfleisch und abschließend ein Sortiment Zigaretten. Das Land ist flach und grün, überzogen von Reisfeldern, es ist Erntebeginn. Wir fahren durch eine der fruchtbarsten Regionen Chinas. Wie die Legende berichtet, haben fünf Heilige, die auf dem Rücken von fünf Gänsen China überflogen, den Beschluß gefaßt, hier, entlang des Perlenflusses, der ganz Südchina bewässert und Guangzhou durchzieht, haltzumachen, um Reiskörner zu säen. Entlang der befestigten Bahnlinie und auf den Hügeln wächst reichlich Marihuana, genau wie in Nepal, wo mein Kameramann sich im letzten Jahr die Taschen vollstopfte, um abends in seinem Zelt zu rauchen. Die frische Pflanze hat allerdings nicht dieselbe Wirkung wie die getrocknete. Hier scheint Marihuana wild zu wachsen. Die Pflanzen sind hoch, und ich erkenne die männlichen Stengel ganz deutlich an ihren weißen Blüten. Sollten die Chinesen doch Rauschgift nehmen? Oder stellen sie daraus Hanf her?

Die alten Chinesen sind liebenswürdig; sie lächeln. Die jungen dagegen sind ernst. Alles ist sauber und wohlorganisiert. Gyurme, der immer noch abwesend wirkt, fächelt sich fieberhaft zu. Ich argwöhne, daß er unter Alkoholentzug leidet. Er spricht kein Wort und ist in Schweiß gebadet. Im Grunde gefällt er mir immer besser. Ein Original.

Aus dem Fenster dieses kühlen, grauweißen Zuges in die Landschaft zu schauen, entzückt mich. Die Reise hat für mich begonnen. Die Grenze haben wir hinter uns gebracht, bevor wir in den Zug stiegen. Dies ist mein erster Kontakt mit China, mit der Volksrepublik China! Überall kleine Chinesen, auf den Straßen, auf Fahrrädern, auf den Feldern. Ich würde sie gerne aus der Nähe sehen. In zwei Stunden werden wir in der drittgrößten Stadt Chinas ankommen. Der Zug ist voll. Die Männer stehen sehr oft auf, um pinkeln zu gehen: Sie trinken viel Bier ... Alice schreibt ihr Tagebuch. Sybille verschwindet und schlendert durch den Zug, um die Leute zu betrachten. Die kleinen Mädchen sind wie Prinzessinnen herausgeputzt, gestärkte Kleidchen, gelb, rosa oder blau, frisch gewaschenes Haar, glatte, seidige Haut. Die kleinen Jungen, häufig sehr militärisch gekleidet, ähneln Gummipüppchen. Ich muß sie einfach mal anfassen, unter dem gerührten Blick der Väter und Großväter. Die Mütter wirken kühler, doch im ganzen spürt man eine große Zärtlichkeit und das Entzücken der gesamten Familie, gerichtet auf dieses einzige Kind. In diesem Zug sitzen fast ausschließlich Familien, drei Generationen beisammen. Einzelpersonen sind ganz selten.

Warm ist es bei unserer Ankunft in Guangzhou, fast 40 °C. Nur die Schokoladenkiste ist verlorengegangen. Eine herbe Enttäuschung für Gyurme, der ein Schokoladenfan ist. Auf den Bahnsteigen Soldaten. Keine Spur von Lächeln. Das Auge des Gesetzes. Auf großen Tafeln, in englischer Übersetzung und auf Chinesisch: „Sollten Sie irgendeine Anomalie bemerken, rufen Sie die Nummer X des Denunziationsbüros an!" So ist man sofort im Bilde, und dabei befinden wir uns in einer Stadt, die, historisch gesehen, immer weitaus freizügiger und unabhängiger war als der Rest Chinas. Sehr früh schon, 1843, drang hier die „westliche Zivilisation" ein, Portugiesen und Briten, und seit eh und je schwelte hier der Widerstand gegen die kaiserliche Autorität. Hier wurde die geistige Elite Chinas geboren. Auch Sun Yat-sen, der Begründer des modernen China, kam hier zur Welt, und die Stadt wurde zum Zentrum revolutionärer Aktivität.

Wieder werden wir von Mitgliedern der CITS in Empfang genommen. Diesmal sind sie deutschsprachig. Sie verfrachten uns in einen Minibus. Herr Li, der Chef, liefert uns einen geschichtlichen Überblick über die Stadt, per Mikrophon und auf Deutsch! Ich komme mir vor wie auf einer Seniorenreise. Ich sage es laut und vernehmlich, und alle lachen, außer Christoph, der Deutscher ist und Angst hat, meine kritische Ader könne zu früh durchbrechen und sich dann nicht mehr eindämmen lassen. Wir landen in einem Hotel von unerhörtem Luxus, dem White Swan; CITS will sich nicht lumpen lassen! Das riesige Panoramafenster in einem der zahlreichen Speisesäle gewährt einen atemberaubenden Ausblick auf die trichterförmige Flußmündung und das Treiben im Hafen. Das jenseitige Ufer wimmelt von Wolkenkratzern, man könnte bezweifeln, in China zu sein. Eine nicht abreißende Woge von Schaulustigen durchflutet die gewaltigen Empfangshallen, die von Pflanzen und an allen Ecken und Enden plätschernden Kaskaden überquellen. Keiner dieser Chinesen – das versteht sich von selbst – ist in diesem Hotel abgestiegen, doch der ganze Familienklan will sich vollsaugen mit dem Unerreichbaren. Morgen erst fliegen wir nach Chengdu, Hauptstadt von Sichuan, Ausgangspunkt unserer Tibet-Expedition.

Heute früh Besprechung mit Nurith und Jeanne über den Film. Wo anfangen? Wir lesen uns Teile aus Alexandras Korrespondenz, die sie vor sechzig Jahren schrieb, laut vor. Jede von uns hat ihre eigene Vorstellung. Nurith will mit den Dreharbeiten nicht beginnen, bevor wir nicht wirklich in Tibet sind. Jeanne und ich plädieren für eine „Einführung" in Chengdu, in der katholischen Missionsstation, wo Alexandra sich aufgehalten hat. Selbst wenn es einem widerstrebt, eine Szene „originalgetreu nachzustellen", scheint es mir hier notwendig.

Wenn man schon zu keiner Entscheidung kommt, überläßt man sich wohl am besten, wie Alexandra es oft getan haben dürfte, den jeweiligen Umständen.

So heißt es in ihren Briefen an ihren Mann, *Journal de Voyage, Bd. 2*[1]). „Ich muß auch über die Route nachdenken, die ich einschlagen werde. Das Land ist ziemlich aufgewühlt, überall gibt es Wegelagerer... Was soll ich tun?... Ich weiß nicht so recht. Auf einer Route im Westen, die ich einzuschlagen gedachte, haben Stämme, die zur Hälfte Tibeter sind, Chinesen angegriffen und die Stadt Batang eingenommen..."

Wir beabsichtigen, in zehn Wochen die 7000 Kilometer zurückzulegen, die Alexandra in mehreren Jahren durchstreift hat, obwohl uns die dramatischen Ereignisse des Pekinger Frühlings in eine Situation versetzen, die der ihren ähnlich ist. Man wird vielleicht Druck auf uns ausüben, um uns an der Besichtigung ursprünglich eingeplanter Stätten zu hindern. Wir haben uns auf das Risiko eingelassen, unter höchst ungewissen Umständen einen Film drehen zu wollen, und das müssen wir unbedingt schaffen!

Anhand ihrer Briefe werden wir zeigen, was aus den Menschen

---

1) Die Reisetagebücher der Alexandra David-Néel sind in Frankreich als zweibändige Ausgabe unter dem Titel „*Journal de voyage. Lettres à son mari*", Bd. 1: 1904–1917, Bd. 2: 1918–1940. Der erste Band liegt in deutscher Übersetzung vor: *A. David-Néel: Wanderer mit dem Wind* (vgl. Bibliographie)

und Orten entlang ihres Weges geworden ist. Alexandra hat diese drei Provinzen mehrmals durchwandert und durchstreift. Bei ihrer ersten Reise 1918 hält sie sich drei Jahre in der Provinz Amdo auf, besucht die Quellen des Gelben Flusses, Xining, Kumbum, den Kokonor-See ...

1921 durchquert sie die Provinz Gansu und kommt durch Labrang. Von dort aus zieht sie hinunter nach Kham, besichtigt Derge und Kanze und bleibt mehrere Monate in Jyekundo. Nachdem sie den Süden von Amdo erforscht hat, kehrt sie nach Xining zurück.

Bei ihrer Reise im Jahr 1938 versucht sie, dem Krieg zwischen China und Japan zu entgehen, indem sie durch Südchina zieht. Sie macht zunächst in Chengdu halt und zieht weiter in Richtung Dartsedo, wo sie bis 1944 bleibt.

Aber ich werde nicht meine ganze Arbeit auf Alexandra David-Néel konzentrieren; aus dem Blickwinkel meines Frauenteams will ich zwar auch die Provinzen Amdo und Kham zeigen, dabei aber die Kultur, die Religion, die Menschen und die Landschaften hervortreten lassen, um ein poetisches Bild dieser unbekannten Landstriche einzufangen.

Der Minibus von CITS fährt uns bis zu einem typisch kantonesischen Restaurant. Jede Gruppe von Kunden hat ihren eigenen Speisesaal. Mich stört, daß Zhou, der Verbindungsoffizier, nur deutsch spricht. Da werde ich also gezwungen sein, alles über einen Dolmetscher abzuwickeln, über Christoph! Es kommt zu einem recht stürmischen Wortwechsel: Er versucht, seine Machtstellung auszubauen. Die Gespräche laufen zwischen Zhou und Christoph hin und her, doch die Übersetzung läßt zu wünschen übrig. Ich werde in Chengdu darum ersuchen, daß uns ein Französisch-Übersetzer begleitet, oder – noch besser – eine Übersetzerin. Alice spricht Chinesisch und amüsiert sich mit der Serviererin und Zhou. Zum ersten Mal ist sie gezwungen, ihre Kenntnisse zu nutzen. Das fünfjährige Sinologie-Studium scheint ihr eine gute Basis gegeben zu haben. Zhou wirkt eher aufgeschlossen und intelligent, er trägt uns Gedichte vor. Seine Frau bringt künftigen Lehrern Französisch bei.

Wir trinken reichlich von diesem köstlichen chinesischen Bier. Eine nette Geste: Die Serviererin des Restaurants faßt Nurith bei der Hand und hilft ihr über die Straße. Auf der Heimfahrt öffne ich das Fenster des kleinen Busses, die warme Luft dringt herein. Ich strecke den Kopf hinaus, und China hüllt mich ein.

Guangzhou ist eine gigantische Stadt mit unleugbarem Charme. Sie erinnert an den Süden Europas, an Italien oder Griechenland, und gleichzeitig an eine Metropole Amerikas. Kilometerweit moderne Prachtstraßen, von Arkaden und Geschäften gesäumt, und dann plötzlich ein Gewirr modriger, holperiger Gassen mit verwahrlosten Häusern, wo ein unglaublich geschäftiges Durcheinander herrscht. Normalerweise ist die Menge in den anderen Großstädten Chinas sehr diszipliniert.

Die Villen im portugiesischen und englischen Kolonialstil sind großartig. Von überall her sprießen Pflanzen. Auf jeder Bank am Wasser ein Liebespaar. Sie scheinen eingeschlafen und rühren sich nicht. Dies ist angeblich eine der freizügigsten Städte Chinas: das macht die Nähe zu Hongkong! Zwei Stunden von hier herrscht Freiheit! Ein junger Mann macht Liegestütze auf einer riesigen Kanone. Mitten auf der Straße wird an Campingtischen zu Abend gegessen. Männer lassen sich die Haare schneiden, andere schlafen auf dem Boden. Diese Atmosphäre umgibt uns wie ein Traum.

Kaum im Hotel angelangt, verlassen wir es auch schon wieder, um mit Zhou zur Flußmündung hinunterzugehen. Es ist schon sehr spät. Im „Flußrestaurant", weißgedeckte Tische auf einem Landesteg, machen wir halt. Unter einer Neonlampe geschäftige Köche, barfüßig in einem Spülwasser- und Fettgemisch watend. Unterhalb, auf dem Steg kniend, Frauen, die in schwarzer Brühe Teller spülen, die, mit Strandschnecken gefüllt, sofort wieder benutzt werden; das stört hier niemanden.

Dieser Abend dient dem gegenseitigen Kennenlernen. Jeder erzählt von sich, reihum. Woher kommen wir? Was haben wir bisher gemacht? Selbst die Moskitos interessieren sich lebhaft für unser Gespräch, verschlingen nicht nur unsere Worte, sondern alles ringsum. Zhou belustigt uns mit der chincsischcn Bedeutung unserer Namen: Claire heißt geduldig, Snafu Tiger, Jeanne der Weg zur Freiheit oder zur geöffneten Tür, Jane Jadepalast oder Gold, Alice liebevoller Gedanke, Christoph das Küken (!), Nurith Lied der jungen Liebe, Sybille der verschleierte Gast, Zhou Nägelchen. Und ich? Das habe ich vergessen. Dann trägt er uns ein Gedicht vor, wobei er dem Mond zutrinkt. Er schreibt es auf Chinesisch nieder, für Nurith. Ich werde es ihr übersetzen lassen. Gyurme ist während des Essens verschwunden, ohne daß es jemand bemerkt hätte. Frauen, Alkohol, Flucht vor den Chinesen oder Müdigkeit?

15. Juli

Heute morgen bin ich in meinem Zimmer geblieben, um zu arbeiten. Eine Parallele herzustellen zwischen den Texten von Alexandra David-Néel und unserer Route, kostet mich Zeit. Wir werden tatsächlich an den meisten Stätten vorbeikommen, die sie besucht oder wo sie sich aufgehalten hat. Wenn ich die Briefe an ihren Mann lese, die in zwei Bänden unter dem Titel *Journal de voyage* veröffentlicht sind, habe ich mehrmals den Eindruck, Gleiches zu empfinden. Die politische Situation zwischen Chinesen und Tibetern war schon damals äußerst gespannt, etliche Regionen waren absolutes Sperrgebiet, und unzählige Male hatte sie bei den Lokalbehörden um Passierscheine zu kämpfen.

Sie befand sich in der gleichen Ungewißheit wie wir, was die Etappen ihrer Rundreise betraf. Mehr als einmal mußte sie die Route ändern, umkehren oder wochenlang an höchst unliebsamen Orten ausharren. Vielleicht werden uns ähnliche Mißgeschicke widerfahren. Aber auch das gehört dazu.

Aus Alexandras Korrespondenz: „Im Süden, im Raume Kham, werden die Chinesen im Augenblick von den Tibetern regelrecht malträtiert; sie waren zu lange unter Druck gesetzt, ausgebeutet und mißhandelt worden ... Je nach Lage der Dinge werde ich dort den größten Teil des Sommers zubringen oder in der näheren Umgebung Quartier beziehen. Zu Herbstbeginn werde ich am Südufer entlang zurückkommen. So zumindest habe ich es geplant, doch wer weiß, was sich noch alles ändern wird? ... In meinem letzten Brief habe ich Dir die politische Lage ausgiebig geschildert. Sie ist sehr verworren und birgt Bedrohung."

Alice und Jane sind von einem Bummel zum Free Market ganz beglückt zurückgekehrt. Sie haben Schildkröten gesehen und Hirtenstare, denen von ihren Besitzern mit einem Stäbchen eine dunkle Futterpaste in den Schnabel gestopft wurde. Da waren auch Käfige mit Kurzhaarkatzen, für die Küche bestimmt; die langhaarigen sind für den „Hausgebrauch". Alice wird mit all den neuen Eindrücken bestens fertig. Sie schreibt, fotografiert, erzählt, spricht Chinesisch und sympathisiert mit jedermann.

Trotzdem haben wir eine kleine Auseinandersetzung: Sie und Jane haben unsere von CITS geplante Abfahrt um eine Dreiviertelstunde verzögert. Im Minibus weise ich Alice darauf hin. Ihre Antwort ist ... Schließlich lachen wir darüber ...

Nach dem Mittagessen in einer Art gigantischer Abfütterungsfa-

Alexandra David-Néel im Kreise der Hor-Anführer; Kanze 1924.
(Stiftung Alexandra David Néel)

Die Mitglieder der gesamten Expedition.
(Franz Christoph Gierke)

Die sieben Frauen bei einem chinesischen Fotografen.
(Franz Christoph Gierke)

Der Eingang zur Katholischen Mission in Dartsedo. *(Jeanne Mascolo de Filippis)*

Die Hängebrücke von Luting. *(Snafu Wowkonowicz)*

Befestigtes Haus auf der Hochebene von Minyak. *(Snafu Wowkonowicz)*

Transport der Teeziegel; Derge. *(Jeanne Mascolo de Filippis)*

Auf dem Lhagong-Paß, mit dem Berg Jara im Hintergrund. *(Marie Jaoul de Poncheville)*

Das Yalung-Tal nördlich von Kanze. *(Franz Christoph Giercke)*

Das Festival von Jyekundo. *(Snafu Wowkonowicz)*

Vor dem Zelt unserer Gastgeber beim Festival von Jyekundo. *(Franz Christoph Giercke)*

Ein traditioneller Tanz. *(Franz Christoph Giercke)* ▶

Dreharbeiten auf dem Platz des Festivals. *(Franz Christoph Giercke)*

Mönche beim Fest von Jyekundo. *(Snafu Wowkonowicz)*

Blick in die Menge. *(Franz Christoph Giercke)*

Gruppe von Tänzern beim Fest. *(Franz Christoph Giercke)*

brik, ausgestattet mit Springbrunnen und Papageien, machen wir uns auf zum Tempel der Familie Chen. Er wurde im 19. Jh. errichtet und ist heute ein Museum. Die Säle bergen eine Fülle von Gegenständen aus verschiedenen Epochen. Manche sind prachtvoll und künstlerisch, andere schlichtweg abscheulich und verschnörkelt. Merkwürdig, diese chinesische Kunst, eine Mischung aus Erlesenem und Geschmacklosem.

Anschließend Besichtigungsfahrt zum mehrstöckigen Tempel der „Sechs Banyans" aus dem 5. Jahrhundert. Sie sind voll mit chinesischen Buddhastatuen, die weit weniger schön modelliert sind als die tibetischen. Doch dieser Tempel ist noch mit Leben erfüllt. Die große Zahl derer, die hier ihre Glaubensrituale verrichten, beeindruckt mich. Es sind insbesondere viele Frauen, die sich zu Boden werfen oder Weihrauchstäbchen abbrennen. Und ich dachte, ganz China sei atheistisch! Dieser Besuch ist eine gute Einführung in den Buddhismus, denn man darf ja nicht vergessen, daß der in Indien entstandene Buddhismus in China längst verbreitet war, bevor er auf dem tibetischen Hochland Wurzeln schlug. Die Schulen divergieren zwar, doch die Hauptfiguren sind die gleichen geblieben. Wir machen uns vertraut mit Maitreya, dem Buddha des kommenden glücklichen Zeitalters, und mit den Wächtern der vier Himmelsrichtungen.

Bevor wir wieder das Flugzeug nach Chengdu nehmen, machen wir einen Spaziergang durch den Orchideengarten; die meisten Blumen sind schon verblüht. Die Atmosphäre der Treibhäuser und die kleinen Brücken über die von leicht verwitterten Pagoden gesäumten Seerosenflüßchen, wo die Chinesen bei einer Tasse Tee Entspannung suchen, wirken auf mich ungemein belebend.

Die Zollbeamten am Flughafen von Guangzhou, junge Grobiane männlichen und weiblichen Geschlechts, denen jedes Lächeln fremd ist, bestärken mich in meinem Haß all jenen gegenüber, die ihr Fitzelchen Macht mißbrauchen. Auf Janes Tasche haben sie es abgesehen. Die Medikamente irritieren sie; sie wollen wissen, wozu sie dienen. Schließlich konfiszieren sie die Körperlotion „Jardins de Bagatalle" von unserem Sponsor Guerlain. Ein Zöllner packt sich das Ding und preßt und drückt auf ihm herum. Um die Spannung zu entschärfen, dreht Jane den Verschluß ab und tränkt ihm die Hände mit Feuchtigkeitsmilch. Alle prusten vor Lachen. Sie darf ihr Gepäck wieder schließen, und ich nutze die allgemeine Verwirrung, um mich mit all meinen Beuteln unbemerkt am Zoll vorbeizustehlen.

19.40 Uhr. In der chinesischen Boeing sind die Sitze derartig zusammengedrängt, daß mir klar wird, daß sie eigens für die Chinesen gemacht wurden, die im allgemeinen kleiner sind als wir. Müde sind wir, auch besorgt, und innerhalb der Gruppe kristallisieren sich seelische Bindungen heraus. Die Stewardessen servieren uns einen abscheulichen Fraß.

Ankunft in Chengdu, der Hauptstadt von Sichuan. Wir landen nicht, sondern plumpsen in einer feuchten Nebelbrühe platt auf das Rollfeld. Die riesige Stadt Chengdu mit ihren fünf Distrikten und einer Gesamtbevölkerung von vier Millionen erstreckt sich über das ganze Becken Sichuans. Ein typisches Kennzeichen ist der Smog. Im Sommer beträgt die Luftfeuchtigkeit 80% bei einer Temperatur um 35 °C. Man erstickt unter einer Bleihaube. Wenn im Winter die Temperatur sinkt, ist es immer noch nebelig; dann kommt man sich vor wie in einer englischen Stadt. Sichuan ist so groß wie Frankreich; mehr als ein Viertel der Provinz (der Nordwesten) gehörte früher zu Kham.

Die „Offiziellen" erwarten uns in Reih und Glied und weißen Hemden. Ich drücke als erste die zwanzig Hände, das Team folgt mir nach. Wir verlassen den Flughafen ohne irgendwelche Formalitäten. So viel Protokoll löst Gekicher aus. Aber sie nehmen sich tatsächlich ernst und erwarten von uns ebenso ernsthaftes Entgegenkommen.

Der Minibus setzt uns vor einem prachtvollen Hotel ab, dem Jin Jiang. Es liegt im südlichen, modernen Teil der Stadt, ausgehend von jenem großen Platz, wo eines der letzten kolossalen Mao-Standbilder steht: der Segnende, den Arm ausgestreckt. Die vierspurigen breiten Straßen sind gerahmt von riesigen Hochhäusern und majestätischen Bäumen. Dazwischen dichter Verkehr, Vehikel aller Art, vom Fahrrad bis zum letzten japanischen Automodell. Keine Spur mehr von jener alten Stadt, die Marco Polo beschreibt, von jener Zeit, da Chengdu die mächtigste Provinzhauptstadt Chinas war.

Das chinesische Fernsehen ist da. Und ein Empfangskomitee: rot-weiß gekleidete junge Mädchen mit Gladiolensträußen im Arm. Davor die Offiziere, ebenfalls in Weiß. Und abermals drücke ich Hände. Die Arme prall mit Blumen gefüllt, schreiten wir die breiten Stufen einer Freitreppe hinauf. Fast wie in Cannes, nur auf Chinesisch! Im Innern erwartet uns, laut klatschend, eine dichtgedrängte Menge. Ein junges Mädchen weist uns Samtsessel zu. Ansprachen, Vorstellungen, Applaus jede Minute. Zhous Frau übersetzt vom Deutschen ins Französische, nachdem Zhou Chinesisch-Deutsch geliefert hat. Alice prustet los. Sie genießt dieses Theater. Ich fächele hektisch. Mache dem Präsidenten von CITS Komplimente. Man wünscht uns, der Film möge schön werden. Der Präsident betont mehrmals, wir seien die erste Gruppe, die nach der Studentenbewegung vom Frühjahr '89 nach China eingereist sei.

Mich schockiert das alles. Es fällt mir schwer, ihnen nicht zu verübeln, was sich vor genau zehn Tagen hier abgespielt hat. Wir wissen, daß es in Chengdu zu heftigen Krawallen gekommen ist. Mehr als 300 Tote, heißt es. Wer von diesen uniformierten oder zivil gekleideten Chinesen, die uns hier willkommen heißen, hat die Studenten unterstützt, wer hat die Repression befürwortet? Ein großes Transparent hängt quer durch die Hotelhalle: „Willkommen dem Weib-Team aus Frankreich!" Ich mache Zhous Frau darauf aufmerksam, daß da ein kleiner Fehler unterlaufen ist.

Später sammeln wir uns erneut auf der Hotelterrasse, mit den Offiziellen, die sich bald zurückziehen, und den Vertretern der Tourismus-Abteilung. Gyurme und Jeanne machen uns mit dem Direktor von Golden Bridge Travel bekannt, einer kleinen Reiseagentur, die mit dem offiziellen CITS rivalisiert. In der augenblicklichen Situation sind wir für diese Agenturen die einzigen Devisenbringer dieses Sommers. Herr Chen, der Direktor, würde gern einen Teil dessen, was CITS zufließt, einheimsen. Die Privatwirtschaft in China neu anzukurbeln, dürfte kein leichtes Unterfangen sein . . .

Wir treffen zwei Europäer, die einzigen in diesem Monat Juli; sie sind noch erschüttert von den letzten Ereignissen. Er ist Italiener und arbeitete seit neun Monaten in Chengdu für ein medizinisches Kinderhilfszentrum; sie ist Engländerin. Sie haben Chengdu Hals über Kopf verlassen, um nach Hongkong zu fliehen, als die Armee die Straßen eroberte. Heute sind sie gerade zurückgekommen. Sie fühlen sich nicht wohl in ihrer Haut und wissen nicht so recht, wie es für sie hier weitergehen wird und in welchem Zustand sich Wohnung und Arbeitsplatz befinden werden. Wir tauschen ein paar Informationen aus, doch sie sind mißtrauisch uns gegenüber, und auch wir halten uns in der Defensive. Eine tolle Stimmung!

Es ist schon 11 Uhr abends. Auf der Terrasse des neunten Stockwerks, erarbeiten Nurith und ich mit Blick auf die Stadt die Pläne für die ersten Drehtage. Wenigstens hier gibt es ein wenig frische Luft.

Wir könnten in Chakzamka (Luding) zu filmen beginnen, zwei Tagreisen von Chengdu entfernt. Diese Stadt ist historisch von Bedeutung, denn ihre lange Hängebrücke, auf der man den Fluß Gyarong Ngulchu, den Silberfluß, überquert, bildet die natürliche Grenze zwischen Tibet und China. Hier drangen die mit Tee, Seidenwaren und Gewürzen aus China gestarteten Karawanen in das ehemalige Königreich Chakla ein, das heutige Verwaltungszentrum der autonomen Präfektur Kanze, der wichtigsten sämtlicher Kham-Präfekturen. Auf den letzten Seiten von Alexandras *Journal de voyage* finde ich eine Menge Informationen. Grenzstadt. Brücke. Völkergemisch. Tor nach Tibet. Nurith scheint zufrieden und kann es kaum mehr erwarten, endlich anfangen zu dürfen. Mir geht es genauso.

16. Juli

Da wir warten müssen, bis unser Material vom Zoll freigegeben wird und CITS uns mit der Besichtigung seiner Provinz beehren möchte, geben wir unsere Einwilligung zu einem rein „touristischen" Ausflug nach Guanxian, dem ganzen Stolz Sichuans, und zwar wegen seines genialen Bewässerungssystems, das, ausgehend vom Fluß Min Jiang, bereits im dritten vorchristlichen Jahrhundert von einem in den Diensten der Dynastie Shu han stehenden Ingenieur ausgeklügelt wurde. Wir spüren ganz deutlich, daß sie unser Interesse unbedingt auf andere Dinge lenken wollen, ablenken wollen von dem eigentlichen Gegenstand unseres Interesses, von Tibet. Doch wir müssen behutsam vorgehen. Daher macht die Hälfte unserer Gruppe die Exkursion mit, während Jeanne und ich noch Reisevorbereitungen treffen.

Frühstück. Lektüre. Dann Mittagessen mit Christoph und Gyurme. Vielleicht werden wir nicht nach Jyekundo gehen, sondern eine andere, wildere, den Chinesen unbekannte Route zu einem versteckt gelegenen Tempel einschlagen, den wir nach einem Fünftageritt erreichen könnten. Ob wir die behördlichen Genehmigungen erhalten können, werden wir bald wissen. Jede Einzelheit einer Strecke muß nämlich von einer Kommission gebilligt werden, die sich zusammensetzt aus dem Kulturminister, dem Minister für das Nachrichtenwesen und den Militärbehörden der Provinz; dann muß das Ganze den entsprechenden Behörden in Peking vorgelegt werden, doch die letzte Entscheidungsbefugnis haben die Militärbehörden. Auf dieser Route würden wir drei Grenzen berühren: von Sichuan zur Autonomen Region Tibet, dann Qinghai und schließlich nach Gansu. Da diese Provinzen als „verbotene" Regionen gelten, haben die Chinesen noch nie einem ausländischen Team offiziell Filmerlaubnis erteilt.

17 Uhr. Abgelehnt. Ich hatte fast damit gerechnet. Es hatte schon so ewig gedauert, die Genehmigungen für unsere ursprüngliche Route zu bekommen, obwohl es nur um die drei Provinzen Sichuan, Qinghai und Gansu ging. Ihre verschwiegenen Täler waren jahrhundertelang unabhängige tibetische Königreiche, die weder die Vorherrschaft Lhasas noch Pekings anerkannten. Die chinesische Regierung hält diese Verwaltungsbezirke auch heute nur schwer unter Kontrolle und zieht es daher vor, Fremden den Zugang zu verwehren. Wir müssen uns glücklich schätzen, dorthin vordringen zu dürfen, denn die chinesische Verwaltung ist schwerfällig und überaus argwöhnisch. Wir werden also die ursprüngliche Route beibehalten: Ziel Jyekundo (Yushu). Ich lese Nurith die Dartsedo (Tatsienlou oder auch Kangding) betreffenden Passagen vor. Der erste wirklich tibetische Marktflecken. Sie wird die von Alexandra erwähnten heißen Quellen filmen, die heute noch existieren.

Unsere fünf Jeeps, deren Fahrer uns jetzt vorgestellt werden, sind soeben im Hof des Hotels eingetroffen. Zwei Jeeps werden uns vom Institut für Geophysik zur Verfügung gestellt, bei dem mein Bruder Olivier sich schriftlich für uns eingesetzt hat. Man sieht den Wagen die Strapazen an, doch sie wirken unverwüstlich. Ich wähle den blauen, weil der Fahrer etwas älter ist und einen umgänglichen und zuverlässigen Eindruck macht. Während der ganzen Expedition werden Jeanne, Gyurme und ich in diesem Jeep fahren, und nur wenn gedreht wird, steige ich in den roten zu Nurith, Sybille und Claire, dem Kamerateam, das die teure Filmausrüstung nur dem neuesten Wagen anvertrauen wollte. Außerdem verfügt er über einen Dachträger, von wo aus wir ebenfalls werden drehen können. Jane und Alice fahren mit Snafu. Christoph bildet ein Gespann mit Zhou, dem Chef der Expedition. Ich bin verstimmt, denn unmittelbar vor der Abfahrt habe ich in der Hotelhalle meinen Fotoapparat zerbrochen, weil eine aufdringliche junge Serviererin mich mit der Wäschereirechnung verfolgte und mir vor Aufregung alles aus den Händen glitt. Ich muß doch nachher Christoph nochmals daran erinnern, daß ich nicht die Produzentin dieses Films bin und mit Hotel- und Restaurantrechnungen nicht behelligt werden will.

Wie man hört, sollen nach den Ereignissen in Peking auch in

Kham Aufstandsbewegungen schwelen. Es geht das Gerücht, Fahrzeuge seien angehalten und ausgeplündert worden, und unsere chinesischen Expeditionsbegleiter sterben schier vor Angst. Mir ist auch nicht so ganz wohl bei der Sache. Was wäre, wenn die Tibeter uns für Verbündete der Chinesen hielten, wenn Alice etwas zustoßen würde oder einer der Frauen meines Teams?.

Zunächst einmal lassen wir uns per Jeep zu einem jener „Teehäuser" fahren, für die Chengdu berühmt ist, um mit der chinesischen „Mannschaft" den täglichen Expeditionsablauf zu besprechen. Endlich sehen wir auch die Altstadt; der Kontrast könnte nicht krasser sein. Niedrige Fachwerkbauten, Dächer in Pagodenform, mit Holzschindeln gedeckt, Sträßchen wie in orientalischen Bazaren, ein völlig anderer Rhythmus. Anschließend ein Weg am Fluß entlang. Es gibt also doch noch ein paar alte Viertel mit schönen Häusern, die ihre geschnitzten Holzbalkone und Vordächer bewahrt haben. Wir entdecken eine bunte kleine Welt: Restaurants, Märkte und eine Händlertätigkeit, die verständlich macht, wieso hier im 11. Jahrhundert Wechsel und Papiergeld erfunden wurden.

Da ist ja das Vogelcafé! Eine unregelmäßige Reihe wurmzerfressener Holztische säumt das Ufer; die Gäste sitzen auf herrlichen Bambusstühlen. Einige spielen Domino und rauchen eine lange Pfeife aus Bambus und Kupfer, während andere nur plaudern. Alle haben Vögel mitgebracht. Ein Dauerkonzert. Einige Käfige thronen mitten auf dem Tisch, andere baumeln an einem entlang der Böschung gespannten Tau. Auf einem weiteren Seil, etwas unterhalb, hocken Hirtenstare und Sittiche.

Die gelblich gefiederten Vögel mit dem dunkelroten Schnabel betreiben Konversation. Der Inhaber schenkt Tee ein, in blauweiße Porzellanschalen mit Deckel, und nach jedem hörbar geschlürften Schluck gießt er kochendes Wasser nach. Herrlich, mit all seinen Modulationen erscheint der Gesang der Vögel wie nach einer genialen Partitur zusammengestellt. Die in langen besinnlichen Stunden abgenutzten Bambusstühle, die Zufriedenheit dieser alten Männer – die jüngsten dürften um die siebzig sein –, die stolz auf ihre trällernden Prachtexemplare sind, das alles zusammen erscheint wie eine Szenerie aus einer anderen Welt, wo das Leben gemächlich dahinplätschert, die Alten die Jungen lieben und die Reichen den Armen helfen. In dieser Welt würde nur das Gesetz der Nächstenliebe und des Seelenglücks gelten, und es gäbe nur mehr ein natürliches und gerechtes Miteinander wie hier bei diesen unbeweglich dasitzenden und dem Gesang ihrer musikalischen Gefährten verzückt lauschenden Männern.

Hinter uns rasiert ein Barbier Köpfe. Der Spiegel steckt an einer Palisade. Die Haare fallen auf den Boden. Ein alter Mann sammelt sie auf, um damit Kopfkissen zu füllen, die er den Bettwarenhändlern verkauft.

Tisch an Tisch mit den Alten, den Vogelnarren, arbeiten wir mit Zhou und Shao Lin Wang, einem jungen Chinesen, der Zhou assistieren wird; er ist schweigsam, kurzsichtig und spröde. Wir besprechen die Route, die Zahl der Reisetage zwischen den Dörfern, die Anzahl der Drehtage. Nurith verlangt möglichst exakte Angaben über die Länge der Etappen, was uns hilft, unsere Arbeit genau zu planen.

Offiziell haben wir die Genehmigung, all diese „verbotenen" Regionen zu besuchen, doch Zhou und Shao Lin wissen schon im voraus, daß es nicht leicht sein wird, unsere Ansprüche und die der Fahrer unter einen Hut zu bringen. Heute ist der erste Test. Daß Gyurme und Jeanne das Land besser kennen als sie, stärkt nicht gerade die Position unserer Begleiter. Wir sind keine gewöhnlichen Touristen, und es wird ihnen nicht leichtfallen, uns von der sorgfältig ausgearbeiteten Route abzubringen. Das sollen sie sich ruhig von Anfang an klarmachen...

Nachdem wir uns von den Moskitos haben ärgern lassen, wollen wir zum Hotel zurück. Auch die Vogelbesitzer machen sich auf den Heimweg. Über ihren „Schatz" decken sie ein undurchsichtiges marineblaues Tuch; der Tag ist vorbei. Ihre Frauen dürften mit einer Schale voll Nudeln oder Reis auf sie warten. Die Chinesen essen recht früh zu Abend.

Wir landen schließlich in einer kleinen Straßenkneipe, wo uns hintereinander zwanzig Gänge vorgesetzt werden. Ich gehe schlafen, nehme aber noch ein Antiallergicum: diese Biester! Gesicht, Hände und Füße sind geschwollen. Heute war die Stimmung sehr gespannt; so leicht unterkriegen läßt sich hier keiner, weder in der Gruppe der Chinesen noch in meinem Frauenteam. Die Chinesen sind gar nicht so leicht zum Lächeln zu bewegen, und einige meiner Frauen auch nicht.

Montag, 17. Juli

Während der Nacht ruft Zhou von zu Hause aus Christoph an. Ich höre etwas von Material, einer Tonne Filmausrüstung, Kamera, Spule, Lebensmittel etc., das erst in ein paar Tagen aus Guangzhou kommen und unsere Abreise nach Tibet verzögern wird. Die Flugzeuge nach Chengdu sind angeblich schon überladen; ein unangenehmes Erwachen. Schon wieder bringt mir eine junge Chinesin die Rechnung für Wäsche, die meine Damen abgeliefert hatten, zum dritten Mal innerhalb von vierundzwanzig Stunden! Ich erkläre ihr, daß ich am Schluß unseres Aufenthalts zahlen werde und daß dafür ohnehin der Produzent, also Christoph, zuständig ist. Derartige Komplikationen scheinen ihr unüberwindbar. Sie kreischt . . . Ich dränge sie aus dem Zimmer . . . Die Angestellten hier sind unfähig, sich einer Situation anzupassen, die bei ihrer Ausbildung nicht durchgespielt wurde. So spulen sie beispielsweise immer wieder dieselben auswendig gelernten englischen Sätze ab. Antwortet man mit mehr als ja oder nein, begreifen sie nichts und wiederholen hartnäckig diese Sätze. Und da soll man nicht verrückt werden!

15 Uhr: Ausladen des Materials, sofern es aus Guangzhou eingetroffen ist. Angeblich hat sich der Gouverneur von Sichuan persönlich dafür eingesetzt, daß es vorrangig abgefertigt und verladen wurde.

17 Uhr: Heute abend gibt der Vizegouverneur von Sichuan für uns einen Empfang. Das Fernsehen wird uns filmen. Schöne Aussichten! Jeanne und ich machen uns auf die Suche nach der katholischen Missionsstation, wo Alexandra David-Néel sich aufgehalten haben müßte. Ein alter, schüchterner und liebenswürdiger Wärter begreift zwar nicht viel, öffnet uns aber die Tür zur Kapelle. Die Gebäude dürften vom Beginn des Jahrhunderts stammen. Mir kommt das alles eher protestantisch vor. Es riecht nach einem Kerzen- und Wachsgemisch, was in diesem Land erstaunt, anachronistisch wirkt. Wir werden wiederkommen, um einen Priester zu sprechen, der uns vielleicht sagen kann, ob es Archive gibt; es könnte doch sein, daß sich darin eine Spur von Alexandra findet.

Im Hotel erfahre ich dann, daß unser Material angekommen ist. Ich mache mit Liu, einem unserer Verbindungsoffiziere, Bekanntschaft; er spricht französisch. Er begleitet mich, um meinen Fotoapparat reparieren zu lassen . . . Für das offizielle Festbankett, das uns zu Ehren von Herrn Liu Zhi Peng, dem Generalsekretär der Kommunistischen Partei, und Herrn Xia Zheng Xun, dem für Tourismus zuständigen Abgeordneten der Provinz Sichuan, gegeben wird, wollen wir uns mal ein bißchen herausputzen (Lippenstift, Wimperntusche), um dem Klischeebild der Französin zu entsprechen.

Rund zwanzig Männer in weißen Hemden erwarten uns in einem der Salons des Hotels Jin Jiang. Die Sessel stehen entlang der Wände, so sitzen wir im Quadrat. Der Parteisekretär weist mir den Platz an seiner Seite zu; Christoph sitzt zu meiner Linken. Und schon beginnen die Ansprachen. Der Sekretär hält nach jedem Satz inne, damit seine Worte ins Deutsche und anschließend ins Französische übertragen werden können. Das Fernsehen filmt. Er gibt uns nochmals zu verstehen, wie schwierig die politische Lage gewesen sei, daß wir die erste Touristengruppe seien, die nach Sichuan einreisen durfte, und auch das erste Filmteam in ganz China überhaupt, das eine Dreherlaubnis erhielt, die allerdings vor den Ereignissen auf dem Tiananmen genehmigt wurde. Wir seien keine Journalisten, sondern drehten einen touristischen Film über seine Provinz, wodurch Sichuan in die Lage versetzt werde, dem Westen all seine Reichtümer und künftigen ausländischen Reisenden seine Möglichkeiten zu zeigen. Wir tragen also eine erhebliche Verantwortung. Er erklärt uns ferner, unser Weg werde sehr beschwerlich sein, es könnten sich unterwegs Probleme ergeben. Er präzisiert seinen Gedanken nicht, dürfte aber die chinesisch-tibetischen Spannungen meinen und möglicherweise Angriffe der wilden Tibeter auf uns fürchten. In gewissen Zonen dürften wir nicht filmen (in Tunneln, militärischen Anlagen, Häfen etc.), doch sei er bereit, uns nach bestem Vermögen zu helfen, damit alles gut ablaufe. Er sei beglückt, daß wir einen Geschichts- und Kulturfilm über eine heldenhafte Französin drehen wollten, seiner Meinung nach seien die Frauen ohnehin weit stärker als die Männer, in China habe Mao die Emanzipation der Frau bewirkt, sie sei unbeschränkte Herrscherin im Haus . . . Keine einzige Chinesin sitzt in diesem Kreis! Ich danke dem Generalsekretär und erläutere ihm in knappen Worten die Absicht unseres Films. Alice flüstert mir zu: „Mach's nicht zu lang!" Ich verliere momentan den Faden und weiß nicht mehr, was ich eigentlich sagen wollte. Ich finde zwar den Anschluß wieder, bin aber in Schweiß gebadet. Alice gluckst und prustet, und ich habe Mühe, nicht laut loszulachen. Christoph stellt uns dann der Reihe nach vor, erzählt, woher wir stammen und was wir beruflich bisher geleistet haben. Er beweihräuchert uns, indem er uns die Expertinnen Frankreichs nennt!

Wir begeben uns in einen Speisesaal mit drei Tischen. Nurith, Sybille, Christoph und ich haben unsere Plätze am Tisch des Parteisekretärs und des Abgeordneten, Jeanne, Alice und Claire an dem des Armeechefs und des Chefs der Sicherheitsdienste, und Jane an dem der Behördenvertreter und der Abordnung des chinesischen Fernsehens. Rund dreißig Gänge werden aufgetragen, unterbrochen von Trinksprüchen auf unseren Erfolg. Da ein jeder sich verpflichtet fühlt, einen eigenen Toast auszubringen, haben bald alle rote Gesichter. Die Männer kippen ihr Gläschen Reisschnaps hinunter, dazu eine Art Apéritif, der gelblich ist wie gekochter Wein. Es gibt Bambussprossen, Paprikahähnchen, Quallen, süß-saure Pasteten, Hühnerbeine, gummiartige Stückchen Schlange, klebriges Allerlei, aber auch köstliche Fleischbällchen und brennend scharf gewürztes Gemüse – mein Traum wäre jetzt ein eiskaltes Bad.

Christoph nutzt die immer gastlicher werdende Stimmung, um von den Allgewaltigen die Bestätigung zu erhalten, daß die Probeabzüge in Frankreich gemacht werden, weil wir hochspezialisierte Apparate benützen, was auch ohne Schwierigkeiten und einstimmig zugestanden wird. Die Gespräche drehen sich jetzt um Frankreich, um das Kino, doch alles bleibt recht seicht, da die Übersetzer nicht gerade hochkarätig sind – die Fragen übrigens auch nicht. Die Chinesen werden es nicht müde, unseren Entschluß, nach China zu reisen, als äußerst mutig zu preisen... Nach zweieinhalbstündigem Festmahl, unterbrochen von wiederholtem Applaus und Willkommenssprüchen, wünschen wir einander gute Nacht und viel Glück.

Ich gehe in mein Zimmer, um mich auszuruhen, mich frisch zumachen und zu arbeiten. Ich schlafe ein, werde aber gleich wieder aufgeschreckt durch Christoph, der uns auf die Terrasse im neunten Stock bestellt. Es ist 23 Uhr! Er teilt uns mit, daß wir erst Mittwoch um 12 Uhr, also am übernächsten Tag, losfahren können, aus Sicherheitsgründen und wegen der Formalitäten. Eine umständliche Gesellschaft, diese Chinesen!

Von Paris nach Chengdu

Dienstag, 18. Juli

Frühstück mit Zhou, seinem Assistenten, Snafu und Christoph, um aufzulisten, was uns noch fehlt. Wir müssen Schlafsäcke leihen und Zelte kaufen. Wir hätten alles aus Frankreich mitbringen sollen, haben es nun aber zu spät in die Wege geleitet, und alles, was Ausländer kaufen, wird doppelt berechnet, da sie kein chinesisches Geld verwenden dürfen. Ein FEC (Foreign Exchange Currency, also Ausländergeld) entspricht zwei Renminbis (chinesische Währungseinheit). Jeanne, Nurith, der Übersetzer Liu und ich machen uns auf, um bei dem Priester der am Abend zuvor besuchten Missionsstation Informationen über Alexandra einzuholen. Ein junger chinesischer Theologe empfängt uns. Er weiß von nichts. Er ruft einen alten Herrn hinzu, der seit seinem zehnten Lebensjahr in der Station wohnt, doch auch er erinnert sich nicht an Alexandra. Ich bekomme schließlich heraus, daß sie Lutheraner sind, und zögernd geben sie uns die Adresse der katholischen Missionsstation. Warum sind sie unseren Fragen gegenüber so reserviert? Ist es Fremdenfeindlichkeit, Trägheit oder Argwohn? Oder ist ganz einfach unser Dolmetscher schlecht? Es wirkt jedenfalls, als wüßten sie nichts von Alexandras Geschichte oder wollten nichts davon wissen, als ob es da einen Bruch gegeben hätte.

Sie zeigen uns ein Buch mit einer Liste aller ausländischen Persönlichkeiten, die in den letzten hundert Jahren China bereist haben. Keine Alexandra. Wir finden die Forschungsreisenden Jacques Bacot und J.-F. Rock, die Namen von Diplomaten wie Sir Charles Bell, als Schriftsteller steht da Pierre Loti und als Journalist Peter Fleming. Wieso kommt Alexandra nicht vor? Reiste sie unter einem Decknamen, war sie so wenig bekannt? Alle Vermutungen sind möglich.

Wir steigen wieder ein in das CITS-Auto, und Liu zeigt uns die bei den jüngsten Ereignissen ausgebrannten und zerstörten Viertel. Wir reagieren verhalten. Auf welcher Seite steht er? Nur unsere Gefühle nicht durchscheinen lassen! Wir überqueren eine kohlschwarze Kreuzung, Planken wurden über die Fassaden genagelt. Mehrere Häuserblocks sind restlos verkohlt, Geschäfte wie auch Wohnungen. Das Ausmaß der erneuten Zwischenfälle wird uns bewußt. Niemandem liegt daran, uns zu sagen, was hier wirklich vorgefallen ist.

Wir kommen zur katholischen Missionsstation. Keinerlei Erinnerungsstücke an Alexandra, doch ein alter Herr erzählt uns, daß die Gebäude um 1850–60 oder 70 erstellt wurden. Ich sehe sofort im zweiten Band des *Reisetagebuchs* nach und finde die Stelle, wo sie ihr Gespräch mit dem Bischof wiedergibt und von ihrem Aufenthalt in der Mission erzählt.

Die Anlage ist großartig. Das erste Gebäude, das früher zur Mission gehörte, wurde in eine Werkzeugfabrik umgewandelt. Ohrenbetäubender Lärm dringt heraus. Die ursprüngliche Architektur blieb erhalten, die Fassade ist aus Stein und Holz. Ich halte Alexandras Foto vor diesem Haus in den Händen. Den ersten Hof umschließt eine von hohen Steinsäulen gesäumte Galerie. Ein Hof trennt zwei Innengärten, die ein Kreuz bilden mit der Kapelle am hinteren Ende; ihre Fensterumrandungen und Tragebalken sind mit wundervollem Schnitzwerk verziert. Die beiden Personen, die uns hier willkommen heißen, erkennen Alexandra auf dem Foto zwar nicht wieder, scheinen sich aber sehr für ihre Geschichte zu interessieren. Sie erzählen uns auch die Entstehungsgeschichte dieses Ortes und nennen den Namen des Gründers; das war Mgr. Rouchousse, den Alexandra mehrmals erwähnt. Auch hier gibt es keine Archive, und man verweist uns an die Staatliche Bibliothek Chengdu, Archivabteilung.

Eine andere Epoche, doch alles wie früher. Gebündelte Lichtstrahlen fallen schräg in Höfe und Gärten. Irgendwie übernatürlich. Das Ende des Films?

Bevor wir ins Schwärmen geraten, wollen wir uns lieber zurückziehen. Doch da sehen wir eine Gruppe hochbetagter Bischöfe gemessenen Schrittes heranziehen; violette, purpurne, indischrosarote Gewänder, die Mitra auf dem Haupt, ein mit roten und violetten Edelsteinen besetztes Kreuz auf der Brust und den Ring am Finger. Ich gehe auf einen von ihnen zu. Als erstes hält er mir den Ring hin. Es ist der Bischof einer Nachbarprovinz. Ein anderer spricht uns auf französisch an. Er verwaltet eine kleine Diözese im Ostteil der Provinz Sichuan und ist nach Chengdu gekommen, um eine Woche lang an einem Seminar teilzunehmen. Wir fühlen uns urplötzlich in jene Zeit versetzt, in der Alexandra hier weilte.

Die Begegnungen erscheinen uns wie ein himmlischer Anachronismus in diesem modernen und „geeinten" China, wo jede Religion der Parteiideologie zuwiderläuft. Ein unvergeßliches Bild, ein Gefühl des Friedens. Die Vergangenheit besteht noch, und zwar da, wo die Große Kulturrevolution diese Überreste des Kolonialismus oder Feudalismus – Tempel, Paläste u. a. – wie im ganzen übrigen Land eigentlich hätte zerstören müssen. Als wir uns verabschieden, müssen wir uns noch ins goldene Buch eintragen, worauf Liu bemerkt, in zweihundert Jahren käme vielleicht jemand hierher, um in diesem Register unsere Spuren wiederzufinden!

Besprechung zwischen Gyurme, Nurith, Jeanne und mir, um den zweiten Teil der Reise, von Jyekundo ausgehend, zu erarbeiten, was uns gestern im Vogelcafé nicht ganz gelungen war.

Dann machen wir uns auf die Suche nach dem ehemaligen französischen Konsulat, wo Alexandra sich ebenfalls aufgehalten hatte. Der Fahrer setzt uns im Nordviertel am Ende der Stadt ab, vor einem mit Grünanlagen umschlossenen wohl fünfzehnstöckigen Bauwerk. Es war 1982 auf dem Platz des ehemaligen Konsulats errichtet worden, nachdem die Provinz Sichuan vom Außenministerium die Abrißerlaubnis erhalten hatte. Eine Wohnungsbaugesellschaft residiert jetzt hier, und einer ihrer Direktoren empfängt uns. Nachdem Liu die Absicht unseres Besuchs erklärt hat, macht er uns mit einer Angestellten des Hauses bekannt, die seit eh und je in diesem Viertel wohnt. Sie ist etwa fünfundfünfzig Jahre alt, gutaussehend und lebhaft und hat einen intelligenten Blick. Sie erzählt uns Kindheitserinnerungen, erzählt, wie sie mit den von der katholischen Missionsstation gegenüber dem Konsulat betreuten Waisenkindern des Viertels gespielt hat. Wir folgen ihr, verlassen die Umfriedung, überqueren stark belebte Gassen und gelangen zwischen zwei Außenanlagen in einen von einer hohen Mauer umgebenen gepflasterten Hof. Das alles sieht deutlich nach einem Kreuzgang aus. Selbst in der Luft scheint noch Weihrauchduft zu hängen. Da also standen die 1934 erbaute Kirche und die Wohngebäude. Inzwischen hausen hier ganze Familienverbände, die bald evakuiert werden dürften, da die Einsturzgefahr zu groß ist. So verschwinden allmählich die Überreste einer Epoche. Wir danken unserer neuen Freundin, die diese Geschichte ebenso begeistert wie uns. Der erste herzliche Kontakt!

Vor dem Abendessen noch Geographieunterricht durch Gyurme; es geht um die Regionen, die wir bereisen wollen. Wir sind gute Schülerinnen, aufmerksam und fleißig! Die Abfahrt ist für morgen früh vorgesehen. Unsere erste Etappe wird Ya'an sein, etwa 150 Kilometer südwestlich von Chengdu. Zu Alexandras Zeit war dies die letzte mit dem Auto erreichbare Stadt. Dann mußte man zu Fuß in Richtung Dartsedo im tibetischen Grenzgebiet weiterreisen. Dort wurden also die Karawanen zusammengestellt. Wie dem auch sei, die Straße nach Dartsedo wird nur zwischen 6 und 9 Uhr früh freigegeben; es hatte Erdrutsche gegeben, und nur Jeeps und Lastwagen mit Allradantrieb können passieren. Vor und nach diesen Öffnungszeiten reparieren Arbeiter die Straße.

Abendessen in einem kleinen Restaurant in der Nähe des Hotels. Geldwechsel auf dem Schwarzmarkt. Während die Renminbis den Ausländern verboten sind, verfolgt eine ganze Armee von Chinesen die Fremden direkt vor dem Hoteleingang und bombardiert sie vor aller Augen mit dem Ruf „Change money, change money".

Mittwoch, 19. Juli

Aufstehen 7.30 Uhr. Jetzt wird's endlich losgehen. Gemeinsames Frühstück in diesem grandiosen Speisesaal, wo es nur chinesische Gerichte gibt. Der Teppich riecht nach Mottenpulver, und die „staatlichen" Kellnerinnen knallen uns die Speisen auf den Tisch. Dann müssen die fünf Jeeps und der Lastwagen beladen werden. Mit nur mäßiger Hilfe der Chinesen müssen wir das Material auf die sechs Fahrzeuge verteilen. Das dauert bis Mittag.

Die Kisten mit dem Film- und Tonmaterial nehmen zwei Wagen ein. In die anderen kommen das Handgepäck und die Beutel, die man täglich braucht. In meiner Handtasche sind Brille, Schutzcremes, Filzstifte, meine Notizbücher, mein Schweizer Mini-Taschenmesser, Alexandras *Au Pays des Brigands Gentilshommes* sowie Band 2 des *Journal de voyage*. In meinen Kleiderbeutel im Auto: ein Pulli, vier T-Shirts, zwei schwarze Baumwolljerseyhosen, Strumpfhosen, Hüte, Handschuhe, Sandalen und Leinenschuhe zum Wechseln. Im Beutel im Lastwagen: Gebirgskleidung, kräftiges Schuhwerk, meine Unterlagen, meine Bücher u. a.

Um zwölf Uhr ist alles bereit. Doch nun gibt es Wolkenbrüche. Wir essen zu Mittag, wobei das CITS-Personal den mit uns aufbrechenden Chinesen mit Trinksprüchen Mut einflößt. Das chinesische Fernsehen wartet schon, um unsere Abfahrt zu filmen. Vor laufenden Kameras überreiche ich dem CITS-Chef einen Flakon „Samsara" von Guerlain. Er scheint geschmeichelt.

Ein Kerl mit sehr merkwürdigem Gehabe folgt und fotografiert uns seit heute früh auf Schritt und Tritt: beim Beladen der Wagen, in den Hotelgängen, beim Frühstück und beim Mittagessen . . . Wie Christoph mir erklärt, ist es Zhous Chef. Nackter Oberkörper, beiger ärmelloser Anorak, fettiges Haar. Er lächelt uns ständig zu. Ich finde ihn widerlich und erkundige mich. Er heißt Lao

Von Paris nach Chengdu

Wang und wird uns während der ganzen Expedition begleiten. Zhou sagt mir, er mache eine Zeitungsreportage, während Lin erklärt, er sei von der Polizei und solle uns schützen. Vielleicht muß man beiden glauben...

Abfahrt. Die Frauen unserer Verbindungsoffiziere haben sich auf die Stufen des Hotels gestellt, um uns Adieu zu sagen. Sie weinen. Haben Kummer. Haben Angst... Sie sind so jung, sehen aus wie Studentinnen. Dabei sind die uns begleitenden Chinesen zwischen 24 und 30.

Die Fahrzeuge tragen Nummern und die Aufschrift „F. Productions" und sind mit Walkie-Talkies ausgerüstet. Das erste transportiert die beiden Köche, zwei Verbindungsoffiziere und den Fotografen bzw. Sicherheitsbeamten. Im Lastwagen befinden sich drei oder vier Chinesen, wahrscheinlich ein Koch und irgendwelche Verbindungsoffiziere, die wir nach und nach kennenlernen werden. Im Augenblick fällt es mir noch schwer, sie zu unterscheiden, abgesehen von Zhou und unserem Fahrer. Insgesamt haben wir dreizehn Chinesen um uns; erster Verbindungsoffizier und Hauptverantwortlicher ist Zhou; dann kommt sein Assistent Shao Lin, der ebenso wie Zhou perfekt deutsch spricht, und Lao Shen, Komponist, der sowohl Zhou als auch Sybille, unserer Toningenieurin, assistieren wird; er spricht weder englisch noch deutsch. Auf chinesischer Seite begleitet Lao Wang die Expedition als Fotograf. Außerdem sind da zwei weitere Männer, deren Vornamen ich nie erfahren werde und die stets in Deckung bleiben: im Lastwagen. Ein Geologe, der am Institut für Geophysik arbeitet, ein Koch und Liu, unser Französisch-Dolmetscher, begleiten uns ebenfalls. Und schließlich die Fahrer, Li zum Beispiel, der den Lastwagen mit all den Nahrungsmitteln und der Ausrüstung – mit Ausnahme des in den Jeeps beförderten empfindlichen Kameramaterials – steuert. Welche Funktion die restlichen Männer haben, bleibt äußerst unklar.

Langsam, einer hinter dem anderen, rollen die Wagen an. Alice sitzt mit Snafu und Jane in einem von Tang gesteuerten weißen Jeep, Jeanne, Gyurme und ich in dem von unserem alten, sanft und höflich wirkenden Wang mit weißen Handschuhen gelenkten blauen Jeep. Das Kamerateam – Claire, Sybille und Nurith – hat im roten Landrover Platz genommen; der Fahrer ist ein hübscher Kerl mit einem Comic-Gesicht, das er hinter einer großen dunklen Brille verbirgt, er verzieht keine Miene. Er heißt auch Wang. Christoph und Zhou fahren an der Spitze in einem beigen Jeep, gesteuert von Lou, dem Chauffeur des Gouverneurs, dem wir recht bald schon den Spitznamen „Prinz" verleihen werden; um für unseren Konvoi freie Fahrt zu erzwingen, hängt er jedes Mal seine Fahnen mit den Farben der Provinz Sichuan aus dem Fenster und beschimpft sogar einen Bauern, dessen Karren umgekippt ist. Er fährt absichtlich zu schnell, was unserem Konvoi einen absolut lächerlichen offiziellen Anstrich verleiht. Ich werde ihn mir bald mal vorknöpfen müssen.

Die Straße dampft unter der Hitze, der Asphalt ballt sich zusammen. Das sirrt, wie wenn Wassertropfen in kochendes Fett fallen. Wir haben Chengdu bei einem Platzregen verlassen, den ein wundervoller Regenbogen überstrahlte. Für die Tibeter ist dies ein gutes Omen, denn so manifestiert sich Padmasambhava, der den Buddhismus nach Tibet brachte. Aufgrund der äußerst günstigen klimatischen Bedingungen ist Sichuan eine wahre Kornkammer. Die Hügel sind in Tausende von kleinen Terrassen unterteilt, zartgrüne Reisfelder, gelbe Raps- und Maisflecken und die Straßen, gesäumt von schütteren Baumreihen. Das Ganze wirkt absolut harmonisch.

Als es auf Ya'an zugeht, sieht die Natur schon anders aus. Aus den Hügeln werden fast kahle Berge, aus den Feldern Wiesen, und die Flüsse werden enger. Bergketten zeichnen sich am Horizont ab, wir nähern uns den „Alpen" Sichuans.

Mein ganzes Sehnen richtet sich jetzt auf diese Berge, auf diese Hochplateaus, fern des Gewimmels, weit weg von diesen ausdruckslosen Gesichtern; den Tibetern mit ihrem Lachen, ihrem echten und sympathischen Wesen nahesein – und dann endlich arbeiten! Hier ist das Klima schwül und warm, ich träume von frischer Luft. Wie aufgeputscht fühlt man sich doch dagegen in der Höhe, und wie natürlich stellt sich gute Laune ein!

Ankunft in Ya'an. Die Stadt ist sehr belebt. Ein rauschender Fluß durchschneidet sie. Alte Läden und Tee-Lagerhallen säumen die Straßen. Ya'an war schon immer ein großes Handelszentrum, weil im ganzen Umkreis Tee angebaut und in riesigen Mengen über ganz Tibet verkauft wird. Die Chinesen halten seine Qualität für minderwertig, doch die Tibeter schätzen seinen ausgeprägten Geschmack, der dem mit Butter und Salz vermischten Getränk eine ganz besondere Nuance verleiht. Dieser Tee wird zu festen Ziegeln zusammengepreßt und dann in lange, grob geflochtene Strohzöpfe gepackt. Der französische Forschungsreisende Dr. Migot, der 1947 ebenfalls durch Ya'an reiste, beschreibt in seinem

Buch *Caravane vers Bouddha* die endlosen Kolonnen der Teeträger zwischen Ya'an und Dartsedo. Den Transport wickeln heute Lastwagen ab, doch die Verpackung ist die gleiche geblieben.

Diese Region ist reich: Es gibt eine Menge Vieh, Büffel und Kühe, die ganz China mit Schuhen versorgen. Der Überschuß wird hauptsächlich nach Deutschland exportiert.

Im Badezimmer des Hotels laufen uns die Kakerlaken über die Füße. Alles starrt vor Dreck. Eine schwarze Badewanne, rinnende Wasserhähne, verfleckter und muffig riechender Teppichboden. Wir stellen nur unsere Sachen ab, denn Zhou ruft uns schon zum Abendessen. Es ist 20 Uhr, und in China ißt man um 18 Uhr. Im Speisesaal vom Guest House wird uns das Essen serviert. Ein eher fettiges Mahl, das faulig riecht: die berühmten hundert Tage alten schwarzen Eier, verschiedene Fleischstücke, in scharfe Sojasauce getaucht, tantan mien (dicke Reisnudeln), kalte Nudeln aus Erbsenpüree, widerlicher Aal, in Würfel geschnitten, Algen, Bambus, Hochlandchampignons, gekochte Salate. Alice stürzt in ihr Zimmer, um sich zu übergeben. Fünf Minuten später ist sie wieder da und sieht auch frisch aus. Ich fürchte, daß sie übermäßig abnehmen wird.

Abendspaziergang mit Jane am Flußufer im Anschluß an Gyurmes Geographiestunde im kleinen Café neben dem Hotel. Wir schlendern dahin und lassen uns von der chinesischen Atmosphäre einlullen: der Geruch nach gärendem Kohl und Salat in der Nähe eines Lagerhauses, die Stille einer Stadt ohne Autos. Ob die Jugendlichen hier von den Ereignissen auf dem Tiananmen überhaupt gehört haben? Sie haben viel mehr Ähnlichkeit mit Studenten aus dem linken Lager als mit den „klassischen" jungen Chinesen, die im allgemeinen recht konventionell wirken.

Ich kann nicht schlafen unter meinem Moskitonetz. Es ist zu warm, und die Insekten schlüpfen durch die Risse und treiben ihr teuflisches Spiel. Doch ich bin glücklich, weit weg von allem.

20. Juli

Aufstehen um 7 Uhr. Frühstück in recht muffiger Atmosphäre. Die Chinesen setzen sich an den einen, wir an den anderen Tisch. Zum Glück gibt es harte Eier, denn der Rest ist ungenießbar: irgendwelche Pickles, die einem den Mund verbrennen, Brocken von schwärzlichem Fleisch, ungeheuer reizvoll am frühen Mor-

Sieben Frauen in Tibet

gen ... Snafu verteilt Müsli, das er aus dem Lastwagen hervorgekramt hat, unsere aus Frankreich mitgebrachte Überlebensnahrung.

Wir brechen auf; es geht nach Kangding, dem tibetischen Dartsedo, das Alexandra noch Tatsienlou nannte, denn so stand es, in chinesischer Schreibweise, auf den Karten. Unmengen von Lastwagen, mit Baumstämmen beladen, kommen vom tibetischen Plateau herab. China holzt nämlich die Wälder seiner Volksstämme radikal ab — ein Skandal!

Mit der Stadt Ya'an haben wir auch die Reisfelder und Terrassen hinter uns gelassen. Ein schönes, tief eingeschnittenes Tal liegt vor uns. Die Straße steigt allmählich an, und plötzlich befinden wir uns am Fuße der Ausläufer einer gewaltigen Bergkette. Diese von der Natur errichtete Barriere mit Namen Erlong Shan ist so überwältigend und die darüber hinwegführende Straße war so schwer zu bauen, daß ein modernes chinesisches Sprichwort jedes nur mit übermäßiger Kraftanstrengung zu realisierende Vorhaben mit der Überquerung dieses Gebirges vergleicht. Wir überqueren hier die Schwelle zu einer neuen Welt; an der Straße muß ständig gebaut werden, da sie im Winter von Lawinen überschüttet und im Sommer von sintflutartigen Regenfällen hinweggespült wird. Diese Achse zwischen Ya'an und Dartsedo wurde von der Volksbefreiungsarmee gebaut, wobei viele Männer ihr Leben ließen. Immer wieder verengt sie sich zu einer schmalen Piste, die sich über einen schwindelerregenden, tiefer und tiefer werdenden Abgrund wölbt.

Die Hitze ist beschwerlich. Ich suche während der ganzen Fahrt die Landschaft ab — grüne Berge mit überwiegend tropischer Vegetation —, um Affen ausfindig zu machen. Der Fluß ist breit; Holz treibt hinab; Pappeln, während der Kulturrevolution gepflanzt, säumen die Straße, sofern eine existiert. Chinesen mit spitzen Hüten transportieren in an Bambusstäben hängenden Körben Wasser, Korn oder Steine. Vor uns ist ein Fahrzeug, das nicht zu unserem Konvoi gehört, steckengeblieben. Unsere Chinesen brauchen ein Weilchen, bis sie es bemerken, und es kommt ihnen auch nicht in den Sinn, daß man dem Wagen aus dem Morast heraushelfen könnte. Christoph spornt sie an, wir schieben mit vereinten Kräften, und schließlich rollt der Wagen vorwärts und durchquert die Wasserrinne. Wir kommen ohne Schwierigkeiten durch.

Gegen Mittag erreichen wir ein Militärlager; die Soldaten servieren uns das Essen. Wir sind nicht sonderlich erbaut, Gast der

Armee zu sein. Unsere Chinesen erklären uns, es sei zu kompliziert, unter freiem Himmel zu kochen und die Utensilien und Lebensmittel aus dem Laster hervorzukramen. Die Soldaten gelten als Meisterköche, und ihre Lager dienen häufig den Reisenden als Hotel-Restaurant.

Als wir ein bestimmtes Örtchen aufsuchen, entdecken wir Hügel weißer Würmer rings um die Grube, was mich endgültig krank macht. Ich muß mich hinlegen; in einem der Räume hier steht eine Bank, und rings um mich hängen Fahnen zum Ruhme vergangener Schlachten. Nurith fühlt sich auch nicht wohl. Sybille leidet an einer beginnenden Sinusitis.

Nach kurzer Rast geselle ich mich wieder zu unserem Team im Speisesaal. Die Soldaten sind eifrig um unsere Tische bemüht. Sie sehen jung aus und wirken verwirrt. In der Küche bietet sich ein umwerfendes Schauspiel, tiefstes Mittelalter! Riesige Kupferkessel stehen auf Holzfeuern, schmutzigweiße Fliesen an den Wänden, der Boden nur gestampfter Lehm. Dampfschwaden. Die Männer arbeiten mit nacktem Oberkörper und schätzen es gar nicht, daß man ihnen zusieht. Ich fische ein paar Nudeln aus einer Sojabrühe, dann waschen wir uns im Beisein der jungen Soldaten, die ihren Augen nicht trauen wollen, unter einem kalten Wasserstrahl und machen uns wieder auf den Weg.

Wir fahren in Richtung Khakha-Buddha-Paß (er heißt tatsächlich so). Die Straße ist in einem so schlechten Zustand, daß nur einspurig gefahren werden kann. Vom Paß haben wir einen tiefen Blick hinab in das Tal, durch das wir ins Gyarong-Gebiet gelangen werden. Tief unten, entlang des Gyarong Ngulchu, liegt die Stadt Chakzamka, die die Grenze zwischen Tibet und China darstellt. So zumindest steht es zu lesen, eingraviert in eine unter dem tibetischen König Ralpachen im Jahre 836 errichtete Säule, sichtbares Zeichen für einen mit Kaiser Tang geschlossenen Vertrag. Diese Säule steht nach wie vor gegenüber dem Jokhang in Lhasa.

Sehr bald schon ist die Straße erneut blockiert. Ich empfehle Christoph, Erkundigungen einzuholen, anstatt hinter einer zwei Kilometer langen Lastwagenkolonne stehenzubleiben. Das hat Erfolg: Man läßt uns über den frisch gegossenen Asphalt rollen, den junge Frauen mit Splitt bestreuen. Wir kommen noch rechtzeitig, um die Brücke zu filmen. Noch zehn Minuten Sonne. Ein bezauberndes Schauspiel. Es ist eine Hängebrücke, die auf beiden Seiten zu einer pagodenförmig überdachten Tür führt. Darunter der brodelnde Fluß. Unsere Chinesen helfen uns mit Begeisterung bei der Vorbereitung des Drehmaterials. Alles klappt wunderbar. Wir machen vier Aufnahmen.

Die Hauptstraße von Chakzamka ist gerahmt von Fachwerkhäusern, deren feingeschnitzte Holzornamente ich bewundere. Das würde ich gerne filmen, doch wir haben kein Licht mehr. Wir sehen schon ein paar Tibeter. Alte Chinesen in traditionellen Samtgewändern betrachten uns; sie streichen über ihre Bärte und fragen sich wohl insgeheim, woher wir kommen und ob Alice ein Junge oder ein Mädchen ist . . .

Endlich in Tibet!

Wir fahren weiter in Richtung Dartsedo, nachdem wir – symbolische Geste – die Brücke überquert haben ... Jenseits der Brücke beginnt Tibet. Wir verlassen schon bald den Gyarong Ngulchu, um nach einem Kraftakt – mehr als 1600 m Höhenunterschied sind zu überwinden – dem Lauf des Dartsedo (Stadt und Fluß tragen den gleichen Namen) in 2600 m Höhe zu folgen. Urplötzlich ändert sich die Landschaft. Die Vegetation ist viel spärlicher, die Häuser sind aus Stein. Es gibt kleine Festungen mit wunderschönen Dächern aus schwarzen Rundschindeln. Das sind die „Dzong", wie die Tibeter sie nennen, was soviel wie „Festung" bedeutet.

In Dartsedo angekommen folgen wir einem zwischen zwei Steinmauern eingezwängten, ungemein reißenden Fluß, der am Ausgang der Stadt in einen anderen mündet. Daher der Name: „Zusammenfluß von Dar und Tse". Unsere Fahrer setzen uns im Hotel ab. Vom vierten Stock aus, wo sich unsere Zimmer befinden, hat man einen prachtvollen Blick auf die Schindeldächer des größten Klosters der Stadt, des Ngachu. Dieser Ort war früher Hauptstadt des Königreichs Chakla; heute ist er Hauptstadt der autonomen Präfektur Kanze in Sichuan. Der Teehandel hat Reichtum gebracht, und an der Hauptstraße standen früher riesige Lagerhäuser. Das Königreich war bis zum 17. Jh. unabhängig; dann gelang es den Mongolenkriegern, die den fünften Dalai-Lama unterstützten, es der Autorität Lhasas zu unterstellen. Das Kloster Ngachu wurde vom fünften Dalai-Lama erbaut und ist daher Besitz der reformierten Gelukpa-Schule. Als der heutige Dalai-Lama 1954 Peking besuchte, hielt er sich hier auf.

Die Stadt erstreckt sich entlang des Flusses, der in einem ohrenbetäubenden Getöse dahinstrudelt. Die Neubauten sind in reinstem chinesischen Mietskasernenstil gebaut; sie verdrängen nach und nach die alten traditionellen Holzhäuser mit den geschnitzten Fassaden. Die ganze Stadt ähnelt einer riesigen Baustelle. Reger Betrieb herrscht in den Marktgassen, wo Menschen unterschiedlichster Art zusammentreffen.

In dieser – wie André Guibaut sagt – bunt gemischten Stadt, wo chinesische und tibetische Zivilisation ineinandergreifen, haben sich viele berühmte Reisende aufgehalten: Jacques Bacot besuchte Dartsedo bei seiner Forschungsreise durch die tibetischen Randgebiete, die er in *Le Tibet révolté* schildert, die Patres Huc und Gabet kamen hierher, nachdem sie Tibet durchquert hatten, und Gabriel Bonvalot und Prinz Henri d'Orléans machten hier Station.

Kleine chinesische Tempel klammern sich an den Berghang. Es sind die Überreste taoistischer Kapellen. Steil abfallende gewaltige grüne Berge umzingeln die Stadt. Die Tibeter sind ein urwüchsiger Menschenschlag. Sie bleiben glatt vor uns stehen und starren uns an, ohne mit der Wimper zu zucken. Unser Hotel ist recht hübsch. Die Kopfkissen sind schwarz, die Laken ebenfalls, doch insgesamt wirkt alles recht adrett und bunt: geblümte Bettdecken, Plastikblumen auf dem Tisch...

Doch nichts funktioniert. Die Toiletten drohen überzuquellen, in den Badewannen dürfte man Yaks gewaschen haben. Der Ammoniakgestank ist unerträglich. Es gibt keine Glühbirnen. Als ich die Tür zum Bad öffne, fällt mir eine Glaskuppel auf den Kopf. Immerhin, dies ist das letzte wirkliche Hotel! Auf den Hochplateaus wurde noch nicht gebaut. Das Abendessen ist besser als in Ya'an: Momos, meine Lieblingsspeise, die berühmten Raviolis aus Reisteig, gefüllt mit Fleisch oder Gemüse, die große Spezialität der Tibeter (übrigens auch der Chinesen, doch mit dünnerem Teig). Die Gemeinschaftsduschen sind im Hof. Sie funktionieren, sind auch sauber, denn hier muß bezahlt werden... Alice ist ganz verrückt vor Freude. Sie hat sich bestens bewährt als Assistentin und Skriptgirl. Sie ist müde, doch ihre Augen glänzen vor Glück. Sie schläft mit Jane in einem Zimmer. Als ich sie zum Abendessen abhole, höre ich sie singen und lachen, sie sind außer Rand und Band von all dem Neuen. Sogar über ihr dreckstarrendes Badezimmer haben sie sich hergemacht und die Hälfte ihrer Sachen gewaschen; sie hängen jetzt zum Trocknen auf dem Balkon.

Jeanne und ich haben eine Arbeitsmethode festgelegt. Sie

Endlich in Tibet!

notiert alle Punkte, wo Alexandras Reisenotizen mit unseren Angaben übereinstimmen. Was Gyurme uns an Zusatzinformationen liefert, nimmt sie auf Band auf. Mit Janes Hilfe soll es jeden Abend zu Papier gebracht werden.

Wir haben beschlossen, eine Sequenz an den heißen Quellen zu filmen, die inzwischen Thermalbad geworden sind. Alexandra erwähnte sie mehrmals, was nicht weiter verwunderlich ist, da sie sich ja fast den ganzen Zweiten Weltkrieg über in Dartsedo aufhielt.

„Tatsienlou, 7. Juli 1938: Ich kann bei den englischen Missionaren bleiben, bis ich eine Behausung finde. Das ist sehr schwierig im Moment. Die Stadt quillt über von Menschen und Truppen. In allen Klöstern logieren Soldaten. Ein hochrangiger chinesischer Kleriker, dessen Vorträge ich im Musée Guimet gehört hatte, übergab mir Empfehlungsschreiben, mit deren Hilfe ich vielleicht ein Haus werde mieten können, das einem chinesischen Kloster gehört. Dieses Kloster liegt hoch über Tatsienlou auf einem Bergkamm. Albert hat gestern einen Erkundungsgang unternommen; die Aussicht soll herrlich sein, und auf den umliegenden Weiden könne man spazierengehen. Allerdings macht der Abt des Klosters, der einer Vermietung zustimmen müßte, gerade eine Kur bei den heißen Quellen und wird erst übermorgen zurückerwartet. So werde ich erst nach seiner Rückkehr erfahren, ob ich eines der leerstehenden Häuser in Klosternähe werde beziehen können."

21. Juli

Aufstehen um 7 Uhr. Die Stimmung entspannt sich sehr schnell. Snafu macht uns Kaffee und Müsli. Das Abenteuer beginnt, der Film läuft an, und von nun an hat jeder seine genau definierte Aufgabe zu erfüllen. Um 8.30 Uhr brechen wir auf zu den heißen Quellen, ein paar Kilometer von hier entfernt. Die Häuser sind aus grauem Stein, der Fluß ist immer noch strudelnd und brodelnd, doch außerhalb der Stadt weniger lärmend. Hier gibt es herrliche Gemüsegärten, voll mit Kohl, Salat und riesigen Radieschen.

Die chinesischen Thermalbäder sehen alle aus wie auf Ansichtskarten. Man möchte meinen, ein europäischer Architekt des 19. Jahrhunderts habe sie unter chinesischem Einfluß erbaut. Hier also soll, wie Alexandra erzählt, der Lama, bei dem sie 1938 Unterschlupf suchte, eine Badekur gemacht haben.

Um das Bild, das wir jetzt filmen wollen, ein wenig zu beleben, tauchen wir zwei unserer Chinesen, den Fahrer Wang und Sybilles Assistenten Lao Shen, in eines der brodelnden Becken. Einer wird beinahe ohnmächtig in den starken Schwefeldämpfen. Die Anlage verfügt über rund zwanzig gekachelte Becken. Jedes befindet sich in einem Raum mit einer hölzernen Ruhebank und Blick auf den Fluß. Wir müssen ein anderes Becken filmen, weil die Dämpfe hier zu stark sind. Die Sonne kommt durch; nun brauchen wir unsere Beleuchtungsanlagen nicht mehr, die wir so mühsam installiert hatten, weil es in China kaum Steckdosen gibt. In einem mit Holzplanken zugenagelten Raum hatten wir schließlich eine entdeckt. Die Kabel sind meistens mit den Telegrafenmasten verbunden. Das Licht in der Stadt und den Häusern wird zu festen Zeiten von einer Zentrale ein- und ausgeschaltet. Diese erste Aufnahme dürfte gelungen sein: diesiges blaues Licht, altmodische orientalische Stimmung mit ganz eigenem Charme. Unsere Chinesen haben sich als gute Schauspieler erwiesen; sie haben unaufhörlich miteinander geplaudert, als seien sie unbeobachtet. Zweite Aufnahme: der Eingang zur Bäderanlage, von außen gesehen. Im angrenzenden Garten ein Billardtisch und ein paar Kinder, die das Spiel üben. Nach und nach treffen die Kurgäste ein, vor allem Frauen mit Kindern, dann ein paar Chinesen. Über ganz Tibet verstreut und in allen Tälern des Himalaja gibt es heiße Quellen. Für die Tibeter manifestieren sich in ihnen unterirdische Kräfte. Daher gilt ein Ort, wo solche Quellen liegen, häufig als heilig. Sie werden auch wegen ihrer therapeutischen Wirkungen aufgesucht; der „Tulku Rinpoche", den wir hier treffen, kommt wegen seines Rheumas. Im tibetischen Buddhismus ist der Tulku eine Persönlichkeit, die aufgrund verschiedener Prüfungen als Reinkarnation eines verstorbenen Lehrmeisters angesehen werden kann. Und sobald einer dieser Lehrmeister eine außergewöhnliche geistige Dimension beweist, wird ihm der Ehrentitel Rinpoche, das heißt „überaus kostbar", verliehen.

Trotz seiner Schmerzen und seines vorgerückten Alters hebt der Tulku von Trango die Zipfel seines roten Brokatgewandes und schwingt sich auf sein Fahrrad. Das wäre ein tolles Bild geworden, doch wir haben es leider verpaßt. In die Stadt zurückgekehrt, filmen wir die alten Holzhäuser und die bunte Menschenmenge. Dann machen wir uns mit Nurith auf den Weg, um die Marktstraßen zu erkunden. Da bekommt man Ideen! Die Köpfe der Tibeter faszinieren uns. Es dürfte ein Markt- oder Festtag sein, denn ganze

Familien schlendern herum, die die Stadt nicht zu kennen scheinen und mit Erstaunen die Auslagen betrachten.

Hastiges Mittagessen mit dem ganzen Team, denn wir wollen so schnell wie möglich wieder weg, um zu filmen. Wir nehmen eine Brücke auf, die sich über den ungestümen Fluß wölbt. Eine schöne Tibeterin posiert für uns, und Nurith schiebt auch mich ins Bild. Dann filmen wir das Ngachu-Kloster, das völlig neu aufgebaut wird. Sieben Klöster gibt es in Dartsedo, doch dieses ist das bedeutendste. Es gehört den Gelukpa, einer Schule des Dalai-Lama, und die Mönche haben seine Planung fest in der Hand. Die große Versammlungshalle ist bereits gänzlich restauriert und enthält sehr schöne Statuen des historischen Buddha Sakyamuni, des Avalokitesvara, Bodhisattva des allumfassenden Mitleids, die Statue der Tara, die den weiblichen Aspekt des Mitleids verkörpert, und schließlich das Bildnis Tsongkhapas, des großen Reformators, der im 15. Jahrhundert die Gelukpa-Schule, d. h. die „Tugendtradition" gründete, wo auf die Reinheit mönchischer Gelübde besonderer Wert gelegt wird. Mit der Einsetzung des Dalai-Lama regierten die Gelukpa Tibet vom 17. Jahrhundert bis 1959.

Chinesen in offizieller Funktion tauchen auf, um uns die Hand zu drücken, zu fragen, wer wir sind und was wir hier machen. Zhou spricht mit ihnen, und das scheint sie zufriedenzustellen. Mir ist bekannt, daß jede Filmaufnahme im allgemeinen noch eigens zu bezahlen ist, auch wenn man, wie wir, offizielle Genehmigungen besitzt. Bis 7 Uhr abends filmen wir auf dem Markt. Tibeter und Frauen mit prachtvollem Haar, mit Türkisen behängt. Die Männer sind rauhe Gestalten: Messer im Gürtel, gestiefelt, die Hand in die Hüfte gestützt; sie mustern uns. Die Frauen haben Angst vor uns; die Männer sind abweisend. Als wir beschließen, sie aktiv mitmachen zu lassen, amüsieren sie sich königlich; sie setzen sich die Kopfhörer auf und reden in Sybilles Mikrophon.

Alice macht alles, was man von einer Assistentin erwartet. Sie schiebt die Kinder beiseite, die sich nur allzugern vor der Kamera postieren, schleppt die Säcke mit Material, Spulen etc. und macht mit Claires Hilfe das Instrumentarium startklar. Sie ist leergepumpt. Noch acht Wochen müssen wir durchhalten. Mir geht's ähnlich, ich kann nicht mehr laufen. Wir sind verbrannt von der Sonne und dem Staub, dem starken Wind.

Um 8.30 Uhr verlasse ich das Hotel wieder, um ein Schwefelbad zu nehmen. Lou, der Chauffeur des Gouverneurs, begleitet mich. Er läßt seine Kassetten mit süßlichen chinesischen Liedern in

Sieben Frauen in Tibet

voller Lautstärke laufen, rast durch die Straßen und hupt jede Minute. Abendessen um 10 Uhr mit dem gesamten Team und gleichzeitig Geographieunterricht durch Gyurme über die Region und die Stadt Dartsedo. Festlärm läßt uns neugierig werden. Ein riesiger Speisesaal war für einen tibetischen Feministinnenkongreß reserviert worden. Im Laufe des Tages waren mehr als hundert Frauen aus verschiedenen Tälern eingetroffen. Sie logieren alle im Hotel, und eine wirkt energiegeladener als die andere. Ihre Gegenwart bringt frischen Wind ins Hotel, wo – wie in jedem chinesischen Hotel – bisher nur Männer, sich ständig räuspernd, herumschlurften. Kaum sind die Diskussionen und das Abendessen vorbei, werden auch schon die Tische an die Wand geschoben, eine Tanzkapelle zieht auf – und nun wird gefeiert! Wir stecken den Kopf durch die Tür, lächelnde Gesichter machen uns deutlich, daß wir hereinkommen dürfen. Ein richtiger Ball! Zwischen den Tänzen suchen die Männer sich neue Partnerinnen; mehrere von ihnen fordern uns auf. Natürlich kann man eine solche Einladung zum „pas de deux", wie sie sagen, nicht ablehnen, und ringsum wird applaudiert, als wir die Tanzfläche betreten. Uns wird ganz warm ums Herz in dieser fröhlichen Stimmung unter den lachenden Blicken dieses gastlichen Volkes.

Morgen geht's in das Minyak-Tal, vielleicht das Land meiner Ahnen mütterlicherseits, wo sich der Minyak Kangkar, mit 7556 m der höchste Berg Ost-Tibets, erhebt. Die Jeeps werden uns bis auf 4500 m Höhe bringen. Ich denke an meinen bezaubernden Großvater, Guy de Miniac, den Bretonen mit den grünen Schlitzaugen. Ich bin gerührt und träume von ihm.

Das heutige Minyak-Plateau hat keinen geographischen Bezug zum ehemaligen Königreich gleichen Namens, das sich im Nordosten des tibetischen Hochlandes befand. Ich erinnere mich an einen UNESCO-Bericht über die Geschichte der Minyak. Die Mongolen nannten sie Tanghuten. Ihre Hauptstadt war Ning Hsia oder „Königreich des Westens". Obwohl sie ein tibetisches Volk waren und Tibetisch sprachen, benutzten die Minyak eine Schrift, deren Zeichen den chinesischen Ideogrammen ähnelten. Alles deutet darauf hin, daß es sich um einen höchst kultivierten Volksstamm handelte. Ihre Häuser waren aus Granit gebaut und ihre Städte von Steinmauern umringt. Sie besaßen riesige Kamelherden, die sie während des Sommers im Hochgebirge weiden ließen. 1227 wurden sie in ihren Zeltlagern von den Mongolentruppen Dschingis-Khans überfallen, weil Burkhan, das buddhistische

Endlich in Tibet!

Oberhaupt der Minyak, es abgelehnt hatte, ihn in seinem Feldzug gegen die Moslems als Waffenbruder zu unterstützen.

Diejenigen, die in den Städten geblieben waren, überlebten und flohen gen Westen, vielleicht also zum Minyak-Plateau. 1908 entdeckte ein russischer Oberst in Karakhoto einen gigantischen Stupa und darin eine riesige Sammlung von Büchern, Seidenmalereien, Statuen etc. All diese Schätze werden heute in einem Leningrader Museum aufbewahrt, mit Ausnahme der riesigen Statuen, die er im Sand vergrub und die man bis heute nicht wiedergefunden hat.

22. Juli

Aufstehen um 8 Uhr. Wir verlieren Zeit und starten erst um 11.15 Uhr aus Dartsedo. Es fehlten Sauerstoffkissen und Nadeln für Jane, die sie aus Paris hätte mitnehmen sollen, aber vergessen hat. Da wir jetzt in rauhe Gegenden vordringen werden, will sie gerüstet sein. Ich werde nervös und spüre deutlich, daß die Fahrer in Panik geraten. Sie lehnen sich bereits gegen Zhous Autorität auf. Es ist ihnen zu Ohren gekommen, daß auf der Strecke, die wir nehmen wollen, Konvois angehalten und ausgeraubt wurden. Wieder eine Parallele zu Alexandra! Zu ihrer Zeit trieben Wegelagerer tatsächlich in dieser Gegend ihr Unwesen, und auch zwei französische Forschungsreisende ließen dort ihr Leben: Dutreuil de Rhins, der 1891 eine wissenschaftliche Expedition in Oberasien leitete, und später dann Liotard bei seiner zweiten Expedition in den tibetischen Randgebieten im Jahre 1939.

Die allgemeine Unruhe hält an, und mit Ausnahme von Wang, dem Fahrer des blauen Jeep, der mehrere Jahre in einem Transportunternehmen der Gegend gearbeitet hat, war noch keiner der Fahrer jenseits dieser letzten natürlichen Barriere, die uns vom tibetischen Hochland trennt. Für sie ist Tibet noch so, wie Alexandra es beschrieb, ein Land von Wilden und Räubern, und die chinesische Regierung hat in den vergangenen Jahren auch nichts unternommen, um ihnen diese Vorstellung auszutreiben. Sie murmeln etwas von einer Militäreskorte! Doch wir können sie schließlich beruhigen. Ich glaube fast, daß unsere weibliche Unerschrockenheit sie irgendwie beeindruckt. Allmählich begreife ich, wie man sie anpacken muß ... und wie ihre Angst einzuschätzen ist.

Um 14 Uhr erreichen wir den Jeto-Paß in 4420 m Höhe. Eine

Märchenlandschaft: weitausladende und gerundete Bergkuppen, Blütenteppiche aus Edelweiß, Primeln, Glockenblumen, Mohn, Vergißmeinnicht, ausgebreitet zum Empfang der zartfüßigen Göttinnen, von denen die tibetischen Legenden erzählen. Gebirgsarchitektur: Häuser, teils aus Stein, teils aus bunt bemaltem Holz, mit blauen, ockergelben, roten, abstrakten und symmetrischen Motiven.

Der Himmel sieht bedrohlich aus, Wolken bedecken den Gipfel der Minyak-Kette. Die Straße überquert das Plateau und gabelt sich dann: westlich gen Litang, nordwestlich gen Derge. Wir kommen durch hübsche Dörfer mit Steinhäusern, auf deren Dächern die Gebetsfahnen flattern; besonders hübsch das Dorf Rigyel und etwas weiter Rilung, wo man bereits die Chörten aufragen sieht. Ein Chörten (Sanskrit: Stupa) ist ein religiöses Bauwerk, Kennzeichen der buddhistischen Architektur, das den Geist des Buddha symbolisiert und als Reliquienschrein dienen kann.

Ich habe das Gefühl, im Paradies und zugleich bei mir daheim angekommen zu sein. Grüne Felder, sanfte Hügel, Pappeln, befestigte Dörfer aus braunem Granitgestein, Herrenlandsitze. Man könnte sie für bretonische Schlösser halten: viereckige, von Wachttürmen umgebene Häuser, über denen die Gebetsfahnen flattern. Die Frauen wirken hier genauso edel wie ihre Häuser. Die Wände sind mit rätselhaften weißen Zeichen bemalt. Ich habe Visionen. Guesar de Ling ist hier. Mir ist, als erkenne ich sein Geburtsdorf wieder.

Mein Großvater Guy de Miniac ist auch da. Er erwartet mich. Ich habe Tränen in den Augen. Dieses Gefühl ist so stark, daß ich, als wir haltmachen, in veränderte Gesichter zu blicken glaube; das ganze Team wirkt beruhigt, strahlt eine Heiterkeit aus, die aus der Stille kommt, aus dem Rhythmus von Menschen und Tieren, die sich Zeit lassen. Die Höhe trägt sicherlich auch dazu bei . . .

Ein junger Einsiedlermönch empfängt uns im Garten, der einen der Chörten umgibt. Der Chörten ist stark beschädigt, doch die Dorfbewohner restaurieren ihn. Er heißt Minyak Chakra-Chörten und wird Thangtong Gyelpo zugeschrieben, dem großen tibetischen Heiligen, der im 15. Jahrhundert lebte und berühmt wurde, weil er in ganz Tibet Brücken baute, die von Eisenketten gehalten werden. In dieser Gegend des Kham wird er besonders verehrt. Der Mönch gehört der Nyingmapa-Schule an, einer der vier Hauptschulen des tibetischen Buddhismus. Sie hält an den ältesten

Endlich in Tibet!

Traditionen fest und wurde von Padmasambhava, dem einzigen Verkünder des Buddhismus in Tibet, der auch der „Zweite Buddha" genannt wird, gegründet.

Gyurme erweist sich als fabelhafter Dolmetscher. Glücklich, mit uns sprechen zu können, erzählt der junge Mönch vom Leiden der Tibeter. Wir schlagen ihm vor, ihn zum Fest nach Jyekundo mitzunehmen. Doch er lehnt ab, er will keine Chinesen treffen: Das Reiterfest wird neuerdings von der chinesischen Armee überwacht. Wir haben engen Kontakt gefunden. Er bittet mich, ihn zu fotografieren. Ich tue es gern und träume schon davon, ihm den Abzug persönlich zu bringen, in Begleitung meiner Mutter, die ich an der Hand halten und heimführen würde nach Minyak. Wie gern würde ich hierbleiben. Ich bin ja angekommen... Unser Eremit weint, als die Wagen starten. Ich auch.

Zu Mittag machen wir in einem Militärlager halt. Zhou, unser chinesischer Expeditionsleiter, bekommt einen Heulkrampf. Ich weiß nicht warum und beabsichtige auch nicht, ihn zu fragen. Das ist zu heikel. Ich weiß, daß seine Mannschaft Qualen leidet (jetzt schon!), denn wir arbeiten zu viel, und in diesen abgelegenen Gegenden sind sie zum ersten Mal. Die Männer sind müde, haben Angst und beklagen sich ständig bei ihm über ihre Arbeitsbedingungen. Ich umarme ihn und sage ihm, er sei der Beste...

Auf dem Weg zum Kloster Lhagong kommen wir an einem Gefangenenlager vorbei, einem großen viereckigen Kasten, den man schon von weitem sieht. Unser Fahrer Wang informiert uns. Vor der Kulturrevolution war Wang Mathematiklehrer. Jetzt ist er Chauffeur. Was denkt er darüber? Ich spreche kein Chinesisch und Gyurme auch nur ein paar Brocken. Hunderte von Männern arbeiten auf den Feldern, machen Heu; andere sind mit Feuereifer dabei, die ebenso abschüssige wie unpassierbare Straße plattzuwalzen. Tagelang müssen hier Felsen behauen werden. Blutjunge Burschen, zwischen zehn und zwanzig Jahren, stemmen mit Hilfe eines über ihre Schultern gelegten Stocks riesige Felsbrocken hoch, um sie zu Splitt zu zerhacken. Fröhlich sehen sie nicht gerade aus. Gefangene. Etwas abseits weint einer, das Gesicht in den Händen verborgen. Das ist belastend.

Vom Minyak-Plateau hinab führt die Straße zum ehemaligen Pel Lhagong, wo ein prachtvolles Kloster steht; dahinter erstreckt sich ein Chörten-Feld, umgeben von einer Gebetsmühlenmauer für die Pilger. Im riesigen Innenhof wird mit Eifer die Fassade renoviert. Das ganze Ensemble — Gebäude, Chörten, Hof — ist von gewaltigen Ausmaßen. Der Tempel ist historisch sehr bedeutend; er ist auch heute noch Pilgerstätte. Vielleicht hat dieser Nimbus seine Zerstörung während der Kulturrevolution verhindert. Er ist einer der wenigen Tempel, die verschont wurden. Die drei Hügel ringsum verkörpern laut Legende die drei obersten Bodhisattvas: Manjusri, den Bodhisattva der Weisheit und Einsicht, Avalokitesvara, den Bodhisattva der Liebe und des Mitleids, Vajrapani, den Bodhisattva des unendlichen Lichts.

Ein junger, achtundzwanzig Jahre alter Lama, der im Augenblick unter Anleitung eines Lehrmeisters in einem zwei Kilometer von hier entfernten Kolleg studiert, erzählt uns die zwei Legendenversionen über diesen Ort. Der ersten zufolge brachte der Minister des tibetischen Königs Song-tsen Gampo aus China die Prinzessin Wenchen hierher, weil sie die Gemahlin des Königs werden sollte. Von der mystischen Atmosphäre des Ortes tief beeindruckt, legte er den Grundstein für den Tempelbau. Die zweite berichtet, die berühmte Buddha-Statue des Jowo, die Prinzessin Wenchen dem König als Hochzeitsgeschenk mitbrachte, habe selbst den Wunsch bekundet, an diesem Ort in einer Kapelle zu verweilen. Daher heißt es, die eine der Kapellen, die rechts vom Hauptgebäude steht, stamme noch aus der Zeit des Königs Song-tsen Gampo. Heute birgt sie eine Sakyamuni-Statue in Bodhisattva-Form, genannt Semnyi Ngelso, was „der Geist in Ruhe" bedeutet.

Rund vierzig Mönche leben in Lhagong, und etwa dreißig studieren unter Anleitung zweier weiser Lehrmeister im benachbarten Kolleg. Das Kloster und die gegenüberliegende Seite der Straße werden von einem Hügel überragt, dem Vajrapani. Den Gipfel krönt ein hoher Chörten. Von diesem Stupa herab filmen wir die Aussicht; der Berg Zhara taucht aus einem Wolkenmeer auf und scheint den Ort zu bewachen. Eine Nonne stellt „tsa-tsas" her, Figürchen aus geknetetem Lehm, die als Opfergaben dienen und häufig die Asche eines Verstorbenen enthalten. Sie werden in diesem oder einem anderen Chörten aufbewahrt. Wir filmen die Frau; Kinder spielen in ihrer Nähe, zwei Mönche meditieren hier. Die hier und da aufgesteckten Gebetsfahnen flattern über den Bergkämmen, und so weit das Auge reicht, erstrecken sich unendliche Ebenen. Als die Nacht hereinbricht, versinkt hier alles in innerer Sammlung.

Unseren Chinesen widerstrebt das. Da wir das nächste Militärlager nicht mehr erreichen können, müssen wir in Zelten nächtigen . . . Das erste Mal seit unserer Abreise! Was für ein Glück! Alice strahlt. Wir sind weit weg von allem.

Die Chinesen machen sich daran, das Essen vorzubereiten; in völliger Dunkelheit und – was noch schlimmer ist – in sumpfigem Gelände. Es gelingt ihnen nicht, Feuer zu machen. Schließlich verwenden sie Kerosin-Plättchen, und das ganze Essen stinkt nach Benzin: eine Schüssel versalzener Nudeln mit einer Art Corned beef, das wie Feuer im Bauch brennt.

Der Himmel ist übersät mit Sternen, die viel heller strahlen als in Europa. Wir sind dem Himmel näher.

23. Juli

Um halb drei morgens höre ich Stimmen. Menschen streichen um das Lager. Dann, viel später, startet ein Lastwagen. Also doch ... Ich stelle mir das Schlimmste vor, habe aber nicht den Mut aufzustehen. Ich schlafe wieder ein. Später erfahre ich, daß die verschreckten Chinesen kein Auge zugetan hatten. Um vier Uhr beginnt es zu regnen. Es platscht direkt auf den Schlafsack, die chinesischen Zelte sind nicht wasserdicht! Nurith ärgert sich wie wir alle. Blitze. Donner. Es wird Zeit, das Lager abzubauen.

Die Chinesen erweisen sich als völlig unfähig, sie können nicht einmal die Zelte zusammenfalten und das Geschirr vom Abend zuvor verstauen. Wir packen selber zu und verfluchen sie insgeheim. Diese Trottel!

Es ist schon 7 Uhr. Wir fahren ab; es regnet immer noch. Frisch fühlen wir uns nicht; wir sind starr vor Kälte und unausgeschlafen. In den Jeeps machen wir ein Nickerchen.

Die Landschaft ändert sich: es gibt herrliche Tannen, einen zwischen Felsen sich hindurchschlängelnden Fluß. Die Häuser, die man vereinzelt sieht, werden zunehmend farbiger, ihre Balkone sind reich verziert. Sie sind viel niedriger als jene kleinen Dzongs, die Schlößchen, die wir auf dem Minyak-Plateau so bewundert haben. Die meisten sind einstöckig. Im Erdgeschoß befinden sich die Stallungen; eine Leiter aus einem einzigen eingekerbten Stamm führt auf eine Terrasse, um die sich die verschiedenen Wohnräume gruppieren. Dicke, orangerot bemalte Holzbohlen bilden die Außenwände dieses Stockwerks. Die Fenster sind häufig mit Stoffen dekoriert, die schwarzweiße geometrische Motive zieren.

Wieder fahren wir durch ein Paradies, auf entsetzlich steinigen Wegen. Unmöglich, dabei zu filmen. Es geht über etliche Pässe, die eine wundervolle Aussicht auf regengrüne Hügel eröffnen. Nachdem wir den 4500 m hohen Drepa-Paß hinter uns gelassen haben, kommen wir an einem kleinen Dorf vorbei, das von einer gewaltigen Klosteranlage überragt wird. Dieses Kloster Kartha war früher sehr mächtig. Ein riesiger Chörten am Dorfeingang wird gerade renoviert. Das Plateau, über das wir anschließend fahren, bildet die Wasserscheide zwischen dem „Silberfluß" von Chakzamka und den Wasserläufen, die später zum Yalong zusammenfließen. Dann geht es weiter über den Nadreka-Paß und von dort aus hinunter Richtung Tawu – das heißt soviel wie „Pferdchen" –, wobei wir in einer Kleinstadtkaserne von unverkennbar stalinistischer Architektur zum Mittagessen haltmachen ... Doch die wenigen im traditionellen Stil erbauten Häuser sind herrlich anzusehen mit ihren Säulenbalkonen, auf denen der Ernteertrag trocknet. Auch ein Kloster, das Nyitso Gompa, gibt es in der Stadt; es untersteht den Gelukpa. Oberhalb des Dorfes erblickt man Grabsteine, die vermutlich zu einem Chinesenfriedhof gehören. Nun fahren wir den Shechu entlang bis zur Einmündung einer seiner Zuflüsse. Mitten in diesem Zweistromeck liegt eine Stadt, gekrönt von einem auffallenden Kloster, dem Trango Gompa, das ebenfalls den Gelukpa gehört und das imposanteste von allen ist, die wir bisher sahen. Zur Rechten zweigt eine Straße nach Qinghai ab. Zuerst hat der LKW, dann eines der anderen Fahrzeuge eine Panne. Doch alles läßt sich reparieren, und so erreichen wir am Spätnachmittag den Joro-See.

Die Straße führt zu einem herrlichen Fleckchen Erde, einem weit ausladenden Kessel, in dem sich der große, beidseitig von Hügeln umrahmte See erstreckt. Links oben Ruinen, die nur zu einem Kloster gehören können. Auch Dr. Migot ist hier gewesen, und seine Beschreibung läßt uns erahnen, wie es früher hier aussah: „Am Ende dieser Naturarena sehe ich die Dächer des großen Lamaklosters Joro Gompa schimmern, das ich nach dem Mahl besichtigen werde. Es wurde an einem großartigen Platz erbaut, angeschmiegt an einen Hügel, an dessen Hängen sich die kleinen Lama-Behausungen klammern. Zu seinen Füßen stehen große, weiße, aufgereihte Chörten Wache, im Schutze eines Baumvorhangs, der einen schönen, das ganze Tal einnehmenden See umhüllt. In seinen klaren Wassern spiegeln sich die Wolken und die umstehenden Hügel; in seinem Schilf lebt friedlich eine Vogelwelt, die in diesem glücklichen Land, wo nicht gejagt wird, vom Menschen nichts zu fürchten hat." *(Caravane vers Bouddha)*

Endlich in Tibet!

Heute ist nichts mehr davon da, nicht einmal eine Kapelle. Wir machen eine Großaufnahme vom See und filmen eine Gruppe Tibeter. Nachdem wir damit fertig sind, nehmen wir eine bezaubernde junge Tibeterin mit nach Kanze. Mit Engelsstimme singt sie für uns ein Lied. Sie ist überhaupt nicht schüchtern. Zuerst reagiert unser Chauffeur rassistisch, er herrscht sie an, sie solle den Mund halten. Doch wir ermuntern sie, fortzufahren, und bald ist auch er ihrem Charme erlegen. Gyurme verliebt sich sofort in sie.

Von Tawu aus sind es noch einhundertsechzig Kilometer bis Kanze, unserem heutigen Etappenziel. Nach dem Joro-See steigt die Straße bis auf 4000 m Höhe zum Latseka-Paß. Wir verlassen das Shechu-Becken und kommen ins Yalung-Becken. Als es ins Tal hinuntergeht, entdecken wir in der Ferne die beschneiten Gipfel des Kawalungring-Massivs, und jenseits liegt Nyarong. Der Gipfel, dessen höchster Punkt 6000 m erreicht, liegt dem fruchtbaren Kanze-Tal, das sich am rechten Ufer des Yalung hinzieht, genau gegenüber. Je weiter wir in das Tal hineinkommen, desto dichter wird die Besiedlung und desto lückenloser die Feldwirtschaft. Bei Einbruch der Nacht sind wir in Kanze, einer Stadt, die auf 3600 m Höhe liegt.

Ein herrlicher Platz. Doch uns bleibt nur noch Zeit für einen kurzen Erkundungsblick, drehen werden wir erst auf der Rückfahrt können, in mehr als einem Monat. Beeindruckend, wie das Kloster die Altstadt beherrscht! Diese Stadt und ihre Umgebung sind historisch sehr bedeutsam. Im 17. Jahrhundert ergriffen die Mongolen die Waffen gegen die Königreiche des Kham, die sich der politischen Macht der Gelukpa von Lhasa widersetzten. Sie einten die Region und unterstellten zahlreiche Klöster älterer Sekten den Gelukpa. Die fünf Horpa-Königreiche wurden geschaffen, um die Macht der Gelukpa zu konsolidieren. Zwei dieser Königreiche lagen im Tal um Kanze, und ihre Schlösser standen an den Ufern des Yalung. Das Kloster von Kanze mit eintausendfünfhundert Mönchen war eines der bedeutendsten des Kham und überwachte das Ganze. Seit 1950 gehört Kanze zur autonomen Präfektur Kanze, die einen großen Teil des ehemaligen Kham umfaßt und deren Verwaltungssitz in Dartsedo liegt. Heutzutage sind von den Schlössern und Festungen nur mehr Ruinen übrig, doch die Mönchsgemeinde besteht noch immer aus rund siebenhundert Mitgliedern.

Heute abend habe ich endlich das Gefühl, in Alexandras Tibet zu sein. Den ganzen Tag über begegneten wir Reitern, und an den

Flußufern sahen wir sogar Goldsucher. Wären da nicht diese Telegrafenmäste und diese chinesischen Garnisonsstädte – man könnte glauben, um Jahrhunderte zurückversetzt zu sein. Die letzten Sonnenstrahlen färben die funkelnden Gletscher des Kawalungring rosa. Um 7 Uhr abends treffen wir in Kanze ein. Auf dem Rückweg werden wir sein außergewöhnliches Klosterdorf filmen.

Untergebracht sind wir in einem recht sauberen Hotel, doch die Lautsprecher, die chinesische Propaganda verbreiten, sind eine Pein für unsere Ohren. Ein ewiges Rauschen und Brüllen. Eine Art Sino-Rock gibt uns den Rest. Doch in einem großen Baderaum können wir uns endlich vernünftig waschen. Ich helfe Nurith und gieße ihr ganze Kübel von warmem Wasser über den Kopf, während sie sich einschäumt. Unter unseren Füßen befindet sich nur gestampfter Lehmboden. In einem großen Ofen brennen dicke Baumstämme, und aus riesigen Wannen schöpft man das warme Wasser. Die Fensterscheiben sind zerbrochen. Jedermann kann uns sehen, doch der Wunsch nach Sauberkeit verdrängt das Schamgefühl.

Gemeinsames Abendessen im Team, die Chinesen – wie immer – abseits; nur Sybille, die regelmäßig zu spät kommt, setzt sich zu ihnen. Wir trinken Unmengen Bier und gehen, sauber und trunken, schlafen, werden jedoch sofort von den Moskitos überfallen.

Wir beschließen unter Einbeziehung der Fahrer, alles daranzusetzen, morgen Jyekundo zu erreichen, um an den Vorbereitungen des am übernächsten Tag beginnenden Reiterfestes teilnehmen zu können. Über fünfhundert Kilometer trennen uns noch von Jyekundo, und bei einer Geschwindigkeit von fünfunddreißig Stundenkilometern steht uns ein harter Tag bevor.

24. Juli

Aufstehen um 7 Uhr und Abfahrt 9.15 Uhr. Die Chinesen können nie pünktlich sein. Es fällt ihnen wohl schwer, unseren Rhythmus mitzumachen.

Heute werden wir zwei Pässe überqueren; einer ist 4200 m und der andere, den wir gegen Abend erreichen werden, 4600 m hoch. Die Straße führt am Yalung-Tal entlang, das sich allmählich weitet und immer ansprechender wird. Kurz nachdem wir auf das linke Flußufer hinübergewechselt haben, wird auf einem felsigen, von einem großen verfallenen Schloß beherrschten Bergvorsprung ein

Endlich in Tibet!

Dorf sichtbar. Das muß Beri sein, eines der fünf Horpa-Königreiche dieser Gegend. Etwas weiter entfernt erkennt man eine Zwingmauer, die ein Kloster einschließt, und die aneinandergedrängten, aus Rundbohlen gefertigten und in den fünf sakralen Farben (rot, gelb, blau, grün, weiß) bemalten und im Morgenlicht schillernden Mönchsbehausungen. Hier herrscht vollkommene Harmonie. Reiter galoppieren die Straße entlang und winken uns einen Willkommensgruß. Sie scheinen sich über unsere Anwesenheit nicht zu wundern.

Nach etwa fünfzig Kilometern verengt sich das Tal ein wenig, und die Straße klettert den Berg hinauf. Die Landschaft verändert sich nochmals. Die Felder haben den von Felsbrocken durchsetzten Weiden Platz gemacht. Die Höhe wird spürbar. Am Straßenrand stehen jetzt immer regelmäßiger hohe Masten, an denen Hunderte von Stoffetzen in verwaschenen Farben flattern. Das sind die Gebetsfahnen, die „Windpferde", wie die Tibeter sie nennen, in die Tausende von Mantras eingedruckt sind, die der Wind nachspricht und den Göttern zuträgt. Manchmal umringen diese Masten auch lange „Mendongs", lange Steinmauern voller sakraler Inschriften. Mendongs können sich bis auf fünfhundert Meter Länge hinziehen. Der Kham war seit eh und je eine bedeutende Pilgerstätte, und das sieht man noch heute. Die umstehenden Berge haben nur noch eine kurzflorige Grasdecke. Auf einem erkennt man hoch oben ein in die Erde geritztes Ideogramm. Unser Fahrer enthüllt uns den Sinn: „Treue zu Mao". Diese Art „Botschaft" wurde während der Kulturrevolution häufig genutzt. Links von uns wird ein großartiges, beschneites Bergmassiv sichtbar, an dessen Fuß das berühmte Dzokchen-Kloster liegt. Es gehört zur Nyingmapa-Schule, der ältesten Schule des tibetischen Buddhismus; bekannt ist es wegen seiner Einsiedeleien und seiner Meditationsgrotten, in die sich die großen Lehrmeister zurückziehen. Da es zu abseits liegt, können wir leider nur seine grandiose Lage bewundern.

Überall entdeckt man Leben in diesem weiten und wüstenähnlichen Land. Man sieht riesige, unbekümmerte Yakherden, recht ungesellige Streuner. Und dann schießt plötzlich aus dem kurzen Gras entlang der Straße ein ganzes Rudel hellbeiger Nagetierchen hervor, etwas größer als eine Maus und etwas kleiner als ein Kaninchen; blitzschnell nehmen sie Reißaus vor unseren Fahrzeugen und verschwinden in ihren winzigen Schlupflöchern. Die Straße ist jetzt nur noch eine Sandpiste. In der Ferne erkennt man, in die Ausbuchtungen der Hügel geschmiegt, ein paar Dörfer und Klöster.

Um 7 Uhr abends legen wir eine Rast ein. Die Fahrer müssen sich ein Weilchen ausruhen, besonders Wang wirkt seit dem frühen Nachmittag äußerst nervös. Er dürfte um die sechzig sein, und vom „finstersten Tibet" kennt er nur das vom chinesischen Fernsehen verbreitete Propaganda-Bild; für ihn ist diese Region noch immer von Wegelagerern verseucht, was zu Alexandras Zeit tatsächlich zutraf. Den ganzen Tag ist er als Schlußlicht des Konvois gefahren, und seinen viel jüngeren und viel schneller fahrenden Kollegen wirft er nun vor, sie hätten ihn abgehängt. Er ist der Panik nahe. Wir versuchen, ihn zu beruhigen und verkürzen die Rast, da der Weg noch weit ist. Ein Stückchen weiter überqueren wir zwar die Grenze zwischen den Provinzen Sichuan und Qinghai, doch wir befinden uns nach wie vor im Kham. Verdammt schwierig, sich in diesem Puzzle zurechtzufinden, das nicht ethnischen, sondern politischen, genauer gesagt: chinesischen Grenzen entspricht ...

Es ist Nacht, als wir Jyekundo erreichen, doch Herr Wang, der regionale CITS-Vertreter, empfängt uns noch. Man stopft uns in Beton-Zimmer, kalt und verdreckt. Erschöpft wie ich bin, lege ich mich sofort hin. Doch die ganze Nacht über schrecken mich Leute, die in Stiefeln über die Gänge schlurfen und grölen, immer wieder auf. Einmal machen sie sogar meine Tür auf. Ich beschimpfe sie lauthals. Es sind Tibeter aus der Umgebung, die zum Reiterfest gekommen sind und zuviel chinesisches Bier oder zuviel Chang, vergorenes Gerstenbier, getrunken haben.

25. Juli

Aufstehen um 7 Uhr. Es regnet in Strömen. Die Stadt ist ein Schlammsee. Wie wir hören, ist die Straße, die wir letzte Nacht benutzt haben, inzwischen wegen Erdrutschgefahr gesperrt worden. Wir haben es also gerade noch geschafft; es fehlte nicht wenig, und wir hätten am Fest nicht teilnehmen können.

Die Fahrer sind nicht zum Aufstehen zu bewegen. Sie sind am Ende ihrer Kräfte. Jane, Snafu und Alice machen Ordnung im LKW. Das Gemüse, das wir vor einer Woche in Chakzamka gekauft hatten, ist restlos verfault. Außerdem haben die Chinesen ihre Schlafsäcke einfach hineingestopft; sie sind nicht zusammengerollt und starren vor Dreck. Alles ist schmutzig und von Benzin

Endlich in Tibet!

verfleckt. Auch die Zelte wurden naß eingepackt, nach unserer einzigen Camping-Nacht! Jeanne und ich sortieren das Gemüse, breiten die Zeltplanen und Schlafsäcke aus. Großes Saubermachen. Man fragt sich wirklich, wozu die Chinesen uns eigentlich nützen. Mit Ausnahme der Fahrer sind sie alle Faulpelze, die in den Behörden eine ruhige Kugel schieben, wenn sie nicht gerade ein paar Touristen auf einem Ausflug zu den obligaten Touristenattraktionen der Provinz Sichuan, wie zum Beispiel nach Leshan und zum Riesenbuddha, zum Berg Emei oder zu den Schluchten des Changjiang begleiten.

Während es draußen schüttet und stürmt, bemühen wir uns den ganzen Vormittag über, unseren Aufenthalt in diesem tristen Hotel ein wenig zu organisieren. Als erstes gilt es, in ein anderes Stockwerk überzusiedeln, um etwas besser zu schlafen. Die letzte Nacht war eine Pein mit all dem Lärm und Gestank. Unterdessen stattet Christoph den verschiedenen Regierungsinstanzen – Polizei und Verwaltungsbehörde – einen Höflichkeitsbesuch ab, um eine Genehmigung zum Filmen des Festes einzuholen.

Der Regen läßt nach, als wir im Wagen zum Festplatz fahren, der ein paar Kilometer außerhalb der Stadt liegt; wir durchqueren wahre Sturzbäche von Schlamm. Das Fest findet in der breitesten Talmulde am Flußufer statt. Die sintflutartigen Regenfälle haben ihn über die Ufer treten lassen, und wir benötigen über eine halbe Stunde, um die paar Meter hinter uns zu bringen, die uns vom Festplatz trennen.

Von überallher strömt die Menge herbei. Zahlreiche Zelte sind bereits aufgebaut, an anderen wird noch gearbeitet. Die Lastwagen quellen schier über, doch die Bewohner der Stadt kommen zu Fuß. Eine bunt gemischte Menge; wir finden uns kaum mehr zurecht: Chinesen, Militärs, offizielle Festteilnehmer oder einfache Bürger, Tibeter, Mönche, Adelige, Nomaden . . . Wir bleiben vor der Tribüne stehen, die den Festplatz überragt; hier haben in drei Reihen die offiziellen tibetischen Festgäste mit ihren Frauen in blau-goldenen Gewändern und passenden blauen Filzhüten sowie eine ganze Reihe ordengeschmückter Militärs Platz genommen. Die Festredner lösen einander ab, und Herr Wang gibt uns jeweils eine kurze Zusammenfassung.

Als erstes wünschen die Militärs ein langes Leben, Gedeihen und Wohlergehen – dem Staat! Dann streifen sie kurz die „unbedeutenden" Ereignisse in Peking und betonen ausdrücklich, daß in Qinghai zwischen den verschiedenen Volksgemeinschaften Harmonie herrsche, die es zu fördern gelte. Dann folgt ein Tanz, bei dem den Vertretern der Kommunistischen Partei Chinas jene weißen glücksverheißenden Schals, die Kchatas, überreicht werden. So ist alles bereinigt. . . Aus Lautsprechern dringen an allen Ecken und Enden Parolen und Musik.

Das Fest in Jyekundo war ursprünglich rein weltlicher Natur, was in Tibet recht selten der Fall ist. Die religiösen oder weltlichen Feste haben im Kham im Leben der Bevölkerung schon immer eine außergewöhnliche Rolle gespielt. Jede Region und (fast) jeder größere Ort haben ihr Reiterfest, wo Scharen zusammenströmen und auch Tänze, Gesänge, Wettkämpfe jeglicher Art nicht ausgeschlossen sind. Die Bewohner des Kham, die Khampas, bekannt für ihren stolzen, unabhängigen Geist, kommen häufig von weit her, um an diesen Vergnügungen als Mitstreiter oder Zuschauer teilzunehmen. 1957 wurde Jyekundo von den Chinesen offiziell zum Verwaltungssitz der autonomen Präfektur Yushu gewählt; von hier aus werden fünf weitere Dzongs (hier im Sinne von „Königreich") verwaltet. Gleichzeitig haben die Chinesen dieses Fest „vereinnahmt", das sie nun als offizielles Propagandamittel nutzen. Das Sommerfest wird alljährlich von einem der verschiedenen Dzongs organisiert und dauert fünf Tage.

Die Eindrücke sind vielfältig: Ansprachen, die bunte Menschenmenge, instrumentale Darbietungen und Gesänge der verschiedenen Khampa-Völkerstämme, fröhliche und ausgelassene Jungen und Mädchen, wunderbar helle Frauenstimmen. Die Reiter präsentieren sich in Zehnerformationen, feuern in die Luft und schwingen in vollem Galopp ihre Doppelbajonettgewehre. Dann beginnen die Tänze.

Nurith packt der Wagemut. Sie schlängelt sich in die Gruppe der Tänzer, läßt sich mitreißen und wirbelt mit ihrer Kamera darin herum. Eine Karikatur von einem Mann – Typ FBI, schwarzer Hut, Lederstiefel, schwarze Brille – liest ihr die Leviten. Er sieht zwar wie eine Witzfigur aus, ist in Wirklichkeit aber der Choreograph . . .

Gegen 18 Uhr machen wir uns auf den Heimweg nach Jyekundo. Alles steckt im Schlamm fest, vor allem die mit Tibetern vollgepfropften LKWs; wer ein Rad hat, schiebt es und watet mit nackten Beinen, die zu Fuß gekommenen Familien haben ihre Stiefel ausgezogen, aber auch die Jeeps der Armee sind blockiert. Ein heilloses Durcheinander, überall spritzt und glitscht es. Heute abend sind wir vom regionalen CITS-Vertreter zu einem Bankett in der Kaserne geladen, direkt neben dem Hotel.

Endlich in Tibet!

Herr Wang ist CITS-Leiter der Stadt Xining in Qinghai. Ein schwerfälliger, doch sehr gut französisch sprechender Mann. Er wird sich in Jyekundo und der ganzen Provinz Qinghai um uns kümmern. So erfahre ich, daß wir jedes Mal, wenn wir die Provinz wechseln, außer dem nationalen Verbindungsoffizier, d. h. also Zhou, einen weiteren Offizier bei uns haben müssen, der für die Dauer unseres Aufenthalts unser Verbindungsmann auf lokaler Ebene sein wird. Das Bankett findet in einem Restaurant statt, das wie das Hauptquartier der lokalen Prominenz wirkt. Eine Art Rassentrennung hat sich eingebürgert: In dem einen Saal sind die chinesischen Honoratioren versammelt, und im anderen, der größer und auch voller besetzt ist, sitzen die Ortsvertreter, zumeist Tibeter mit ihren Gattinnen. Wir haben unsere üblichen Plätze – ohne unsere Chinesen; sie, die bei Tisch immer die ersten sind, haben dieses System eingeführt. Doch bald schon werden uns die tibetischen Notabeln auffordern, in ihrer Gesellschaft mit anzustoßen.

Es gibt Weißwein, Bier, chinesischen Sekt (Bier und Kirschen) und einen, wenn man viel davon trinkt, mörderischen Schnaps. Allerlei Gerichte, darunter auch die berühmten faulen Eier, verschiedene fein geschnittene, undefinierbare Fleischsorten, eine Vielfalt von Gemüsearten und Nudeln . . .

Die Stimmung steigert sich schon bald zur Euphorie. Plötzlich werden Alice und ich von einer Gruppe Tibeterinnen umringt; sie dürften zwischen 30 und 50 sein und tragen alle blaue Kleidung. Vom tibetischen geistlichen Oberhaupt hatten sie erfahren, daß wir Mutter und Tochter sind. Daher widmen sie, indem sie ihr Glas erheben, uns ein Lied aus Urväterzeiten. Sie singen von Liebe, von Trennung, von der Solidarität zwischen allen Müttern und zwischen Müttern und Kindern, von der Welt, die uns einander entfremdet, aber auch von den gemeinsamen tiefen Gefühlen, die uns über alle Grenzen hinweg miteinander verbinden. Gyurme übersetzt uns den Text, Strophe für Strophe. Alice, zutiefst erschüttert, fängt an zu schluchzen. Ich stütze sie. Dann breche ich selbst in Tränen aus. Die Tibeterinnen ebenfalls. Ringsum hält alles inne. Ich weiß nicht mehr, wo mein Team hingekommen ist. Die Männer versuchen, uns zu trösten, die Frauen ziehen sich in den Nachbarraum zurück, um sich auszuweinen und kommen dann wieder und drücken Alice und mich fest an ihr Herz.

Die Tibeter laden uns zu einer Vorführung in das Stadttheater ein, ein riesiger, erdrückender und düsterer Betonkasten, dessen

Eingangshalle mit Fresken zum Ruhme Mao Tse-tungs und des Langen Marsches geschmückt ist. Der Saal ist bis auf den letzten Platz gefüllt. Herzlicher Applaus von allen Seiten, als wir zu unseren Plätzen gehen. Alice kugelt sich vor Lachen, klammert sich an mich, bringt unsere Würde und unser Gleichgewicht ins Wanken. Als wir schließlich in den ersten, für die Honoratioren reservierten Reihen auf unseren hölzernen Sesseln Platz genommen haben, wenden wir den Kopf, um das Publikum zu betrachten. Die ganze Stadt ist vertreten, Militärs, Mönche und Zivilpersonen, ebensoviele Chinesen wie Tibeter. Die Frauen sind allesamt hübsch, die Männer rauchen, trinken und spucken Körner aus, die sie den ganzen Tag über knabbern. Die Stimmung ist entspannt, keinerlei Animosität zwischen den verschiedenen Gruppen.

Alice und ich sitzen zwischen zwei reichen Tibetern, die uns kaufen und zur Gemahlin nehmen wollen. Wir sind sprachlos und sterben schier vor Lachen. Und je mehr wir lachen, desto hartnäckiger wollen sie uns haben!

Die Bühne wirkt schrecklich altmodisch mit ihren verwaschenen roten Samtvorhängen zu beiden Seiten. Dargeboten wird eine ausgeklügelte Mischung tibetischer Tänze, angepaßt an die chinesische Kultur, wodurch es gelungen ist, ihnen jede Kraft und jeden Charme zu entziehen . . . und sie mit lächerlichen Elementen zu versehen. Aber ich bin so betrunken, daß ich nicht mehr geradeaus blicken kann: Anstatt einer Tänzerin sehe ich zwei. Alice ist es schon schlecht. Die Frauenstimmen sind furchtbar schrill. Die meisten der Künstler sind Tibeter, die jedoch in chinesischen Schulen ausgebildet wurden. Traditionen vermischen sich, und es ist recht schwierig, sich zurechtzufinden. Jetzt fordern die Sänger eine in der Reihe vor uns sitzende Tibeterin auf, zu ihnen auf die Bühne zu kommen. Sie läßt sich schließlich überreden. Es handelt sich um eine sehr berühmte Sängerin, die in Jyekundo geboren wurde, ihre Ausbildung aber am Konservatorium in Shanghai absolvierte, wo sie zu einer der größten Sängerinnen Chinas aufstieg. Ihre Landsleute sind glücklich, sie heute abend hier zu haben und möchten ihr huldigen. Bei dem herrlichen Solo, das sie nun anstimmt, überläuft uns alle eine Gänsehaut. Ihre Stimme erfüllt den Saal und trägt uns weit, weit fort, in eine andere Welt, in eine Zeit, die nicht bestimmt zu werden braucht. Das hätte eine wunderbare Filmsequenz ergeben können, obwohl sie gewiß nicht auszuleuchten gewesen wäre. Und wer hätte sie drehen sollen? Inzwischen geht es nämlich auch mir miserabel. Jane führt mich

Endlich in Tibet!

hinaus und bringt mich zu Bett. Ich breche zusammen und weiß nicht mehr, wo ich bin.

26. Juli

Aufstehen um 7.15 Uhr. Das Hochwasser des Flusses verursacht Stockungen und Stauungen auf dem Weg. Um neun Uhr sind wir an Ort und Stelle, drehbereit. Die herrlichen Festtagsgewänder der Leute, die zu Fuß gekommen sind, haben überall Schlammspritzer. Die Menge stellt sich im Viereck auf, unter Anweisung der Militärs, die den Platz abstecken, wo die verschiedenen Tanzgruppen auftreten und die Reiter auf die im Gras aufgestellten Papierscheiben schießen werden − vor der Tribüne der offiziellen Festgäste. Es ist erstaunlich, wie farbig die Menge ist. Frauen, mit Türkis-, Gold- oder Korallenschmuck behangen, schützen sich mit großen, roten, blauen oder schwarzen Schirmen gegen die Sonne; Säuglinge werden gestillt, und die kleinen Töchter sind Miniaturausgaben der Mütter; kleine Jungen tragen stolz chinesische Militärmützen. Wir filmen Tibeter, die ihren ganzen Hausrat von Lastwagen herunterheben, und eine Familie, die, nachdem das Zelt aufgebaut ist, uns zu Tee und Joghurt einlädt.

Als Sammelpunkt haben wir jetzt ein schönes tibetisches Zelt, von einer Familie geliehen, die gleich daneben in einem anderen, etwas kleineren haust. Sonam, das geistliche Oberhaupt des Festes, hat uns dieser Familie vorgestellt. Hochgewachsen, würdig, mit ernstem Blick − ich habe ihn auf Anhieb gemocht. Er ist ein sehr gut aussehender Mann mit ausdrucksvollem Gesicht, zu dem man sofort Vertrauen faßt. Snafu und Gyurme sind mehrmals Sonams Gäste und erfahren allerlei über die Organisation des Festes, die jedes Jahr eines der sechs, den Distrikt Jyekundo umfassenden Dzongs übernimmt.

Zur Essenszeit, als die Tanzdarbietungen unterbrochen werden, filmen wir das Leben im Nomadenlager: kleine, improvisierte Restaurants mit wachstuchgedeckten Tischen, an denen die wohlhabendsten Festbesucher Platz nehmen; Lehmöfen, in denen die Momos brutzeln, fliegende Nudelhändler, die auf dem Boden hocken. Diese Barackenlager − improvisierte Läden und Restaurants − werden von Tibetern oder moslemischen Uiguren aus Xinjiang geführt, die für ihre Kunst der Zubereitung von Nudeln und Fleisch berühmt sind, zuweilen auch von „waschechten" Chinesen, den Han. Um dieses bunte Allerlei zu vervollständigen, wurden Dutzende von Billardtischen unter freiem Himmel aufgebaut. Auch hier ist das Publikum gemischt. Da sieht man Lausbuben, Militärs oder elegante Tibeterinnen, die sich in den Ecken auf Tischhöhe hinunterbeugen, um exakt zu zielen. Sie spielen amerikanisches Billard, das anscheinend zum Nationalsport aufgestiegen ist. Es gibt keine Stadt, wo auf den Bürgersteigen nicht Billardtische aufgereiht wären.

Etwas weiter wird unsere Aufmerksamkeit von einer wohlklingenden Stimme gefangengenommen, die in auffallend regelmäßigem Rhythmus religiöse Texte hersagt. Ein Menschenauflauf hat sich gebildet: Ein alter Mann hockt im Schneidersitz auf dem Boden, in der Hand eine Art Sonnenschirm, von dem kleine metallische Gegenstände, Perlen und Stoffetzen herunterbaumeln. Er ist eine für Ost-Tibet typische Figur, ein Erzähler und Bettler mit religiöser Berufung, der von Dorf zu Dorf, von Fest zu Fest zieht und im Austausch für diese simplen Gebete, die er, sein Schirmchen drehend, rezitiert, Almosen empfängt. Laut Gyurme, dem es gelingt, ein paar Brocken dieser Rezitation aufzuschnappen, ist dieser hier ein Bettler, der Avalokitesvaras Mitleid anruft, um das Leid aller Lebewesen zu bannen. Ein Mann kniet vor ihm und bereitet ein paar rituelle Opfergaben aus Butter und tsampa, dem gerösteten Gerstenmehl, der Grundlage der tibetischen Nahrung.

Als wir die Tänze filmen und Nurith sich in den von den Tänzern gebildeten Kreis vorpirscht, schreiten die Polizisten ein. Sie stoßen sie brutal zurück und befehlen ihr, auf der Seite zu bleiben. Mit dem Finger bedeuten sie uns, daß auf der Tribüne das chinesische Fernsehen dreht. Zhou versucht ihnen zu erklären, daß wir eine offizielle Genehmigung haben, daß der Film für Frankreich bestimmt ist und daß das Bild, von innen aufgenommen, viel lebendiger wirken wird als von außen. Das interessiert sie alles nicht. Sonam, dem geistlichen Oberhaupt, gelingt es schließlich, sie zum Nachgeben zu bewegen, doch Nurith muß versprechen, daß sie darauf achten wird, nicht zu stören ...

Urplötzlich fegt ein gewaltiges Gewitter über den Festplatz, das Publikum eilt in alle Himmelsrichtungen davon. Wir decken das Filmmaterial mit Plastikhüllen ab. Jane und Lao Shen, Sybilles Assistent, holen uns Regenmäntel. Wir sind triefnaß und lassen uns stoisch im Kreise der geduldig abwartenden Tänzer nieder. Sie machen Späße und necken ihre Tanzpartnerinnen. Plötzlich blik-

Endlich in Tibet!

ken aller Augen gen Himmel. Ein blauer Fleck breitet sich in der Ferne aus. Die Zuschauer kehren zurück. Musik und Tänze werden wieder aufgenommen, es ist sehr, sehr warm. Das Wetter schlägt wirklich alle paar Minuten um, was unsere Arbeit zwar nicht erleichtert, doch die gute Laune ringsum nicht im geringsten zu beeinträchtigen scheint; die Leute hier nehmen es mit heiterer Gelassenheit hin, mal von der Sonne verbrannt und kurz darauf bis auf die Knochen durchnäßt zu werden. Es ist 17 Uhr. Ende der Darbietungen für heute. Nurith filmt Gesichter in der Menge, Menschen, die auf einer aus fünf biegsamen Baumstämmen bestehenden Pontonbrücke hocken und so den Fluß überqueren, Mönche, Kinder, Personen, die ihr Fahrrad schleppen, einen Mann, der sich am Zopf seiner Frau festhält, um nicht zu fallen. Jane verarztet einen jungen Mann mit einem infizierten Ohr.

Wir sind zwar erschöpft, machen aber noch einen Erkundungsgang zum Sakya-Kloster, um die Dreharbeiten vorzubereiten. Das Kloster überragt die Stadt und erstreckt sich auf der Kammlinie zweier Zwillingshügel, wodurch man von beiden Seiten ins Tal hinabblicken kann. Inmitten der Ruinen werden Tempel und Mönchsbehausungen wieder aufgebaut. Wir haben ein Foto von Alexandra bei uns; es wurde im Winter 1921 hier aufgenommen. Wenn man es betrachtet, wird einem das Ausmaß der Verwüstungen deutlich. Bis die Roten Garden hier einfielen, besaß das Kloster über sechzehn Tempel und beherbergte tausend Mönche. Es wurde im 13. Jahrhundert von Chogyel Phakpa, dem Neffen Sakya Panditas, der der einflußreichste Sakyapa-Lama war, gegründet. Der Einfluß dieser Schule auf das politische Leben Tibets war so groß, daß die Mongolen ihr im 13. Jahrhundert die Regierung Zentraltibets übertrugen. Mit dem Aufstieg der Kagyupas sank die Macht der Sakyapas, doch im geistigen Leben spielten sie weiterhin eine große Rolle. Sie legten großen Wert auf den künstlerischen Ausdruck, und ihre Tänze und religiösen Gesänge sind auch heute noch berühmt.

Kennzeichnend für Sakyapa-Klöster und -Dörfer ist die Außenseite der Gebäude: Über eine Ockerschicht legen sich lange, vertikale Streifen in Weiß, Rot und Dunkelblau. Die ganze Anlage ist äußerst harmonisch. Jeanne findet ein paar Mönche wieder, die sie bei ihrer ersten Reise im vorigen Jahr kennengelernt hatte. Sie hat ihnen Fotos von einem Lama Rinpoche mitgebracht, der aus dieser Gegend stammt und seit dreißig Jahren im Exil in Frankreich lebt. Man erklärt uns, ein Teil der Mönche befinde sich augenblicklich in völliger Abgeschiedenheit zur Meditation, doch in ein paar Tagen könnten wir wiederkommen und hier drehen. Wir bedanken uns herzlich.

Wir sind glücklich über die Begegnung mit diesen jungen und aufgeschlossenen Mönchen, ein schöner Abschluß dieses Tages. Wir werden am 30. und 31. Juli filmen. Von dem hoch über Jyekundo gelegenen Kloster aus blicke ich tief hinab in beide Täler, ein schier unendlicher Ausblick. Das Abendlicht unter dem intensiven Blau des Himmels ist herrlich. Ich sehe die Staubwolke eines LKW-Konvois, der auf die Stadt zurollt. Sie sind mindestens 15 km entfernt. Abendessen in einer kleinen Kneipe in der Straße unseres Hotels (sofern man diese Piste eine Straße nennen will); rechts und links heruntergekommene chinesische Bauten, unter anderem das große Kaufhaus, die Post und die Polizeistation. Der Koch und zugleich Inhaber des Lokals stammt aus Sichuan. Was wir auch probieren, alles ist scharf gewürzt. Ein paar Bettler stellen sich vor uns, um uns zu betrachten. Zu unserem Schutz werden wir eingeschlossen. Beratung mit Gyurme, Jeanne und Christoph, wo alles weitere festgelegt wird. Wir fallen um vor Müdigkeit.

27. Juli

Aufstehen um 7.15 Uhr. Frühstück: lauwarmes und ranziges Fettgebäck. Die Chinesen erscheinen mit Verspätung. Sie wirken verstimmt. Sie sind es gewöhnt, um fünf Uhr ihre Büros zu verlassen, und daß sie vor uns, die wir uns (fast) nie beklagen, das Gesicht verlieren, macht sie besonders wütend! Nurith kocht innerlich, wir auch. So ein Zeitverlust!

Auf der Festwiese klappt dann gar nichts mehr. Angeblich haben wir kein Benzin mehr. In Wirklichkeit ist Wang, dem von CITS Xining entsandten Verbindungsoffizier, der Kragen geplatzt. Dieser Mann, zwischen 45 und 50 Jahren alt, Vater von fünf Kindern, was ihn zum Gespött der chinesischen Mannschaft macht, da in China nur ein Kind erlaubt ist, will endlich mal seine Macht ausspielen. Er wird uns Schwierigkeiten machen, wo er nur kann. Er will uns sogar die Straße nach Nangchen verbieten, die wir nehmen müssen, um nach Derge zurückzugelangen. Dann hätten wir nämlich nicht den gleichen Weg noch einmal zurückzulegen. Aber er ist unerbittlich: Die Region ist verboten, und diese Route ist in unserer Genehmigung nicht vorgesehen.

Endlich in Tibet!

Wir hören kaum hin und überlassen ihn seiner schlechten Laune. Wir kommen zu den Festzelten und filmen auch gleich galoppierende Reiter. Das sind erst die Vorspiele mit wenig Teilnehmern und wenig Publikum. Später erfahren wir, daß viele Tibeter wegen der Vorkommnisse in Lhasa gar nicht erst hierher gekommen sind, weil das Festival ihrer Meinung nach ohnehin von den chinesischen Behörden „vereinnahmt" worden sei. Ein weiteres Hindernis waren die heftigen Regengüsse der letzten Tage, wodurch die verschiedenen Zugangswege nach Jyekundo erheblich beschädigt worden waren. Auf einer mehrere Kilometer langen geraden Strecke setzen die jungen Reiter ihre Pferde in Galopp. Zwei Militärs auf jeder Seite der Zielgeraden feuern Salven aus Maschinenpistolen in die Luft, die Rennstrecke ist mit Stacheldraht gesichert, die khakigrünen Jeeps der Militärs sind in Sichtweite geparkt...

Auf einem Feld in der Nähe entdeckt Alice eine Gruppe junger Leute, die einen Tanz proben. Auf der Ladefläche des LKW, der sie hier abgesetzt hat, spielt ein Mann Akkordeon. Eine rote Fahne flattert über dem Wagen, ein charakteristisches Bild, das an die kommunistischen Propagandaplakate der fünfziger Jahre erinnert. Wir filmen es. Im Hintergrund das grüne Gebirge. Der Gesang ist herzzerreißend, die Atmosphäre ist plötzlich erfüllt von der Jugend dieser Tibeter, dieser Mädchen und Jungen, von ihrer Lebenskraft und Schönheit.

Plötzlich wirbelt geschmolzener Schnee; wir flüchten unter unser tibetisches Zelt. Ein waschechter Sturm. Menschen schlüpfen unter die Billardtische, die hastig mit einer durchsichtigen Plastikplane überzogen wurden, andere umklammern ihre Zeltverstrebungen, um sie mühsam am Boden zu halten. Nurith filmt die ganze Szenerie. Claire und ich rennen neben ihr her, spannen über ihren Kopf und die Kamera ihren Gummimantel, doch bald müssen wir aufgeben. Es ist zu mühsam. Der Sturm ist zu stark, und die Bilder dürften auch nichts geworden sein. Hagel prasselt mir ins Gesicht. Nurith bekommt einen Hustenanfall. Auch die Kamera hat sich erkältet: Die Filmmagazine springen heraus. Die Tibeter lachen bei unserem Anblick; wie Clowns müssen wir aussehen in unseren Regenumhängen, die uns viel zu groß sind, und dann noch der verzweifelte Kampf mit den Regenschirmen, die der Wind zerfetzt.

Als der Sturm sich wieder legt, beschließen wir, die Tänze vor den Tribünen nochmals zu filmen. Ein alter Bus, der für den

Pendelverkehr zwischen Stadt und Festplatz eingesetzt wurde, steht leer im rechten Winkel zum Tanzplatz. Was für ein Glück! Herr Wang ist uns behilflich, eine Genehmigung für Aufnahmen von oben, vom Dachträger des Busses aus, zu bekommen. Von dort aus beobachte ich auch eine Auseinandersetzung zwischen ihm und Gyurme. Ich glaube, daß er Gyurme verbieten will, mit den Tibetern zu sprechen. Gestern abend schon hat er die Vermutung geäußert, Gyurme sei ein Spion, da er tibetisch spreche. Dann sehe ich Christoph, der ihm deutlich macht, daß er sich zum Teufel scheren solle . . . Wir filmen also weiter. Die Sequenz wird länger als ursprünglich vorgesehen. Die ersten Busreisenden, die nach Jyekundo zurück wollen, finden sich beim Fahrer ein, doch dieser sagt ihnen, sie müßten warten, bis wir fertig seien. Niemand beschwert sich. Ich stelle mir die gleiche Situation in einem unserer „zivilisierten" Länder vor: Jeder wäre gegen uns aufgebracht. Wir versuchen, dem Fahrer mit etwas Geld zu danken, doch er lehnt ab. Dann fährt der Bus an, und die Leute winken uns nach.

Ich nehme Herrn Wang beiseite, um ihn zu beruhigen. Er droht, Gyurme aus China auszuweisen, wirft ihm unverhohlen vor, die Tibeter zu mögen und hält seine Anwesenheit in unserem Team ohnehin für nutzlos. Er rast vor Zorn. Gestern hatte er auch schon das Gerücht in Umlauf gesetzt, wir verteilten Fotos vom Dalai-Lama. Oder hatte für diese Gerüchte der kleine hysterische Fahrer von Alice und Jane gesorgt, der uns gestern auf unserer Erkundungstour zum Kloster oberhalb Jyekundos begleitet hatte? Könnte er gesehen haben, wie Jeanne Fotos des Lamas, den sie im vorigen Jahr begleitet hatte, überreichte? Ich erkläre ihm, was wir mit unserer Arbeit vorhaben und warum wir sie tun. Er hat Mühe, es zu begreifen und schaut weiterhin argwöhnisch drein. Auf die Dauer wirken diese Drohungen belastend. Wer überwacht hier wen? Ich weiß, daß Liu, „der Belgier", der französisch spricht, den Auftrag hat, der Polizei über uns zu berichten. Und außerdem drehen wir ja nur einen „historischen" Film und interessieren uns weder für Brücken noch für militärische Einrichtungen – das sind ihre Steckenpferde! Was soll's also?

Unsere Chengdu-Chinesen sind bedrückt und in einem Zwiespalt. Sie waren von Anfang an mit dabei und wissen sehr wohl, daß Gyurme alles andere ist als ein Spion. Ich erwische Wang, wie er in einem der Wagen auf Zhou einredet, den Verantwortlichen aus Chengdu, der – wenn er eine Gruppe von Spionen, als die wir plötzlich angesehen werden, unterstützt – nicht nur seinen Job,

Endlich in Tibet!

sondern sein Leben verlieren könnte. In höchster Not fasse ich den Entschluß, Wang praktische Aufgaben zu übertragen. Er könnte bei den Dreharbeiten als mein Assistent fungieren, beispielsweise die Menschenmenge davon abhalten, sich vor die Kamera zu drängen oder sich anderweitig nützlich machen. Im Augenblick scheint er zum Glück dem Charme von Alice erlegen, er preßt sich an sie im Wagen... Alice verkündet lauthals, sie wolle uns ja gerne helfen, die verfahrene Situation zu entspannen, doch verkaufen ließe sie sich nicht, um unsere Haut zu retten!

Heute geleitet Herr Wang uns zu einem der größten Festzelte, das einer wohlhabenden Familie aus Jyekundo gehört. Ein riesiges weißes Zelt, prachtvoll! Von außen ist es mit dunkelblauen und schwarzen chinesischen und tibetischen Symbolen, die in den weißen Stoff eingeprägt sind, geschmückt. Ein kleines Vordach kennzeichnet den Eingang. Im Inneren befinden sich tibetische, mit verschiedenen farbigen Motiven verzierte Holztische, aufgerollte Matratzen, Steppdecken mit rosa Baumwollüberzügen, grellroten und violetten Blumenmustern, Campingbetten, die als Sofas dienen. Die Familie ist groß: Großeltern, Eltern, Verwandte, Kinder... Die Frauen sind protzig gekleidet; sie bieten uns Tee an. Für morgen laden sie uns zum Essen ein.

Anschließend statten wir unserem Freund Sonam einen Besuch ab. Sein ebenfalls großes Zelt ist unvergleichlich schlichter. Seine Frau empfängt uns herzlich mit tibetischem Tee. Sie erklärt mir, das ganze Geheimnis dieses Tees sei das richtige „Buttern". Der Tee wird nämlich mit Butter, Salz und einem Löffel Natron in einem großen Holzzylinder gemischt und dann mit einem Stiel kräftig geschlagen. Dann gießt man ihn in Thermoskannen, so daß er den ganzen Tag warm bleibt. Bei ihnen, wie auch bei den Reichsten, ist der Tee von guter Qualität und die Butter nicht so ranzig wie bei den Mönchen und den Armen. In einem Land, wo der Organismus durch die Höhe an Feuchtigkeit verliert, trinken die Menschen – wie hier die Tibeter – durchschnittlich etwa vierzig Tassen pro Tag.

Auf dem Rückweg zur Stadt werde ich Zeuge einer Prügelszene: Die Armee prügelt auf Tibeter ein. Warum? Das begreife ich nicht. Unsere beiden Begleiter im Jeep sehen die gleiche Szene wie wir, sehen auch, daß wir sehen... Ich möchte sie fragen: Was ist los? Warum? Was haben sie getan? Diese Tibeter sind gut gekleidet, tragen Festgewänder. Drei mit Stöcken bewaffnete Militärs versetzen ihnen Nackenschläge und treiben sie auseinander. Die

Gesichter unserer Chinesen sind verschlossen und undurchdringlich. Eine Frage wage ich trotzdem: Was ist los? Keine Antwort, der Wagen fährt wieder an, die Insassen starren auf die Windschutzscheibe, stumm und starr.

Großreinemachen bei den Frauen heute abend im Hotelbad. Der große Elektroboiler ist voll mit warmem Wasser. Gestern funktionierte nichts, Waschraum und Toiletten waren abgeschlossen. Es ist himmlisch, trotz des speckigen Bodens. Jeanne hilft mir und kippt mir Schüsseln voller Wasser über Haare und Körper, während ich mich einseife. Das geht schneller, und man friert auch nicht so . . . Danach ist sie an der Reihe. Die Fensteröffnung haben wir mit Papier zugestopft, denn die Männer sind dreist genug, zuzuschauen. Allmählich fällt die Spannung von mir ab, ich erhole mich von diesem anstrengenden und auch tränenreichen Tag (Jeanne, Alice und ich hatten bei dem Hagel heute morgen vor Müdigkeit und Erregung zu heulen angefangen). An einem Tag haben wir die vier Jahreszeiten erlebt: die Morgenkühle des Frühlings, die Gluthitze des Sommers, die Färbung und Heiterkeit des Herbstes, das Schneegestöber des Winters.

28. Juli

Aufstehen um 7.15 Uhr. Frühstück: kaltes und fetttriefendes Omelette, das mir schon reicht. Das Kamerateam hustet und krächzt ohne Unterlaß.

Wieder fällt mir auf, daß die meisten Khampas beim Fest fehlen. Die Atmosphäre ist von Gewalt durchsetzt, merkwürdig. Auf seiten der Tibeter viel Unausgesprochenes und bedeutungsschwere Blicke.

Als wir die Tänze der Lamas filmen, taucht chinesische Polizei auf. Nach der Segnung werden ritualgemäß Bonbons, Reis und Papierfetzchen mit Gebeten, die die Menschen im Reliquiar, das sie auf der Brust tragen, verwahren, unter das Volk geworfen. Kinder stürzen nach vorne, um sie aufzusammeln. Im gleichen Augenblick ziehen die Polizisten ihre Knüppel hervor und versuchen, sie zu vertreiben. Grundlose Grobheit: Die Kinder stören niemanden, und für sie ist das Aufsammeln der vom Lama geworfenen geweihten Körner bedeutungsvoll, es ist ein Schutz.

Mir wird das Herz schwer. Verächtlich schaut Wang auf die Kinder hinab; er spielt sich auf, will uns überzeugen von der

Endlich in Tibet!

Überlegenheit der Chinesen, die sich niemals erniedrigen würden, eine andere Religion als die der kommunistischen Partei zu praktizieren. Er beschimpft die Tibeter als Wilde und Dreckskerle ... Er sagt wörtlich, sie seien Tiere ... Er schwadroniert auch über die sexuelle Freizügigkeit der Tibeterinnen, erklärt, sie könnten unbehelligt vor der Ehe mit beliebig vielen Partnern sexuelle Kontakte, ja sogar mit jedem Kinder haben.

Wir begeben uns zu jener Tibeterfamilie, die uns gestern in ihr prächtig dekoriertes Zelt eingeladen hat. Das Mittagessen wird zum Festschmaus: köstliche kleine Pasteten, Fleischklößchen, Yak-Braten und Gemüse. Jane untersucht die Ohren des Säuglings mit einem Spezialgerät, das sie in den Gehörgang einführt. Die Familienmitglieder tauschen besorgte Blicke aus. Doch alles ist in Ordnung, nichts Besonderes.

Die Frauen sind besonders schön in ihren grün-rot-goldenen Brokatgewändern mit Türkisen im Haar. Auch die Männer sind sehr elegant: weiße Hemden, tibetische Mäntel, bei denen man nur in den linken Ärmel schlüpft, um den rechten frei bewegen zu können; sie tragen das Messer im Gürtel und einen „Peruanerhut" auf dem Kopf. In unserer Begleitung befindet sich auch jene tibetische Opernsängerin, die wir am ersten Abend im Theater kennengelernt hatten und mit der wir uns angefreundet haben. Sie wird heute nachmittag für uns singen. Sie hat das imposante Auftreten einer Bühnendiva. Wie sie uns erzählt, gibt es in der Schule in Shanghai, wo sie nächstes Jahr ihr Studium abschließen wird, sechs Tibeterinnen: vier kommen aus Lhasa und zwei aus Amdo.

Nach dem guten Essen und dem gebutterten und gesalzenen Tee, den unsere Gastgeber uns vorgesetzt haben, laufen wir schnell zur Festwiese hinüber, um das Pferderennen zu filmen. Diesmal sitzen Kinder auf den Pferden.

Anschließend wandern wir mit unserer Opernsängerin die Hügel hinauf. Alice war auf die Idee gekommen, sie in Großaufnahme im Vorspann singen zu lassen, und ich wollte diese Szene dann vor dem Hintergrund eines mit gelben Ähren übersäten Kornfeldes drehen. Der Rahmen paßt zu der freien, natürlichen, glücklichen Frau. Ich spüre, daß sie bereit ist, uns mit ihrem schönsten Gesang zu beschenken.

Danach dreht Nurith einen Gesamtüberblick über das Lager, diese Zeltstadt, mit Rauch, blauem Himmel und Bergen, Traktoren, Lastwagen und bunten Gruppen von Pferden.

Es ist 18 Uhr, als wir uns vor den Billardspielern aufstellen. Die Halbwüchsigen weichen uns nicht von der Seite. In Städten wie Jyekundo gibt es auffallend viele „jugendliche Gauner". Sie zigeunern herum, um die Zeit totzuschlagen, rauchen und trinken schon in jungen Jahren, und offenbar sind sie es, die eine politische und soziale Situation ohne Zukunft auszubaden haben, es sei denn, sie paßten sich den Chinesen an. Sie sind echte Gauner, denen nichts heilig ist; sie pflanzen sich auf vor dem Objektiv und rempeln uns an. Eine junge Bettlerin (etwa 10 Jahre alt) trägt ihr Haus auf dem Buckel: einen Pappkarton mit einem ausgeschnittenen Türchen, das die Leute öffnen, um etwas Eßbares hineinzuschieben. Sie ist hübsch, rebellisch, schmutzig und allein. Auch sie posiert vor dem Objektiv, würde uns aber jederzeit angreifen und die Kamera mit Erde bewerfen. Schließlich ist auch sie, ohne daß wir es beabsichtigt hätten, auf dem Film, denn die Chinesen hatten uns verboten, Bettler zu filmen. So wird Lao Shen, der Tonassistent, einem unserer Verbindungsoffiziere wenigstens einen Bericht machen können – doch wir konnten es tatsächlich nicht verhindern.

Um 20 Uhr finden wir die Fahrer, vor Müdigkeit ganz verstört, im Zelt vor. Nurith und Sybille weigern sich, sofort ins Hotel zurückzukehren. Sie wollen sich hier ausruhen. Plötzlich hört Sybille einen Laut, der sie interessiert: Das sind die tibetischen Gyaling-Hörner, eine Art Oboen. Sie saust mit ihrem Nagra los. Unter einem riesigen Zelt, gleich hinter dem unsrigen, findet eine Zeremonie statt. Es sind Mönche aus dem Sakyapa-Kloster von Shewu, wo wir haltmachen werden auf dem Rückweg von Jyekundo. Auch der Abt des Klosters ist da; Gyurme stellt uns vor. Sybille nimmt einen großen Teil der Zeremonie auf, fasziniert von dieser Musik, die aus den Tiefen der Erde aufzusteigen scheint. Der Rhythmus ist langsam, gemessen und steigert sich erst allmählich. Die Gyalings werden von Zimbeln unterstützt; von Zeit zu Zeit lassen sich „Dongchen", ausziehbare Hörner, vernehmen. Nach Beendigung der Zeremonie wollen die jungen Mönche alle Sybilles Kopfhörer aufsetzen, um unter dem teils belustigten, teils gestrengen Blick des Abtes, der liebend gern dasselbe täte, ihre Stimmen auf Band zu hören.

Sybille kommt zurück, und das Team macht sich auf, das Abendritual zu drehen. Das Licht unter dem Zelt ist golden. Die Mönche sitzen in zwei Reihen einander gegenüber und psalmodieren mit ihren tiefen Stimmen. Hier spürt man nur noch Frieden.

Bleich und aufgelöst kehren wir in die Stadt zurück. Abendessen

Endlich in Tibet!

in unserem kleinen Restaurant. Ich verschlinge alles in einer Viertelstunde. Schleunigst heim in dieses Hotel-Gefängnis; ich lege mich auf das Bett von Alice. Wir tratschen über die Chinesen, über ihren Charakter, ihr Gehabe. Da klopft es an die Tür: Es ist ein tibetischer Fotograf, ein Freund von Gyurme, er sucht ihn. Er heißt Nagpo. Wir haben ihn beim Fest getroffen. Wir bringen ihn zu Gyurmes Zimmer. Leer. Alice, der Fotograf und ich gehen wieder hinunter, ihn zu suchen. Da die Suche ergebnislos verläuft, verabschieden wir Nagpo und ersuchen ihn, später nochmals wiederzukommen. Und da erwischt mich Herr Wang und bombardiert mich mit Fragen über Gyurme. Er hat alles gehört. Wo ist er? Was macht er draußen? Das ist ein Spion, und seinetwegen werden wir aus China ausgewiesen werden. Seinetwegen werden wir unseren Film nicht fortsetzen können, der im übrigen konfisziert werden wird. Da mir vor seiner verstockten Miene keine Argumente mehr einfallen, brülle ich ihm schließlich ins Gesicht: „Lassen Sie mich endlich in Frieden. Bei Ihnen stimmt's ja nicht mehr! Gyurme ist unser Berater. Er ist Professor, und die Zusammensetzung unseres Teams geht Sie überhaupt nichts an! Guten Abend." In diesem Augenblick kommt Christoph mit Nurith, Jeanne und Sybille aus dem Restaurant. Sollen sie doch sehen, wie sie mit ihm zurechtkommen!

29. Juli

Heute stehen wir viel später auf. Es ist der letzte Tag des Festes. Nurith ist krank, sie hustet sich die Lunge aus dem Leib. Ich auch. Claire hat einen Schnupfen. Sybille hat sich den Knöchel verstaucht. Ein tolles Team!

Große Hitze, trotz der Höhe. Die Tibeter halten uns bestimmt für verrückt, wie wir da hinter allem und jedem herjagen. Uns tut es leid, daß wir nicht mehr Zeit in ihrer Gesellschaft zubringen können, bei diesen Menschen, die dieses Lagerleben über alles lieben. Wo wir auch hinkommen in dieser weit ausgedehnten Hochebene, überall herrscht gute Laune und Heiterkeit.

Kinder spielen, völlig bekleidet, in den Wasserläufen, sie triefen von Kopf bis Fuß. Auf der Böschung, ein wenig weiter, ein Liebespaar. Noch weiter entfernt eine alte, wie ein Apfel verhutzelte Frau; sie hockt auf einer tibetischen Satteldecke, die genauso alt sein dürfte wie sie selbst; psalmodierend läßt sie den Rosenkranz durch die Finger gleiten. Hinter ihr, im Schutze eines großen Sonnenschirms, spielen die Männer der Familie Domino; unter dem Zelt bereitet eine Frau das Essen. Auf allen Lippen Lächeln. Es ist der letzte Tag, einige verpacken schon ihre Zelte, andere haben es überhaupt nicht eilig. Sie fühlen sich hier wie zu Hause und scheinen bleiben zu wollen.

Den ganzen Tag drehen wir kleine Szenen aus dem Alltagsleben: eine Frau, die ein Kind wiegt, die Überquerung einer Brücke, ein Motorrad, das im Schlamm steckenbleibt, ein Adler, der über Essensresten kreist, betende Mönche unter einem Zelt, das Einpacken der Zelte, das Beladen der Lastwagen, Abfahrten, der Zirkus zieht um . . . Thema: letzter Festtag. Vielleicht komme ich nie mehr nach Jyekundo. In der Stadt herrscht eine ganz andere Stimmung, wehmütig und gespannt zugleich. Wie verlorene Seelen irren die Tibeter durch die Straßen. Keiner hier sieht glücklich aus. Staubstadt, Windstadt, Stadt mit nur einer Straße, wo vor den Kaffeeterrassen Trauben von Einheimischen diejenigen betrachten, die sich ein Getränk leisten können.

Ich denke wieder an die Briefe, die Alexandra an ihren Mann schrieb und in denen sie von ihrem Aufenthalt in Jyekundo, das sie nicht mochte, berichtete. 1921 befand sie sich in Kanze und wollte weiter nach Derge und Batang. Doch die verschiedensten chinesischen Verwaltungsbeamten bildeten ein Hindernis, woraufhin sie beschloß, gen Norden zu ziehen. Im September erreichte sie Jyekundo und mußte notgedrungen den Winter dort verbringen, da die Pässe nach Amdo vom Schnee blockiert waren: „Jyekundo ist ein großer Marktflecken, aus militärischen Gründen erbaut; es hat keinerlei Existenzberechtigung, es sei denn, als Durchgangsstation für die Handelskarawanen. Stell dir eine Ansammlung von flachen Häusern aus strohtrockener Erde vor, die in Etagen einen Hang hochklettern, der von einem Kloster gekrönt ist, das Ganze in einem engen Tal zwischen rauhen Bergen . . . die Leute hier sind unbeschreiblich schmutzig. Toiletten oder für diesen Zweck reservierte Höfe, die man anderswo antrifft, gibt es hier nicht . . ."

In Wirklichkeit war Jyekundo ein sehr wichtiger Durchgangsort. Aufgrund seiner Lage im Kham, nördlich von Nangchen und südlich der Grenze nach Amdo, war es Schnittpunkt der drei großen Routen Ost-Tibets und stellte die Verbindung her zwischen Lhasa und der Stadt Xining, quer durch die Amdo-Hochebene, sowie zwischen Lhasa und der Stadt Dartsedo, quer durch die fruchtbaren Täler des Kham.

Endlich in Tibet!

Dr. Migot, der 1946 hier durchreiste, beschreibt Jyekundo vergnüglicher. Er kam im Sommer und nahm am Reiterfest teil. Er traf mit den Mönchen des Klosters zusammen und war beeindruckt von den Gesprächen mit ihnen. „Jyekundo liegt in der Provinz Tsing-Haï, ein chinesisches Wort, das ‚blaues Meer' bedeutet. Dieser Name stammt von dem großen See, der in ihrem nördlichen Teil liegt und besser bekannt ist unter seinem mongolischen Namen Kokonor. Jyekundo ist bei weitem das bedeutendste Handelszentrum des ganzen tibetischen Nordostens. Es bildet nämlich einen Knotenpunkt der Pisten, die im Süden nach Sik'ang und K'ang-ting, im Westen nach Lhasa, im Norden nach Tsaidam und in die Mongolei, im Nordosten zu den großen Handelsstädten Sining und Lanshow führen... ... Das gewaltige und dicht bevölkerte Lamakloster oberhalb der Stadt, das die Stadt mit seiner imposanten Masse beherrscht, sitzt fest verankert auf den beiden Zwillingshügeln, von wo aus es die Ebene und die Nebentäler zu überwachen scheint..."

Zhou bekommen wir den ganzen Tag nicht zu Gesicht. Zweifellos hat er politische Probleme mit Herrn Wang. Er hat unserer chinesischen Mannschaft sicher gedroht, sie bei ihrer Einheit in Chengdu, der Armee, der Polizei oder sonstwo zu denunzieren. Ich male mir das Schlimmste aus, doch ich kann mich auf nichts stützen, das meine Mutmaßungen untermauern würde. Gyurme will er ja auch beiseite schaffen oder ins Gefängnis stecken lassen, es schenkt ihm bloß keiner Gehör in unseren beiden Teams. Keiner mag ihn.

Um 18 Uhr verkündet uns Zhou, „man" habe uns die Genehmigung für Derge entzogen. Herr Wang muß wohl einen Bericht über uns nach Chengdu geliefert haben. Zhou weint. Unsere Chinesen beteuern, daß sie zu uns halten werden, daß sie unsere Freunde sind. Ich vermute, daß es innerhalb ihrer Gruppe eine liberale und eine dogmatische Fraktion gibt, die gegeneinanderstehen.

Abschiedsbesuch bei der tibetischen Familie, die uns auf dem Festplatz mit Essen versorgt hatte. Wir tauschen Khataks aus, Schals aus weißer Zeremonialseide, die als Willkommensgruß, als Zeichen der Hochachtung sowohl im Tempel bei den religiösen Zeremonien als auch im Alltagsleben überreicht werden. In der religiösen Tradition symbolisiert der Khatak die Reinheit von Körper, Wort und Geist, die man einem geistlichen Lehrer darbietet. Wir trinken noch einmal Tee mit unseren Freunden in ihrem Zelt und filmen die kleine Feier. Sonam, das geistliche Oberhaupt, richtet an jeden von uns eine Ansprache. Man spürt, in welchem Dilemma er sich befindet: Auf der einen Seite ist er ein verständiger und auf seine Kultur stolzer Tibeter, auf der anderen Seite aufgrund seiner offiziellen Funktion eine Schachfigur in den Händen der Behörden. Immerhin, auch er hat Khataks für uns mitgebracht. Sein Blick ist erhaben und bedeutungsvoll, als er uns danksagt für unsere Absicht, einen Film über Tibet zu drehen.

Doch schon macht Zhou uns darauf aufmerksam, daß unser Film vernichtet werden könnte, weil wir eine Bettlerin aufgenommen haben. Also hat es tatsächlich einen Bericht gegeben? Doch wer hat ihn abgesandt? Ich kann nicht glauben, daß es Lao Shen gewesen sein soll; er wirkt viel offener als seine Kollegen und scheint außerdem ein großes Faible für Sybille zu haben. Im übrigen kann ein Maler und Musiker, als der er sich bezeichnet, doch kaum einem Team, das „künstlerische Arbeit" leistet, die Solidarität aufkündigen. Doch er war nun mal der einzige Chinese, der an besagtem Tag bei uns war . . . Wir haben das Gefühl, in ein unentwirrbares Knäuel geraten zu sein.

Alice ist himmlisch, voller Einfälle, zum Kaputtlachen und überhaupt in Höchstform. Sie möbelt auch mich wieder auf.

Morgen wird in der Stadt und im Kloster dort oben gedreht.

30. Juli

Spät aufgestanden: 8.30 Uhr. Als erstes wollen wir den Tempel filmen, der zwischen Stadt und Kloster am Hang steht. Vor fünf Jahren wurde er auf den Ruinen des ehemaligen Tempels wiederaufgebaut, ein mächtiges Bauwerk mit roten Mauern, das die Stadt überragt. Die riesige Gebetsmühle im Innern erfordert die Kraft mehrerer Personen, um in Drehung versetzt zu werden. Fresken an den Innenwänden zeigen das Leben verschiedener weiser Männer. Den Altar im Hintergrund erleuchten unzählige Butterlämpchen. Pilger treten ein, greifen nach einem der an der Mühle befestigten Ringe und wandern rund um seine Achse, von links nach rechts, unablässig Gebete murmelnd. Die Mühle birgt Tausende von Mantras, diese geheiligten Formeln zur Anrufung der Buddhas und großen Bodhisattvas: Avalokitesvara, Padmasambhava, Manjusri . . . Die Wirkung dieser Mantras beruht nicht auf ihrer zumeist symbolischen Bedeutung, sondern auf der Rezitation, wodurch der Meditierende in die Lage versetzt wird, sich mit

Endlich in Tibet!

der Gottheit zu vereinen und damit Verdienste für ein zukünftiges Leben zu erwerben. Mit jeder Drehung der Mühle verzehnfachen sich die Kräfte der Mantras. Rechts von diesem Bauwerk erstreckt sich eine lange Mani-Mauer, „Mendong" genannt. Manis sind Steine, in die Mantras eingraviert sind und die als Opfergaben niedergelegt werden. Derartige Mauern können Hunderte von Metern lang sein. Diese hier weist als Besonderheit einen aus behauenen und bemalten Steinen errichteten Altar auf, der Padmasambhava, den Verkünder des Buddhismus in Tibet, darstellt. Das Bildnis ist von außerordentlicher Plastizität, und der Stein ist rundum bemalt.

Oberhalb des Mendong biegen sich hohe Masten unter dem Gewicht unzähliger Gebetsfahnen, die Lung-ta oder „Windpferde" heißen. Diese Stoffetzen sind mit Texten, Gebeten oder Darstellungen des „Windpferdes" bedruckt. Der Wind, der in Tibet fast unaufhörlich weht, trägt diese Gebete und Wünsche fort und entfaltet sie unermüdlich in alle Himmelsrichtungen. Diese Gebete beschützen die Menschen, und man findet sie überall, hoch oben auf den Pässen, auf den Dächern der Häuser und Tempel, am Eingang von Dörfern und Klöstern . . .

Pilger, Dorfbewohner und alte Frauen umrunden, von einer Hundemeute umzingelt, die Gebäude, legen auf der Mauer Steinchen nieder als Zeichen, daß sie hier gewesen sind, und psalmodieren das berühmteste Mantra „Om mani padme hum", womit Avalokitesvara oder Chenrezig, der Bodhisattva des Mitleids und große Schirmherr Tibets, dessen Reinkarnation der Dalai-Lama ist, angerufen wird. Das Rezitieren der sechs Silben (wörtlich: „Juwel in der Lotosblüte") nimmt alles Leid von den Lebewesen, die den sechs Welten des Lebensrads angehören. Die Bettler, die Hinkenden und die Schwachsinnigen umrunden das Bauwerk mehrere Stunden lang.

Zurück nach Jyekundo. Mittagessen und Siesta bis 4.15 Uhr, dann machen wir uns auf, die handbemalten Stoff- oder Blechplakate in der zum Markt führenden Straße zu filmen, naive Plakate in süßlichen Farben, auf denen der zum Kauf angebotene Gegenstand vor einer sehr unbeholfen und kindlich gemalten Landschaft oder Figurengruppe dargestellt wird. Herr Wang will nicht, daß wir nochmals zum Kloster hinaufsteigen. Ich herrsche ihn an. Er beklagt sich, daß wir ihn über unsere Pläne nicht auf dem laufenden halten. Ich erwidere, er brauche sich ja nur abends im Restaurant einzufinden, wo wir den Zeitplan für den nächsten Tag festlegen. Er ist so baff, daß ich es wage, in diesem Ton mit ihm zu sprechen, daß er in schallendes Gelächter ausbricht und die Diskussion auf das Thema Sex lenkt, das einzige, das ihn seine „Spionitis" vergessen läßt. Wieder die alte Leier über die Sitten der Tibeterinnen, ihre unerhörte Freiheit. Doch darüber weiß ich mehr als er.

Es ist allgemein bekannt, daß die Frauen in Tibet über ein großes Maß an Unabhängigkeit verfügen im Vergleich zu ihren chinesischen oder indischen Nachbarinnen, die völlig zurückgezogen leben, zunächst in ihrer Familie und dann auch bei ihrem Ehemann. Sowohl die monogame Ehe als auch die Polyandrie, die früher weit verbreitet war und auch heute noch in einigen Regionen vorkommt, beruht immer auf dem gegenseitigen Einverständnis der beiden Ehegatten und ihrer beider Familien. Es ist keine im eigentlichen Sinne „arrangierte" Ehe, doch man achtet darauf, den Familienbesitz zusammenzuhalten. Die Entführung der Verlobten durch den Klan des zukünftigen Gatten ist ein Brauch, der immer noch praktiziert wird. Dieses Scheingefecht ist Anlaß zu Festlichkeiten, zu denen die Freunde der Familie geladen werden.

Es gibt keine ausgesprochen religiösen Hochzeitsriten. Die Lamas interessieren sich nur für Geburten und Todesfälle. Die jungen Leute sind sehr frei. Voreheliche sexuelle Kontakte lösen keine Familiendramen aus. Kommt es vor der Hochzeit zur Geburt eines Kindes, versucht man, die jungen Leute zur Heirat zu bewegen. Andernfalls ist es sich der junge Mann schuldig, der Familie eine „Ausgleichsentschädigung" anzubieten. Unser System der Mitgift ist für einen Tibeter lächerlich. „Sind die Mädchen bei euch denn so häßlich, daß man die Männer bezahlen muß, damit sie sie heiraten?" Doch umgekehrt ist es sich der junge Mann schuldig, eine Mitgift einzubringen, die die Kosten für die Erziehung des Mädchens, das die Familie verlassen wird, abdeckt. Der Status der verheirateten Frau ist im allgemeinen recht positiv. Sie teilt zwar mit dem Mann auch die härtesten Arbeiten, doch im Haus ist sie die Herrin, die häufig nicht nur den Familienbesitz, sondern auch ihr persönliches Vermögen verwaltet.

Nachdem ich so eindeutig Partei ergreife für die Tibeterinnen, dürfte Herr Wang uns, die sieben Westlerinnen, für sieben leichte Mädchen halten, jederzeit bereit, sich dem erstbesten hinzugeben. Daher könnte man es ja einmal versuchen, angefangen bei der Jüngsten. Der Arme, er weiß nicht, in welche Sackgasse er rennt ... Die Spannungen nehmen zu. Schon vor ein paar Tagen

Endlich in Tibet!

hat er damit gedroht, die Fortsetzung unserer Reise annullieren zu lassen; seiner Meinung nach handelten wir zu freizügig gegenüber der tibetischen Bevölkerung. Wenn er uns noch länger droht, bin ich fest entschlossen, auf den Bericht, den er angeblich schon über uns weitergeleitet hat, mit einem zweiten Bericht zu antworten, den wir an den Minister für Tourismus in Chengdu und an alle Militär- und Zivilbehörden richten würden, um zu verhindern, daß Herr Wang später anderen Ausländern erneut schadet. Daß wir keinerlei Furcht zeigen, hat ihm immerhin schon einmal die Sprache verschlagen, und letztlich kann er uns nicht daran hindern, das Kloster zu filmen.

Bevor wir uns auf den Weg machen, droht er mir zum letzten Mal mit Ausweisung, sofern ich mich unterstehen sollte, auch noch für die Mönche Freundschaft zu entwickeln. Da haben wir es, das China der Kulturrevolution! Vierzig Jahre lang ein solches Regime ertragen zu haben – das geht auf den Geist! Herr „Xining" Wang, wie wir ihn von nun an nennen, ist ein unrühmliches Beispiel dafür. Es ist interessant, festzustellen, daß – abgesehen von den ganz auf die Parteilinie Eingeschworenen (wie der Fahrer von Nurith und der von Alice) – die Chinesen unseres Teams ihn alle nicht ausstehen können.

Während der Dreharbeiten im Kloster folgt Herr Wang uns auf Schritt und Tritt. Daraufhin setzt Gyurme die Mönche von Wangs Rolle in Kenntnis. Sie danken für den Hinweis und lassen ihn wie ein Lauffeuer im Kloster verbreiten, woraufhin alle Tibeter in Anwesenheit der Chinesen das gleiche liebenswürdige, freundliche Gebaren an den Tag legen und uns auch nicht nach einem Foto des Dalai-Lama fragen. Wir filmen wunderschöne Szenen, doch die Begeisterung fehlt.

Wir erleben den Auszug der hochrangigsten Mönche des Klosters, die im Augenblick tagsüber in Klausur sind, eine ganze Woche lang. Den ganzen Tag halten sie sich in einer entlegenen Kapelle auf, angetan mit ihren Festgewändern, rezitieren Texte und meditieren. Sobald es Abend wird, kommen sie in einer Prozession heraus und stimmen einen für die Sakyapa-Schule charakteristischen religiösen Gesang an. Anschließend ziehen sie um den Tempel, ein riesiger Kubus, bemalt in einem Rot, das in den Strahlen der Abendsonne funkelt. Wir ziehen mit ihnen in die Versammlungshalle ein. Säulen und Wände sind mit Fresken verziert, Thangkas hängen an verschiedenen Stellen. Eine Kapelle hinter dem Altar birgt große Statuen des Sakyamuni, dargestellt inmitten von drei Schülern. Auf den Fresken ist der gesamte Sakya-Zweig zu sehen. In der Bibliothek dieses Saales stehen alle Bände des Kangyur, der Lehren Buddhas, in einer in Delhi publizierten Ausgabe. So erfahre ich auch, daß es mehrere Versionen derselben Texte gibt.

Eric Teichman, der zu Beginn der zwanziger Jahre dieses Land bereiste, berichtet von 500 Mönchen, heute sollen etwa hundert hier leben. Der Jyeku-Tempel, wie sein Name lautet, befindet sich im Wiederaufbau, wie die meisten buddhistischen Tempel, die von den Chinesen zwischen 1959 und 1970 systematisch zerstört wurden. Die Liebenswürdigkeit der Mönche, die uns umringen und uns alles zeigen wollen, was sie hier tun, rührt uns zutiefst. Sie sind wie Kinder, freuen sich, mit Gyurme tibetisch sprechen zu können, der diese Chance nutzt, um Herrn Wang abzuhängen, während ich diesem befehle, sich hinter mir aufzuhalten, für den Fall, daß ich etwas benötigte ... Wir machen ein paar Polaroidaufnahmen für die Mönche und filmen gleichzeitig. Sie haben sich vor einer schönen roten, frisch gestrichenen Wand in Gruppen aufgestellt. Wie Kinder reißen sie sich die Fotos aus den Händen und laufen lachend hintereinander her.

Es ist neun Uhr abends. Unsere Chinesen haben uns Coca-Cola, Fettgebackenes und eine Schüssel Fleisch mit fein geraspeltem Gemüse gebracht. Dank „Xining" Wang haben sie sich heute abend auf unsere Seite geschlagen und uns bei der Arbeit unterstützt.

Es ist spät, als wir ins Hotel zurückkehren. Ich lege mich aufs Bett und heule eine gute Stunde lang. Druckabfall, wie ich vermute. Ich werde nicht zum Essen hinuntergehen. Jeanne und Snafu bringen mir einen Beutel Kressesuppe und einen Bonbel-Käse. Ich wasche mich, flicke eine Hose, räume meine Sachen auf und schlafe ein.

Gegen Mitternacht vernehme ich Singen, Gelächter; Alice und Jane kehren heim, ausgelassen und wahrscheinlich betrunken. Bis drei Uhr früh veranstalten sie mit der kompletten französisch-chinesischen Mannschaft, ein Höllenspektakel in Gyurmes Zimmer, mit Ausnahme von Christoph und mir und − wie ich hoffe − dem grauenvollen Wang. Kurz bevor ich wieder einschlafe, höre ich noch, wie Alice lachend Gyurme zuruft: „Please, Gyurme, bring back this boy" oder irgend etwas Ähnliches. Ich vermute, daß es sich um den hübschen chinesischen Studenten handelt, mit dem wir uns während der Festlichkeiten angefreundet hatten, ein Junge, der sich wirklich für die tibetische Kultur interessiert.

Endlich in Tibet!

31. Juli

Aufstehen um 9.15 Uhr. Meine Augen sind aufgedunsen wie Blumenkohlröschen. So habe ich noch nie ausgesehen. Weinen in großer Höhe ist nicht ratsam ... Als ich mich schließlich aus meinem Zimmer hervorwage, treffe ich im Flur auf Alice, die – hinreißender denn je – mich mit allen Einzelheiten des gestrigen Abends überschüttet. Die ganze Nacht hat sie mit der gesamten Mannschaft getanzt, gesungen und getrunken, und eine Romanze mit dem jungen Studenten ist nicht ausgeschlossen. Beim Frühstück kugeln wir uns vor Lachen. Man versichert mir, daß während der Nacht in den internationalen Beziehungen Tauwetter eingetreten sei.

Wir schlendern zur Markthalle. Unter einem Viereck aus Holzbaracken bieten tibetische und chinesische „Boutiquen" ihre Schätze an. Die Verkaufsstände quellen über von Kultgegenständen, wie z. B. die Reliquiare, die jeder Tibeter vor der Brust trägt und in denen er die vom Lama verteilten Gaben für die Schutzgottheiten aufbewahrt. Es gibt auch kleine Statuen, selten aus Bronze wie früher, doch genauso kunstvoll in der Herstellung, Butterlampen für die Hausaltäre, Model in verschiedenen Legierungen zur Zubereitung der tsampa-Opfergaben, Lederbörsen mit Metallverzierungen, die man mit einem kleinen ziselierten Messer und einem Feuerstein am Gürtel trägt. Auch „fliegende Händler" bieten hier ihre Waren an; auf am Boden ausgebreiteten Tüchern häufen sich kleine Gebrauchsgegenstände, wie z. B. hölzerne Kämme, aber auch Hosen, Socken, chinesische Brillen mit Messingbügeln und dicken schwarzen Gläsern, Geldbörsen, Schuhe, tibetische Reitstiefel aus Leder, Hüte ... Alles ist von minderwertiger Qualität, doch farbig und ansprechend. Alice kauft sich zwei Filzhüte, chinesische Seidenwesten mit lauter Reißverschlüssen und Tennisschuhe mit gummiverstärkter Spitze als „Jogging-Schuhe"! Jeanne erwirbt rund zwanzig „handwerklich" hergestellte Brillen für die gesamte Mannschaft, eine modellgetreue Nachbildung der Brillen, die man von zu Beginn des Jahrhunderts aufgenommenen Fotografien von Lama-Mönchen her kennt. Ich kaufe eine tibetische Pinzette für Nurith, die ein Faible hat für kleine Gebrauchsgegenstände, außerdem einen alten Kneifer, ein kleines Reliquiar und einen Spiegel; in meinem, der alles vergrößert, mag ich mich gar nicht mehr anschauen ...

Anschließend gönne ich mir eine Siesta, während Alice mit

„ihrem" Studenten, Gyurme, Jane und Christoph einen Ausflug macht zum Tempel der Prinzessin Wenchen, zwei Stunden Fahrt von hier aus.

Der Überlieferung nach heiratete der große König Song-tsen Gampo im 7. Jahrhundert die chinesische Prinzessin Wenchen, die den Buddhismus von China nach Tibet brachte. Sie ließ auch den Ramoche-Tempel in Lhasa bauen, der als das Zentrum der Welt gilt, und soll auch die Schrift in Tibet eingeführt haben. Auf einer ihrer Reisen nach China verweilten der König und die Prinzessin in der Gegend um Jyekundo, in Bi Nampa Nangze genauer gesagt, wo die Prinzessin ein Kind verlor. An dieser Stelle ließ im 8. Jahrhundert König Trisong Detsen einen Tempel errichten. In der Vairocana-Buddha-Statue dieses Tempels befinden sich – wie es heißt – die Reliquien des Kasyapa-Buddha sowie des Kindes der Prinzessin.

Soeben erhielten wir offiziell das Verbot, nach Derge und in das gesamte Nachbargebiet einzureisen, wo angeblich die Epidemie Nr. 5 wütet. Um zu erfahren, welcher Erkrankung und welcher medizinischen Bezeichnung diese chinesische Geheimklausel tatsächlich entspricht, müßte auf dem Dienstwege von seiten unserer Regierung an das Außenministerium der Volksrepublik China ein offizieller Antrag gestellt werden ... Und außerdem wäre für diesen Antrag eine exakte Begründung anzugeben! Das Verbotsdokument ist von den Militärbehörden in Chengdu ausgestellt. Da wir auf schnellstem Wege nach Jyekundo gelangen wollten, um schon die Eröffnung der Reiterspiele mitzuerleben, hatten wir mit unseren Chinesen ausdrücklich vereinbart, daß wir anschließend auf dem gleichen Weg zurück nach Derge wollten, was angesichts des Zustands der Straßen nicht gerade die berauschendste Vorstellung war.

Übermäßig erstaunt über diesen Umschwung waren wir allerdings nicht, denn Derge war schon immer ein „heißes Eisen". In früheren Zeiten war das Königreich Derge ungeheuer mächtig, und die Khampas dieser Region sind noch immer bekannt für ihre Animosität gegenüber den Chinesen und ihr ausgeprägtes Unabhängigkeitsstreben. Jeanne hatte schon im vorigen Jahr große Mühe, an einem Tag zumindest hindurchzureisen, denn der Gedanke, sich dort länger aufzuhalten, war für ihre chinesische Eskorte ein Alptraum. Daraus erklärt sich diese ominöse Krankheit, an die wir keine Minute glaubten. Wir werden also nach Amdo weiterziehen und sobald wir die Stadt Xining erreicht

Endlich in Tibet!

haben, bei den CITS-Vertretern vorstellig werden, um von ihnen vielleicht ein zweites Mal die Erlaubnis zur Fahrt nach Derge zu erhalten. Gyurme hat sich bereits mehrmals längere Zeit in diesem Tal aufgehalten, und wir denken nicht daran, darauf zu verzichten! Verweigern sie es uns, werden wir kurzerhand die vertraglich vereinbarten Zahlungen nicht in voller Höhe leisten. CITS, der für unsere Reise zuständige Veranstalter, hat schließlich Derge in den Vertrag eingesetzt und uns für diese Genehmigung ohnehin den Höchstpreis abverlangt. Folglich werden wir alles, was nicht eingehalten wurde, abziehen!

Bei einem Bummel heute nachmittag ist Jeanne einem Tibeter begegnet, der sie voriges Jahr gesehen und wiedererkannt hat. Er gibt ihr zu verstehen, daß er sie zu sich einladen möchte. Sie verabredet sich mit ihm. Im Haus, das nach Stall und ranziger Butter riecht, sitzen drei Männer um eine Feuerstelle. Sie sind Khampas und tragen das Haar zu Zöpfen geflochten und den Kopf hoch erhoben. Sie sind beeindruckend mit ihren Messern im Gürtel und diesen eindringlichen, auf Jeanne gerichteten Blicken. Sie wollen ihr Post fürs Ausland anvertrauen, ihr aber auch die kleine Kapelle hinter der Küche zeigen, wo auf dem Hausaltar Fotos des Dalai-Lama sowie mehrerer Rinpoche der Region aufgestellt sind. Jedes einzelne Foto berühren sie als Ausdruck ihres Respekts mit der Stirn und zeigen es dann erst Jeanne. Der Raum ist düster, die Deckenbalken sind rußgeschwärzt, die Wände mit bunten Illustriertenumschlägen tapeziert. Eine merkwürdige Atmosphäre, keine Frau im Haus, was selten ist . . . ein Teller mit geräuchertem Fleisch mitten auf dem Tischchen, große Messer, um sich Stücke entlang des Knochens herunterzuschneiden . . . der seltsame Blick dieser Männer . . . es wird Zeit, sich aus dem Staub zu machen. Sie bestehen darauf, sie noch ganz fest zu umarmen, bevor sie geht. Waren dies Männer, die versucht haben, ihrem Schmerz Ausdruck zu verleihen, oder haben sie sich wie durch ein Wunder korrekt verhalten? Schwierig, das zu entscheiden.

Auf dem Markt laufen mir Alice, der junge Student, Christoph und Jane über den Weg; sie sind von ihrem Ausflug zurück. Eine strahlende Alice erklärt, dies sei wohl „der schönste Tag der Reise" gewesen. Allein, weit entfernt von dieser staubigen und lärmenden Stadt, hatten sie bei praller Sonne in einem Fluß nackt gebadet. Der Zauber und die Leichtigkeit des Augenblicks ohne Arbeitspensum hatte sie der Welt entrückt.

Zu Ehren von Sonam, dem geistlichen Oberhaupt der Tibeter von Jyekundo, haben wir für 19 Uhr ein Bankett organisiert. Um 19.30 Uhr werden wir von Christoph und Gyurme informiert, daß Herr Wang das Bankett, zu dem er offizielle Vertreter der Tibeter ausdrücklich zugelassen hatte, ohne eine Erklärung schlichtweg annulliert hat. Uns packt die Wut. Gyurme ist erschüttert und rennt los, um Sonam daheim abzuholen, während Christoph ein Essen in unserem Stammlokal bestellt. Sonam kommt, doch seine Augen sind ständig feucht von Tränen, er ißt auch nichts. Wir schweigen uns aus. Herr Wang ist anwesend, eher zugeknöpft, und auch den Fahrern und Verbindungsoffizieren scheint nicht nach Feiern zumute zu sein. Böse Geister suchen den Saal heim, in dem wir wie zu Eis erstarrt hocken. Das ist kein Festmahl mehr, das ist ein Begräbnis! Sonam schlägt uns vor, uns zu sich nach Haus mitzunehmen, sobald Herr Wang schlafen gegangen ist. Wir kehren also ohne ihn ins Hotel zurück, als sei nichts geschehen.

Kurz darauf versammelt sich die ganze Truppe mitsamt den Chauffeuren, den Verbindungsoffizieren, unserem Studenten und seinem tibetischen Freund erneut in Gyurmes Zimmer. Wir trinken ein Gläschen und lassen Kassetten mit Rockmusik laufen, die Alice aus Paris mitgebracht hat. Dann betteln die Chinesen, ihnen das doch einmal vorzutanzen. Und das in einem Zimmer, das höchstens 8 qm groß ist und wo auf zwei einander gegenüber stehenden Betten die ganze Mannschaft sitzt. Die Größe der Tanzfläche kann man sich leicht vorstellen. Snafu und Jeanne machen ein paar angedeutete Rock-Schritte, worauf der ganze Haufen laut loslacht.

Lao Wang, unser Fotograf, hat eine himmlische Stimme. Ich wußte es bereits, denn da das Bad meinem Zimmer genau gegenüber liegt, komme ich jeden Morgen in den Genuß, ihn bei der Morgentoilette singen zu hören ... Auch der tibetische Freund singt wundervoll. Sein Gesicht wirkt sanft und traurig. Lao Wang und er spielen sich die Bälle zu: Jeder singt ein Lied aus seinem Kulturkreis. Endlich sind die Schranken gefallen, und der Applaus gilt beiden. Dann gibt Zhou etwas aus einer Art Kung-Fu-Oper zum besten. Eine andere Generation, andere Interessen.

Plötzlich stürzt kreidebleich Liu, der französisch sprechende Verbindungsoffizier, den wir den „Belgier" getauft haben, ins Zimmer; er holt Christoph und Gyurme. Der Polizeichef ist hier und verlangt Erklärungen, insbesondere über den Nachmittagsausflug zum Kloster, von dem Herr Wang angeblich nicht informiert

Endlich in Tibet!

gewesen sei und für den wir keine ausdrückliche Genehmigung hätten. Es ist 11 Uhr abends. Wie kann man erklären, daß Herr Wang diesen Ausflug persönlich organisiert hatte, daß wir ihn wegen Müdigkeit abgesagt hatten und schließlich einige von uns doch beschlossen hatten, am Nachmittag hinzufahren? „Für Fremde ist diese Region Sperrgebiet", erwidert die Polizei . . . Fragen über Fragen zu anderen Einzelheiten. Wir müssen ihnen erklären, wer wir sind, welche Art von Filmen wir schon gemacht haben, wie oft wir schon in China gewesen sind, warum Gyurme mit den Tibetern spricht, warum Sybille in ihrem Zimmer die Lieder einer tibetischen Sängerin auf Tonband aufnimmt, warum wir Fotos des Dalai-Lama an die Tibeter verteilen, wieso wir uns überhaupt so sehr für die Tibeter interessieren etc. etc. Bis zwei Uhr früh müssen wir Selbstkritik üben. Wir erklären, daß wir die chinesischen Gesetze nicht so genau kennen und fragen, ob man auch fürs Atmen eine Sondergenehmigung benötigt. Verlegenes Lachen . . . Wir überbieten uns an Entschuldigungen, an Erklärungen, und dann scheint sich allmählich alles zu beruhigen. Wir sind leergepumpt.

Und genau in diesem Augenblick muß Herr Wang hier hereinplatzen! Wir sind alle in einem Raum zusammengepfercht, und da erklärt er uns, unser Benehmen sei sehr ungehörig und von nun an hätten wir ihm zu gehorchen. Sein Geschwätz ist völlig unlogisch. So langsam wird uns klar, daß wir es mit einem Psychopathen zu tun haben, einem Winzling ohne Macht, der nur davon träumt, Macht zu besitzen, vielleicht um andere ausbaden zu lassen, was man ihm selbst angetan hat. Auf jeden Fall hat er Angst. Heute nachmittag hat die Polizei von ihm verlangt, Selbstkritik zu üben. Von ihm, der dorthin gegangen war, um uns zu denunzieren! So geriet er in die Falle, die er uns zu stellen gedachte. Wo war er denn, als der Wagen zur Exkursion aufbrach? Wie war es denn möglich, daß wir uns heute nachmittag seiner Aufsicht entziehen konnten?

1. August

Abfahrt um 9 Uhr; Polizei und Armee prüfen, ob wir auch wirklich verschwinden. Ihre Jeeps füllen den ganzen Hotelhof. Wir salutieren, was sie allerdings nicht sehen können. Nur in den Augenwinkeln unseres Chauffeurs blitzt ein angedeutetes Lächeln; man spürt, daß er schrecklich nervös ist.

Nach fünf Kilometern halten wir in der Gegend um Gyanak Mani.

Im 13. Jahrhundert, als die Sakya herrschten, machte ein Lama aus Chamdo, Gyanak Tulku, hier auf dem Rückweg aus China halt. Daher nannte man ihn den chinesischen Tulku. Er ließ den ersten Tempel errichten. Der jetzige Gyanak Tulku ist der siebte in ihrer Reihe. Dieser Ort ist ein Symbol, denn in den Jahren der Kulturrevolution wurde er restlos zerstört und diente als Massenlatrine. Doch die Tibeter haben ihn wiederhergerichtet, unzählige gravierte Steine herbeigetragen und den Tempel nach und nach wiederaufgebaut. Unermüdlich umrunden ihn alte Frauen, wie überall. Jeanne hat ein Foto der Graveurin dabei, der sie im vorigen Jahr einen Stein abgekauft hatte, um ihn auf der Mauer niederzulegen. Wir fragen die Anwesenden, ob sie diese Frau kennen. Ein Kind faßt uns bei der Hand und geleitet uns zu einem Haus, wo eine Alte, die wirklich hundert Jahre alt sein dürfte, im Schatten eines weißen Sonnenschirms das Mantra „Om mani padme hum" in einen Stein ritzt. Ihre Brille ist so abenteuerlich, daß man sich fragt, was sie wohl sieht. Sie freut sich über das Bild, das Jeanne ihr schenkt, und wir kaufen weitere Steine für die Mauer. Wenn die Polizisten wüßten, daß wir so nahe bei Jyekundo sind und unverfroren filmen, wären sie rasend vor Wut, da sie uns angewiesen hatten, die Provinz so schnell wie möglich zu verlassen. Herr Wang ist stumm wie ein Fisch.

Auf einer holperigen und mühseligen Straße geht es weiter nach Shewu (Xiwu). Stellenweise blockieren Felsbrocken die Piste, dann wieder sind die Fahrspuren so tief, daß die Wagen in den Fluß zu kippen drohen. Vor Anstrengung ausgemergelte Arbeiter ziehen mit Seilen tonnenschwere Blöcke. In solchen Gegenden im Straßenbau zu arbeiten, ist wirklich ein Alptraum. Unsere Chinesen erklären stolzgeschwellt, dies sei die riskanteste Arbeit überhaupt, und der Straßenbau hätte schon Hunderte von Menschenleben gefordert, doch die Familien seien glücklich, auf diese Weise zur Modernisierung Chinas beigetragen zu haben!

Wie in Nepal werden auch hier die Straßen auf bereits einmal abgerutschtem und in der nächsten Regenperiode bestimmt wieder abrutschenden Terrain gebaut. Sprengstoff wurde ausgelegt, und kaum sind wir vorbei, hören wir die Explosion. Die Fahrer haben Angst. Sie fluchen, denn seit 8 Uhr früh haben wir noch keine richtige Mahlzeit zu uns genommen. Bei jedem Halt hat Snafu ein paar Bonbel-Käseecken, etwas Schokolade und Erdnüsse verteilt. Das scheint ihnen zu dürftig. Der Lastwagen mit den Lebensmit-

Wander-Erzähler aus dem Kham. *(Snafu Wowkonowicz)*

Das Sakyapa-Kloster von Shewu. *(Jeanne Mascolo de Filippis)*

Das riesige Mani-Feld von Gyanak. *(Franz Christoph Giercke)*

Der jüngste der drei Tulkus von Shewu. *(Snafu Wowkonowicz)*

Unsere Yak-Karawane auf dem Weg zum Amnye Machen. *(Jeanne Mascolo de Filippis)*

Marie und Lotho vor dem Massiv des Amnye Machen *(Franz Christoph Giercke)*

Die Karawane überquert eine Furt.
(Franz Christoph Giercke)

Junge Rinderhirtin auf den Hochplateaus.
(Jeanne Mascolo de Filippis)

Die Yaks transportieren das Brennholz.
(Jeanne Mascolo de Filippis)

Nomadenfrau aus Amdo mit ihren Kindern. *(Jeanne Mascolo de Filippis)*

von links nach rechts: Lao Shen, Chao Lin, Snafu, Hua Xin und Lao Wang. *(Jeanne Mascolo de Filippis)*

Bildnis des Guesar de Ling in Tawo Gompa. *(Snafu Wowkonowicz)*

Endlich in Tibet!

teln rollt an der Spitze, obwohl er bis zum Mittagessen hätte hinter uns bleiben sollen.

Jeanne und ich hatten vorausfahren wollen, um auszukundschaften, wo etwas zu filmen ist. Doch Liu, der Chef der Fahrer, hält die Straße für zu gefährlich und unseren Fahrer für zu alt, um als Aufklärer zu fungieren. So bekommen wir all den Staub der vorausfahrenden Jeeps ins Gesicht. Da kann man wirklich viel sehen! Bis Shewu sind es nur fünfzig Kilometer, doch wir werden Stunden brauchen, um sie hinter uns zu bringen. Auf halber Strecke stoßen wir auf den Zusammenfluß des Changjiang mit einem anderen Flußlauf. Der größte Strom Chinas beginnt hier erst seinen Lauf und ist doch schon breit, reißend und sehr eindrucksvoll.

Alice ist krank – Asthma, Halsschmerzen. Außerdem hat sie Kummer, weil ihr neuer Freund, der Student, in Jyekundo zurückblieb. Sie fürchtet natürlich auch, die Behörden könnten ihm nach unserer Abreise Schwierigkeiten bereiten.

Das Dorf und das Kloster Shewu liegen auf einem Hügel. Die Anlage ist prachtvoll, wieder diese für die Sakya-Dörfer charakteristischen bemalten Häuser. Der Ort liegt im Schnittpunkt dreier strategisch wichtiger Routen: im Süden die von Jyekundo, über die wir gekommen sind, im Osten diejenige, die wir das erste Mal von Kanze und vom Kham aus genommen hatten, und Richtung Norden führt die, die wir einschlagen werden zu den Hochplateaus des Amdo und nach Xining.

Eines der Klöster heißt Nyidzong und gehört zur Drigung-Kagyu-Schule, das andere ist das Kloster Drogon der Sakyas, mit etwa siebzig Mönchen. Seit dem 13. Jahrhundert stellen sie zweiundzwanzig Großäbte. Diese tragen den Titel Dola Jikme, und der augenblicklich regierende Dudjon ist der Sohn des letzten Dudjon Rinpoche. Er wurde im Alter von sieben Jahren von Sakya Gongma erkannt und nennt sich Dola Jikme Chokyi Nyima. Auch zwei andere Mönche gelten als Reinkarnationen, Ga Tulku und Ngakapa Rinpoche Ngoten-la. Die Mönche dieses Klosters und ihren Abt hatten wir beim Fest in Jyekundo kennengelernt. Sie hatten uns vorgeschlagen, für ein paar Tage nach Shewu zu kommen, um an ihrem eigenen Reiterfest teilzunehmen. Die Monate Juli und August sind der ideale Zeitpunkt für Versammlungen und Festlichkeiten, da alle Nomaden und Halbnomaden in diesen Monaten ihre riesigen Herden auf den Hochplateaus weiden lassen. Mit Ausnahme des Reiterfests von Jyekundo, das – vielleicht erst seit die Chinesen es in die Hand genommen haben – immer zu einem festen Zeitpunkt stattfindet, hängt der Termin der anderen Feste, die meist von den ortsansässigen Mönchen geleitet werden, von den Vorhersagen des Orakels, des Astrologen und des tibetischen Kalenders ab. Nachdem wir erfahren haben, daß das Fest in Shewu erst in zwei Tagen eröffnet wird, beschließen wir, doch zumindest den ersten Tag mitzufeiern. Das moslemische Hotel-Restaurant ist schon belegt. Da wir von chinesischen Garnisons-Hotels die Nase voll haben, übernimmt Zhou es, eine Herberge für uns zu finden.

Doch zunächst einmal machen wir im moslemischen Restaurant halt; es ist entzückend. Der große Hof eines gerade erst neu erbauten und sehr großen Hauses ist Koppel und Pferch für die Herde der Besitzer. Wir speisen im Freien unter einem Zelt aus indischem Stoff. Die Chinesen verhalten sich sehr kameradschaftlich, unüberhörbar laut, doch ich traue ihnen nicht über den Weg. Diese geheuchelte Freundschaft zwischen ihnen und uns beunruhigt mich. Zu viel Unausgesprochenes. Wer sind sie wirklich? Was wollen sie? Was wissen sie? Wie haben sie auf die Ereignisse im Frühjahr reagiert? Werden wir uns eines Tages wirklich nahekommen? . . .

Zu guter Letzt beziehen wir ein herrliches tibetisches Haus, sauber und aufgeräumt, mit Rundholzterrassen am rosa-beigen Bau aus getrocknetem Lehm. Die Familie hat ihr Heim in ein kleines Hotel umfunktioniert, und eines der Zimmer ist gerade erst fertig geworden. Es duftet nach frischem Holz. Es ist ein zweistöckiges Haus. Im Erdgeschoß befinden sich der Stall für die Tiere, eine Remise, wo der Mist, der als Brennstoff dient, aufgestapelt ist, und ein weiterer Raum mit weniger kostbaren Vorräten. Der Fußboden ist uneben, denn er folgt der Hanglage. Die Wohnräume im oberen Geschoß nehmen nur die Hälfte der Gesamtfläche ein, der Rest wurde freigelassen für die Terrasse, über die sich eine große Plane aus weißer Baumwolle spannt. In den vorderen Zimmern lassen breite Fenster das Sonnenlicht herein. Die Außenfassade des ersten Stocks besteht aus bordeauxroten Rundstämmen. Endlich fühlen wir uns ganz in Tibet und nicht mehr wie in einem besetzten Land.

Die Familie – Mutter, Vater und zwei junge Töchter – lebt zugleich draußen und drinnen. Ein Schneider fertigt die Festroben aus grünem und goldenem Brokat für die Frauen des Hauses. Ein Onkel hat seine kranke Tochter hergebracht; mit schläfrigem Blick, den Kopf auf die Schulter gelehnt, verfolgt sie die Geschäftigkeit ringsum. Jane wird sie nachher untersuchen. Der Hausherr melkt mit Unterstützung einer seiner Töchter die Yaks. Die Mutter macht in der Küche große Wannen voll Wasser warm. Sie füllt den Ofen mit getrockneten Yakmistfladen und verteilt dann an jeden von uns rosa- und rotgeblümte chinesische Thermoskannen für die Getränke und das Waschwasser.

Geblümte Stoffe und Plakate mit hübschen Asiatinnen zieren die Wände. In den Zimmern stehen drei bis vier Holzbetten mit Strohmatratzen und Decken aus Seide und feiner Baumwolle. Obwohl alle Materialien von großer Schlichtheit sind, macht das Ganze einen sauberen, gemütlichen und friedlichen Eindruck. Hier, an diesem Ort, möchte ich bleiben, abgeschnitten von der Welt, schreiben, Tibetisch lernen, mir einen schönen, wilden und zärtlichen Khampa suchen . . .

Wir werden zu fünft in einem Raum übernachten, der allerdings sehr schön ist; Gyurme, Christoph, Jeanne, Snafu und ich – nicht gerade begeisternd. Doch vorerst sitzen wir alle auf der Terrasse. Sybille, Claire und Nurith schauen durch das Fenster des Zimmers, in dem die Familie sich aufhält, ins Fernsehen. Fernsehapparate finden sich auch in den abgelegensten Weilern. Mit Hilfe dieses einmaligen Propagandainstruments verbreiten alle Kanäle in schöner Regelmäßigkeit ihre Interpretationen der Pekinger Ereignisse. Tränenüberströmte Mütter beim Begräbnis ihrer Söhne, während des Aufstands getötete Soldaten der Armee, öffentlicher Prozeß gegen „konterrevolutionäre Agenten" etc. etc. Was denken die Leute hier darüber?

Christoph, Jeanne, Snafu, Gyurme und ich haben die Karte Ost-Tibets auf dem Lehmboden ausgebreitet und besprechen die möglichen Routen für die nächsten Etappen. Die Karten sind ziemlich vage. Jeanne konnte im vorigen Jahr Straßen und Pisten nutzen, die die Chinesen gar nicht kennen. Jane behandelt den Fahrer des roten Jeeps; er hat einen Abszeß am großen Zeh. Alice hat sich schon gewaschen und ist schlafen gegangen; sie wird sich ein oder zwei Tage ausruhen müssen, denn sie hat wirklich eine üble Bronchitis. Wir werden ein paar Tage in Shewu bleiben, um die Pferde und das Sakya-Kloster zu filmen. Die Mönche haben uns gesagt, daß morgen früh eine Zeremonie stattfinden wird.

2. August

Bei Sonnenaufgang höre ich, abgesehen vom Schnarchen der Schlafenden, ein regelmäßiges Knarren. Das ist Gyurme, der sich, im Bett sitzend, hin und her wiegt und ein Gebet murmelt. Bis zur Taille ist er nackt, ob weiter unten auch, kann ich nicht in Erfahrung bringen, da ihm die Bettdecke bis zum Nabel reicht. Ein merkwürdiger Anblick: er hat den Hut auf! Beinahe hätte ich gelacht, doch es ärgert mich auch. Ihm ist es offensichtlich egal, ob der Lärm jemanden stört. Er behält seine Gewohnheiten bei. Nun steht er auf, zieht seinen Beutel unter dem Bett hervor, rumort darin herum und macht sich an die Morgentoilette. Waschschüsselgeklapper, Wasserrauschen und lautes Spucken beim Zähneputzen. Nun werden alle wach, und schlechte Laune macht sich breit. Es ist erst sechs Uhr! Als dann Jeanne und ich uns waschen wollen, brauchen wir endlos, um Gyurme begreiflich zu machen, daß wir lieber allein im Zimmer sind und eine saubere Schüssel bevorzugen. Trotz solcher kleinen Zwischenfälle mag ich ihn wahnsinnig gern, denn er ist wirklich ein Original!

Frühstück beim Moslem. Die moslemische Minderheit in Tibet ist sehr häufig im Gastgewerbe tätig. Die Moslems sind für ihre Küche berühmt, vor allem für ihre Fleischgerichte. Wir bekommen einen köstlichen Tee: eine Prise Tee, zwei große Stücke Kandiszucker und ein paar Trockenfrüche (Aprikosen oder kleine Pflaumen) kommen in die Tasse, dann wird warmes Wasser zugegossen, der Deckel aufgesetzt, und der Tee muß ein paar Minuten ziehen. Man trinkt einen Schluck und gießt Tee nach; je länger er zieht, desto süßer und aromatischer wird er.

Wir steigen zum Kloster hinauf. Die Mönche sind sehr nett und lassen uns das Ritual filmen. Sie läuten die Klosterglocke, und dann ziehen sie unter dem Klang von Zimbeln, Glocken und Langhörnern in einer Prozession hinauf zum Tempel. Der Tempel wurde seit 1981 restauriert, doch er enthält noch wundervolle sehr alte Thanghas mit Darstellungen von Mahakala, dem „Großen Schwarzen", dem Beschützer der buddhistischen Lehre, aber auch anderer Gottheiten, die die Mönche uns stolz zeigen. Rund um den Hauptaltar stehen zeitgenössische große Statuen des Buddha Kakyamuni und der sechzehn Arhats, seiner Jünger. Jeder Mönch nimmt vor seinem Tisch Platz, und nun beginnt ein langes Gebetsrezitativ, zu dem Zimbeln und Trommeln den Takt schlagen. Auf dem erhabensten Thron sitzt die dritte Reinkarnation, mit langem, zu Zöpfen geflochtenem Haar und angetan mit einem prachtvollen Festornat in gelbem Seidenbrokat.

Drei Tulkus gibt es in diesem Kloster: Der erste ist noch nicht aus Jyekundo zurück, wo wir ihn getroffen hatten, der zweite trägt Zivilkleidung und ähnelt eher einem Polizisten als einem Mönch, und der dritte ist jener gutaussehende, hochgewachsene, sanft und scheu wirkende Mann, der das Ritual leitet.

Um 5 Uhr nachmittags begeben wir uns zum Festplatz. Wir filmen eine schöne Tibeterin und ihren Mann, die damit beschäftigt sind, ein weißes, an den Ecken schwarz gestreiftes Zelt aufzubauen. Erst schlagen sie die Stangen in den Boden, dann spannen sie die Schnüre, und mit einem Ruck werfen sie das Zelt darüber. Spektakulär! Jeanne und ich setzen uns einen Augenblick in die Sonne. Wir haben eine Überraschung parat für Sybilles Geburtstag: Wir waren im Dorf und haben in einem chinesischen Laden zwei Schönheitscremes, ein Stück Seife, geblümte Handtücher und ein kleines Kopfkissen erstanden. Doch das Hauptgeschenk ist jenes wunderschöne Reliquiar aus Silber, mit einem Türkis obendrauf, das ich in der Markthalle von Jyekundo gekauft hatte. Man kann es, wie man es bei vielen Tibetern sieht, wie ein Schmuckstück um den Hals tragen.

Um 19.30 Uhr filmen wir Straßenzenen. Am Rande des Dorfes sehen wir Yakherden von den Bergen herunterkommen; von weitem sieht das aus wie ein auf einem grün-gelben Löschblatt langsam verlaufender Tintenfleck.

Der Yak ist der Notanker der Hochplateaus und eine der wichtigsten Versorgungsquellen des Landes. Er liefert Fleisch und Milch, aus seiner Wolle, die sich zum Spinnen und Weben eignet, werden Zelte, Seile und Decken gemacht, und seine Haut kann in Form von Leder vielseitig verwendet werden: für Taschen, Gürtel, Bucheinbände, ja sogar zum Bau extrem leichter Kanus, mit denen die reißendsten Wasserläufe zu bewältigen sind. Er ist auch Tragetier und Transportmittel. Häufig sieht man auch ganze Dzo-Herden, eine Kreuzung zwischen Yak und Kuh; das weibliche Tier, das Dri, liefert die Milch für Joghurt und Butter.

Die volkstümliche Literatur ist voll von Legenden über die Yaks, und auch zu Sprichwörtern steuern sie ihren Teil bei. Eine nette Anekdote aus alten Zeiten berichtet, wie der unentbehrliche Yak zum ersten Mal nach Tibet kam:

„... Ursprünglich bewohnte er, wie sein Bruder, der Wasserbüffel, die warmen Ebenen Indiens. Eines Tages sagte der gewitzte

Yak zum Büffel, er würde gerne gen Norden ziehen, um für sie beide Salz zu holen. Doch da es sicher kalt werden würde im Norden, erbat er sich vom Bruder den Pelz. Der nach Salz gierende Wasserbüffel war mit dem Vorschlag des Yaks sofort einverstanden, und so machte sich dieser, mit dem geliehenen Mantel bekleidet, auf den Weg gen Norden. Dort angekommen erkannte der Yak, daß der Norden mit seinen endlosen Weidegründen, seinem klaren Wasser und all dem Salz ein wahres Paradies war für Büffel. Daher beschloß er, nie mehr zurückzukehren. Und aus diesem Grunde trägt der Wasserbüffel bis heute dieses schüttere Fellkleid. Und wenn Sie ihn anschauen mit seinem gesenkten Kopf und dem traurigen Gesicht, dann werden Sie begreifen, daß er noch immer auf die Rückkehr seines streunenden Bruders wartet..." (aus: *Un cavalier dans la neige,* Ed. Maisonneuve).

Die braune Flut der Yaks vermischt sich mit den weißen Schaf- und Ziegenherden. Der Tag geht zur Neige, die Reiter kehren in den Pferch zurück. Im moslemischen Restaurant steigt Sybilles Geburtstagsfeier... Der Chef bestand darauf, seine besten Speisen aufzutragen. Allgemeines Singen. Ich weiß nicht, warum mir die Atmosphäre nicht behagt. Die Chinesen gebärden sich hysterisch und machen zu viel Lärm. Vor laufender Kamera überreiche ich Sybille ihre Geschenke. Herr Wang hat tibetische Sänger hergebeten, die er auf dem Festplatz getroffen hatte. Die Bauern aus dem Dorf kommen herbei und schauen zu. Sie singen sehr kurze, von einer mit nur zwei Saiten bespannten Geige begleitete Volkslieder.

Doch es paßt ihnen nicht, dies vor den Chinesen zu tun. Ich spüre, daß sie aggressiv sind, und an ihrer Art, wie sie diese betrachten und dabei lachen, wird mir klar, daß sie sich in feindseligen Äußerungen ergehen. Wir fordern sie auf, ein Glas mit uns zu trinken und an unserem Festmahl teilzunehmen. Das Essen lehnen sie ab, und auch das Glas Bier kippen sie auffallend hastig hinunter. Mit lautem Knall stellen sie das Glas auf den Tisch zurück und lassen eine Schimpfkanonade an die Adresse der Chinesen los. Am liebsten würde ich alle Tibeter, die uns umringen, einladen, Bettler, Kinder, Frauen und Männer aus dem Dorf. Die Chinesen sind abweisend. Gyurme wirkt bockig. Snafu ebenfalls. Das Verhalten der Chinesen, die sich als Herren über dieses Land aufspielen, schockiert sie. Außerdem mißbilligt Gyurme die Vielzahl der Speisen, die hier vor den Augen der hungrigen Tibeter aufgetragen werden; er hält das für eine Provokation. Dieses Problem stellt sich allerdings tagtäglich. Die Chinesen sind an Mengen und an eine Vielzahl von Speisen gewöhnt. Für uns ist es immer zu üppig . . .

3. August

Aufstehen um 7.30 Uhr. Ich fühle mich elend und deprimiert: mangelnde Zuneigung. Manchmal ist es hart, der Chef zu sein. Man verlangt nach seiner Anwesenheit, seinem Urteil, seinem Gefühl für die winzigsten Dinge, holt seine Erlaubnis ein, läßt sich beglückwünschen . . ., um es ihm später vorzuwerfen, indem man ihn deutlich spüren läßt, daß man ihn nicht braucht und daß alles besser laufen würde, wenn er nicht da wäre. Der Idealzustand wäre, wenn jeder seine Aufgabe übernähme und sie intelligent ausführen würde.

Frühstück bei unserem Moslem; die Chinesen haben sich alle im Saal des Restaurants breitgemacht, und ich muß mich wirklich anstrengen, daß sie meinen Gruß überhaupt erwidern. Wie uncharmant . . . Da sie nicht zusammenrücken, um mir ein bißchen Platz zu machen, setze ich mich nach draußen unter die aufgespannte Plane. Der Regen geht zwar durch, aber das ist immer noch erträglicher als die Launenhaftigkeit dieser Herren.

Das Fest beginnt erst morgen, daher werden wir heute einmal, ein paar Kilometer vom Dorf entfernt, unsere rollende Wagenkolonne filmen. Auf dem Rückweg begegnet uns eine Mönchskarawane, rund fünfzehn Mönche, hoch zu Roß; sie ziehen zum Fest nach Shewu. Der Reiter an der Spitze trägt Gelb, eine Farbe, die dem Festgewand vorbehalten ist und in der Klosterhierarchie einen gewissen Rang kennzeichnet. Er trägt auch einen Hut von sehr alter Tradition, der aus Holz oder Pappmaché zu sein scheint und rundum vergoldet ist. Er blickt starr in die Kamera, sein Gesicht ist glatt und undurchdringlich, doch seine Augen verraten eine Spur von Neugierde. Die Kamera folgt ihnen, jetzt sehen wir sie von hinten. Der Rinpoche, das heißt der „sehr kostbare Lehrer", trägt ein „Gau", ein Reliquiar, an einem Band über dem Rücken, ein wunderbar gearbeitetes Stück.

Wie erhaben sie wirken, diese Reiter in roten Gewändern, ihre prallen Satteltaschen, das Geräusch der Hufe auf der sandigen Piste . . . Diese absolut stimmige Vision aus einem anderen Zeitalter ist die von so vielen Reisenden beschriebene „Reise des Lamas". Welchen Charme hat doch dieses Land, wo man zu

Pferde sich frei bewegen kann, eine unschätzbare Freiheit! Ich laufe voraus und ducke mich in ein Sandloch am Flußufer, um ihnen verständlich zu machen, daß sie gefilmt werden und an der Böschung entlangreiten sollen.

Mittagessen. Siesta. Ich habe Fieber, laut Jane einen Anflug von Rippenfellentzündung. Heute nachmittag wird Jeanne mich bei den Dreharbeiten in der Zeltstadt auf dem Festplatz vertreten. Allerdings beginnt auch sie schon zu kränkeln. Bei Einbruch der Nacht zwinge ich mich aufzustehen, um eine Aufnahme von Jeanne, Jane, Alice und mir auf der Terrasse beim Kartenstudium im Schein von Fackeln zu machen, wo wir den Weg besprechen, den wir von Shewu kommend einschlagen wollen.

Wir werden den Kham verlassen, um in die Provinz Amdo vorzustoßen, die Alexandra David-Néel mehrfach bereiste und die sie „die große Graswüste" zu nennen pflegte. Hinter dem Paß wird es vorbei sein mit den schluchtartig eingeschnittenen und grünenden Tälern des Kham, einer noch recht dicht besiedelten Provinz mit vielen Anbauflächen. Nun also werden wir ausgedehnte Weide-, See- und Sumpfflächen entdecken und echte Nomaden, die mit ihren Herden ziehen, kennenlernen.

Vor dem Abendessen drehen wir noch eine weitere Szene auf der Terrasse: der Schneider, der Bügler, die Mama und das kranke Nachbarskind, das Jane nun endlich untersucht. Schneider und Bügler sitzen zu beiden Seiten der Kranken. Der eine näht, der andere bügelt, kein Wort fällt. Seit heute früh wahrt der Bügler den Lotossitz; ein flaches Brett auf den Knien, das Eisen in der Hand arbeitet er im Rhythmus der verstreichenden Zeit! Das Eisen ähnelt jenen alten Plätteisen aus Bronze, mit denen wir als Kinder spielen durften, was die Szene für uns um so reizvoller macht.

Ich werde mir doch einen Ruck geben und im kleinen moslemischen Restaurant zu Abend essen, denn wenn ich mich gehen lasse, fürchte ich, wirklich krank zu werden. Doch um den Schnarchern und Gyurmes frühmorgendlichen Gebetshandlungen zu entgehen, werde ich heute nacht im Zimmer von Alice, Sybille und Jane schlafen!

Eine quälende Nacht. Ich kann nicht schlafen, habe den Eindruck, zu ersticken, Fieber.

4. August

Alles Liebe zum Geburtstag, Mama! Ich denke an Dich, daheim in den Cevennen. Wie gern hätte ich die Gabe, allgegenwärtig zu sein wie manche Lamas, dann könnte ich heute mit Dir feiern. Ich hoffe, daß meine Brüder bei Dir sind. Wie gut es mir täte, bei Euch zu sein, vor allem heute. Ich stehe auf, trotz meines Zustandes. Jetzt ist Jeanne auch krank. Sie hustet, krächzt und putzt sich die Nase. Wir sind wirklich taufrisch! Alice muß heute morgen noch im Bett bleiben. Asthmatische Bronchitis. So Gott will, werden wir morgen wieder fit sein. Wir beschließen, uns zumindest bereitzuhalten, um im Nomadenzeltdorf zu drehen, falls dort ein Pferderennen stattfinden sollte. Zum ersten Mal seit Beginn unserer Reise ist der Himmel völlig bedeckt und düster. Ohne Sonne ist es gleich viel, viel kälter in diesen engen Tälern.

Von unserem Haus aus überwache ich mit dem Fernglas das Lager und den Festplatz. Der Rest des Teams geht im Dorf spazieren. Ohne mich davon in Kenntnis zu setzen, hat Christoph ein Travelling mit vier oder fünf Pferden organisiert, die er heute früh im Dorf aufgetrieben hat und nun auf der Straße an der Kamera vorbeiziehen läßt. Ich bin innerlich wütend. Nurith hat sich mit Claire und Sybille in den roten Materialwagen geschwungen und ist abgehauen. Ich ersuche Jeanne, den blauen Jeep zu holen und sich an ihre Fersen zu heften. Wütend über ein solches Durcheinander begebe ich mich wieder auf unsere Terrasse und entdecke, dank meines Fernrohrs, daß alle Dorfbewohner ihre schönsten Pferde gesattelt haben. Auf dem Festplatz zeichnet sich Bewegung ab, Reiter umrunden eine Feuerstelle, eine Art Kamin aus getrocknetem Lehm, in dem Weihrauch und Wacholderzweige brennen. Dieses Ritual, das die Tibeter tagtäglich in den Höfen ihrer Häuser vollziehen, dient zur Anrufung und gegebenenfalls auch zur Beruhigung der Schutzgottheit. Die Mönche der drei Sakya- und der zwei Kagyu-Klöster nehmen hier jetzt teil. Neben den vier Hauptschulen Nyingmapa, Sakya, Geluk und Kagyu gibt es im tibetischen Buddhismus noch zahlreiche weitere Schulen und Überlieferungszweige, die aus der unterschiedlichen Interpretationsweise der aufeinanderfolgenden Lehrmeister hervorgegangen sind.

Und hier bietet sich mir nun die schönste Szene, die ich jemals sah. Die festlich gekleidete, berittene Menge galoppiert, wilde Schreie ausstoßend, rund um die Feuerstelle. Mindestens sechzig

Pferde dürften es sein. Dann vollziehen die Mönche, singend, die Umrundung; das dürfte die Eröffnung und Weihe des Festes sein. Ich rase zu Snafu und befehle ihm, per Jeep mein Team zusammenzuholen – nicht einmal Jeanne kommt zurück. Auch die restlichen drei Fahrer sind natürlich unauffindbar, entweder pennen oder saufen sie irgendwo! Wenn sie uns wenigstens ihre Wagen fahren ließen – aber nein, das ist ihr kostbarstes Gut, nicht einmal auf den Fahrersitz darf man sich vorwagen! Je weniger sie leisten, um so besser fühlen sie sich . . . Ich warte zehn Minuten, eine Viertelstunde, und dann nehme ich allein, ohne Kamera, stinkwütend, an der Zeremonie teil. Als das Team schließlich eintrudelt, gnädigst wieder auftaucht, verlange ich von Christoph, nie mehr eigenmächtig zu handeln und sich gefälligst an die morgens getroffenen Vereinbarungen zu halten. Er macht ein saures Gesicht, wartet aber bis zum Mittagessen, wo wir alle versammelt sind. Ich lasse die Bemerkung fallen, niemand habe das Recht, irgendwo etwas zu filmen, ohne mich vorher verständigt zu haben. Jetzt bekommt Christoph einen Wutanfall. Ich auch. Die Chinesen machen sich ganz klein. Das Team droht, die Dreharbeiten abzubrechen. Schreie und Tränen, aufgeregtes Hin und Her. Jeanne steht mir, wie immer, zur Seite, lieb und verständnisvoll.

Zwei Tage schon entladen Busse und Lastwagen tibetische Festteilnehmer. Ganze Familienverbände bauen ihre weißen Zelte auf, Einzelreisende steigen in dem kleinen Hotel im Dorf ab, das eine Raststation, ein Ort der Begegnung ist. Chinesen sieht man so gut wie gar nicht. Daher auch keine Spannungen. Die Atmosphäre ist ungezwungen und bäuerlich, viel herzlicher und lockerer als in Jyekundo.

Um uns gefällig zu sein, hat der Rinpoche die Reiter ersucht, das Wettschießen schon heute anstatt erst morgen aufs Programm zu setzen. Sie sind einverstanden, und so können wir ein paar Großaufnahmen machen, wo sie auf Papierscheiben, die ins Gras gesteckt sind, zielen. Ein seltener Zwischenfall: Ein Pferd bekommt einen Schuß in die Gamasche, ein tiefes, vom Schießpulver ausgebranntes Loch. Jane behandelt es, die Kinder machen runde, staunende Augen. Wir filmen die Szene. Sie wird auch den Rinpoche behandeln, der ihrer Meinung nach an Leber- oder Lungenkrebs leidet. Der zweite Tulku hat eine Rippenfellentzündung und der jüngste, wie seine Frau, Tuberkulose.

Von allen Wettstreitern ist er der geschickteste und anmutigste. Im vollen Galopp neigt er sich fast bis zum Bauch des Pferdes hinab, zielt mit seinem Gewehr auf die winzige, im Boden festgesteckte Scheibe, richtet sich wieder auf, stolz, ins Schwarze getroffen zu haben, und wirbelt, mit fliegenden Zöpfen und auf immer noch galoppierendem Pferd, seine Waffe im Kreis. Es ist atemberaubend!

Abendessen, nur unter Frauen. Nurith, Claire und Sybille machen sich nach dem Essen auf, um den Chinesen einen Besuch abzustatten. Sie schlafen auf der anderen Seite der Straße in einer dieser widerwärtigen Garnisonen. Sie kommen spät in der Nacht heim. Morgen werden sie müde sein . . . Was mich anbetrifft, so fühle ich mich schrecklich frustriert, weil ich es nicht schaffe, die Arbeit und das Vergnügen, nämlich ein Volk, die Tibeter, zu entdecken, unter einen Hut zu bringen. Diese ewige Rennerei! Warum nicht eine Woche länger hierbleiben? Das moderne Leben, das uns nicht einmal hier aus seinen Fängen läßt, erscheint mir manchmal geradezu absurd, insbesondere gegenüber diesem Leben hier, das aus Urzeiten stammt und sich vor unseren Augen abspielt.

1922 verläßt Alexandra endlich Jyekundo (sie sind zu viert, mit Yongden und zwei Dienern) und zieht gen Norden und auf Matö (Mado) zu, eine Stadt, die damals allerdings noch nicht existierte. In dieser Region tritt der bis dahin in unzählige kleine Wasserläufe zersplitterte Gelbe Fluß buchstäblich zutage, um sich in zahlreichen Mäandern über die gesamte Provinz Amdo zu verbreiten.

Reisetagebuch 2: „. . . In etwa zwei Wochen werde ich höchstpersönlich wieder nach Sining aufbrechen. Du wunderst dich vielleicht über diese Rückkehr zu meiner alten Behausung. Ich tue es absolut nicht freiwillig, doch ich sehe kaum mehr ein anderes Mittel, aus diesem Jyekundo wegzukommen . . ."; „Unterwegs werde ich die Quellen des Gelben Flusses aufsuchen, in einer wüstenartigen Landschaft, wo es in etwa 4700 m Höhe große Seen gibt. Wir müssen noch Yaks kaufen, als Träger unserer Ausrüstung bei dieser langen Reise. Für drei Monate Proviant werden wir wohl lieber mitnehmen . . ."

5. August

Abfahrt aus Shewu um 9 Uhr. 300 bis 350 Kilometer liegen vor uns. Der Himmel ist bedeckt, und es ist kalt. Wir rollen zum ersten Paß in mehr als 4000 m Höhe hinauf. Die von den Zuflüssen des

Changjiang ausgehöhlten Täler haben wir hinter uns gelassen. In einem Naturkorridor fahren wir einen Zufluß des Yalung (Dzachu) entlang bis zum nächsten Paß. Im Grunde genommen befinden wir uns auf der Höhe der Wasserscheide. Rings um uns beginnt die Steppe. Zunächst noch sind es sanfte Hügel, die von kurzem Gras überzogen sind, doch bald schon sehen wir riesige, abgeschiedene Weiten. Auch die Straße schlängelt sich nicht mehr, sie verläuft jetzt schnurgerade. Zu beiden Seiten stehen schwarze Nomadenzelte; sie sehen aus wie fette Spinnen. Sie sind schwarz wie das Yak-Fell, aus dem sie auch gewebt sind, und haben keinerlei Ähnlichkeit mit den weißen Baumwollzelten, mit denen bei Festlichkeiten geprunkt wird. Gewaltige Seile aus Yakdarm verankern sie am Boden; doppelt vertäut an senkrechten und waagerechten Stangen trotzen sie dem Wind.

Wir machen unterwegs mehrmals halt, um Yak-Karawanen und ihre prachtvollen berittenen Khampa-Hirten zu filmen. Rauch steigt auf über einem großen weißen Zeltlager. Reiter begeben sich dorthin; in Kato wird ein Fest gefeiert, wieder einmal. Ein Mädchen mit seiner Ziegenherde kreuzt unseren Weg. Hinter ihr befindet sich ein großes Nomadenzelt. Wir klettern aus den Wagen und treten näher. Die ganze Familie steht vor uns. Sie sehen großartig und urwüchsig aus: ein kleiner Junge in einem gewendeten Schaffellmantel, ein anderer mit Lausbubengesicht und einer für ihn viel zu großen Mütze, ein Mädchen, von Kopf bis Fuß bezopft, weil das Haar so lang ist, ein Mann, vermutlich der Vater, mit einem prachtvollen Hut und einer breiten, hochroten Schärpe um die Taille und eine junge mit Türkisen und Korallen behangene, kichernde und scheue Mama, die mit den Kindern im Zelt verschwindet, um sich zu schmücken, sobald sie begriffen hat, daß wir sie fotografieren wollen. Dem kleinen Jungen hängt sie ein Reliquiar um den Hals, das ein Foto des Ngakpa von Shewu enthält, den wir erst vor kurzem verlassen haben. Sie sagen, daß sie aus einem Dorf der Umgebung gekommen sind. Tatsächlich gibt es zwei Arten von Nomaden: diejenigen, die das ganze Jahr über mit ihren Herden auf Nahrungssuche die großen Weiten durchstreifen, und die Halb-Nomaden, die im Sommer auf den Weideflächen kampieren und, nachdem Wolle und Fleisch verkauft sind, in ihre Häuser zurückkehren, um dort den Winter zu verbringen. Diese Familie gehört zu den Halb-Nomaden. Sie stellen sich vor uns auf und rühren sich nicht mehr, mustern uns aber schweigend. Nachbarn kommen hinzu. Gyurme spricht mit ihnen.

Endlich in Tibet!

Ich nehme meine Polaroid und schenke jedem eine Aufnahme. Wie ein Wunder betrachten sie das nach und nach hervortretende Bild. Nurith filmt sie unterdessen. Das wird bestimmt eine einmalige und geheimnisumwobene Sequenz ergeben. Sie haben noch nie Ausländer gesehen. Die Landschaft wird immer grüner. Weite flache Horizonte, von den zahlreichen Nomadenzelten braun gefleckt. Weit und breit kein Baum, doch Tausende von gelben Wiesenblumen.

Um 15 Uhr erreichen wir eine „Western"-Stadt namens Domda (Quinshuihe). Ich besuche das Hospital, ein verfallenes Gebäude mit einem großen roten Kreuz und abbröckelnder Fassade. Ich trete ein. Strohbedeckte Pritschen in einem Gemeinschaftssaal; in der Nähe der Tür ein Haufen Yak-Fladen, um die Öfen zu heizen. Säuglinge, junge und alte Frauen und ein Greis, der unaufhörlich hustet, Tuberkulose vermutlich. Die Haare der Männer und Frauen sehen wie Wollknäuel aus. Die Läuse dürften darin tanzen! In einem anderen Raum ist ein Grüppchen von drei Tibetern zu Besuch bei einer jungen Frau, die wohl ebenfalls an Tuberkulose leidet. Sie trägt bestickte Gewänder, jeder ihrer Zöpfe ist mit einem Elfenbein-, Korallen- oder Türkisring, mit einem Silber-, Kupfer- und Goldschmuckstück verziert. Auch in einen anderen Raum stecke ich meine Nase. Vor einem dreibeinigen Tisch sitzt ein bebrillter Chinese von etwa dreißig Jahren, der anhand eines hölzernen, mit Kügelchen bestückten Rechenbretts etwas addiert. Kein Medikament ist im Saal zu sehen, nur ein mit dreckiger Watte vollgestopfter Behälter. Der Boden ist mit Unrat übersät. Der Chinese ist erstaunt, mich hier zu sehen. Ich frage ihn auf tibetisch, wo der Doktor sei, er zeigt auf seine Brust, um mir zu bedeuten, das sei er. Er schämt sich ganz offensichtlich, gibt mir per Handzeichen zu verstehen, ich solle verschwinden, und drängt mich dann schlichtweg hinaus. Als er das Team und die Kamera bemerkt, schließt er schleunigst die Tür dieses sogenannten Hospitals.

Die chinesische Mannschaft treffen wir auf der Dorfstraße wieder; wir essen in einem hübschen moslemischen Lokal; an den Wänden kitschige symmetrische Plakate, die Tür hat die Form eines riesigen Schlüssellochs, darüber hängt ein Kreuz. Beim Verlassen des Lokals werden wir Zeuge einer heftigen Auseinandersetzung zwischen einem Lastwagenfahrer und einem Armeeangehörigen. Der Uniformierte droht dem Tibeter mit Erschießen. Diese Szene stimmt uns düster. Wir begreifen nicht so recht, was vorgeht. Wir springen auf die Wagen und machen uns mitsamt unseren wieder einmal unwilligen Chinesen aus dem Staub. Es ist spät, sie fürchten, die für den Abend vorgesehene Etappe nicht zu erreichen, keinen Platz zum Essen und Schlafen zu finden.

Es geht weiter bergauf und über den mehr als 5000 m hohen Bayankala-la-Paß. Hier soll die natürliche Grenze zwischen Kham und Amdo verlaufen, doch keine Karte hat diese Grenze je verbindlich ausgewiesen. Auf dem Paß sammeln wir „Lung-tas" auf, Papierfetzen, die mit Gebeten und dem Zeichen des Pferdes bedruckt sind und die die Leute bei Überquerung des Passes niederlegen, um — wie mit den Steinchen auf den „La Tses" — den Göttern für ihren Schutz bei der Reise zu danken. Diese Gebete verstreut der Wind rings um den Paß und bis ins Unendliche. Ein gewitterschwarzer und von einem Regenbogen durchzogener Himmel umgibt uns. Wir rollen über ein weites, kahles Plateau. Zelte sieht man kaum mehr. Es ist sehr kalt. An verschiedenen Stellen treten Schneeflecken zutage. Das Terrain ist wie ein Schwamm mit Wasser getränkt, fast schon sumpfig. Wieder geht es bis auf 5000 m hinauf und über einen weiteren Paß. Jenseits schimmert aus dem Gestein herrlich gelber Mohn, weiter unten blitzen wilde Stiefmütterchen und dunkelblauer Ginster. Dann kommt ein kleiner Weiler, wo Pilger eine Ansammlung von Gebetsmasten umrunden, ein Anblick, der in diesen versteppten Weiten fast wie eine Halluzination anmutet, uns aber schon nicht mehr wundert. Von dort aus geht es weiter in eine hügelige Region mit einer Vielzahl von Seen und Wasserflächen, eine für diese Region typische Landschaft. Dann der letzte Paß, von wo aus wir eine von kleinen blauschillernden Seen, die „Taras Tränen" genannt werden, getupfte Mondlandschaft filmen. Und nachdem wir noch bei Eiseskälte und stürmischem Wind den Gelben Fluß gefilmt haben, erreichen wir endlich Matö.

Matö ist eine abscheuliche, zwei Kilometer abseits der Hauptroute an einen Hügel geklebte Stadt. Sie wurde vermutlich in den sechziger Jahren erbaut, wie all diese Garnisonsstädte, in denen man die Nomaden der Region seßhaft machen wollte. Eine Art Monsterkino beherrscht die Stadt, diese Ansammlung von Bergarbeiterkaten; wir schlafen im übrigen auch in den Gebäuden des ehemaligen Bergbauzentrums; zur Hälfte ist es verfallen, die aufgebrochenen Räume sind voller Kohlenstaub. Unsere Zimmer sind trostlos, man bringt uns Thermosflaschen mit warmem Wasser. Die Betten ähneln Gefängnispritschen.

Die Toiletten sind Gräben im unbebauten Gelände rings um das

Camp. Mit verbissener Miene hocken wir uns in die Kälte und trotten zum Abendessen in die Militärkantine.

Unser chinesischer Chauffeur Wang wird heute fünfzig. Ich schenke ihm einen schönen bordeauxroten Wollpulover mit einem gestickten grünen Straußenvogel auf dem Rücken, aus Frankreich mitgebracht. Die sieben Grazien bitten ihn an ihren Tisch, wir prosten ihm zu, singen und umarmen ihn. Sobald das Essen vorbei ist, flitzt er davon, um schlafen zu gehen. Sybille, Nurith und Claire bleiben noch mit den Chinesen sitzen. Jane, Alice, Jeanne und ich trotten zurück zu unseren Elendsquartieren. Die Nacht ist eisig.

6. August

7 Uhr. Mühsames, doch hastiges Aufstehen: ein abscheulicher Geruch, ein Gemisch aus Kohle, Urin und Staub, fährt uns in die Nasenlöcher und von dort aus geradewegs in die Lungen. In der Kantine knallen uns Soldaten einen Kessel Fischsuppe vom Vorabend auf den Tisch. Stinkige Brühe mit Gräten darin, weiter nichts.

Zum Glück zaubert Snafu Müsli, Kakao-, Milch- und Kaffeepulver aus seiner Tasche. Indem ich in meiner Schale die diversen Zutaten mit kochendem Wasser verrühre, braue ich mir einen tollen Brei. Das füllt den Magen und ist Aufbaunahrung!

Um 9.15 Uhr fahren wir los zum ersten der beiden Seen, dem Ngoring; bis dahin sind es siebenundfünfzig Kilometer. Alexandra David-Néel erwähnt ihn in *Heilige und Hexer. Glaube und Aberglaube im Lande des Lamaismus;* bei ihrer Reise von Jyekundo nach Xining im Jahre 1922 zog sie an seinem Ufer entlang. Die Piste ist in sehr schlechtem Zustand, und wir werden wohl fast drei Stunden brauchen, bevor wir den See erreichen.

Vor uns liegt ein riesiges Plateau, ein tiefer schwarzer Himmel, doch am Horizont ein blauer Streifen, der die beschneiten Kämme der Bayankala-Kette, die wir gestern abend überquert haben, hervorhebt. An ihrem Fuße befindet sich die Quelle des Gelben Flusses. Wir begegnen einem Traktor, der – wie so häufig in Tibet – als Überlandbus fungiert. Die Fahrgäste sind chinesische Goldsucher. Kaum hatten sie das tibetische Plateau erobert, haben die Chinesen sich nämlich mit Feuereifer darangemacht, die Ausbeutung der verschiedenen und reichen Erzvorkommen, die das Land birgt, zu organisieren. Mindestens eintausendfünfhundert Männer wühlen da im Sand.

Dann endlich der See, riesig, sechshundert Quadratkilometer. Weiter bergauf gibt es noch einen kleineren, den Kyaring-See. In diesen mündet ein Fluß, der das Wasser von fünf natürlichen Quellen in sich vereint. Daher spricht man häufig von den Quellen des Gelben Flusses. Sobald dieser Fluß aus dem Kyaring hervorkommt, um den Ngoring zu durchqueren, ist er auch schon zum Huang Ho für die Chinesen, zum Ma Chu für die Tibeter und zum Gelben Fluß für uns geworden.

Wir drehen „Ankunft der Fahrzeuge am See". So weit das Auge reicht, erstreckt sich sein Wasser, die Landschaft ist unglaublich eben. In diesem Süßwassersee auf 3000 m Höhe spiegelt sich der Gewitterhimmel. Links von uns steht ein Zelt, nicht von Nomaden, sondern von Ingenieuren der Regierung, die in offiziellem Auftrag den See und die Quellen erforschen, dort drüben ein Barackenlager, das als Fischereidepot genutzt wird, wenn im November ganze Völkerscharen per Lastwagenfuhren hier einfallen, um beim Fest des gefrorenen Fisches den schuppenlosen Karpfen zu angeln. Ausgehungert harren wir der von unseren Chinesen versprochenen Fischsuppe. Die Hüter dieses Schuppens helfen ihnen beim Feuermachen und bei der Zubereitung der Mahlzeit. Der Fußboden besteht aus feuchter, schwarzer und glitschiger gestampfter Erde. Das Gefäß, in dem die Biester garen, starrt vor Dreck, und der Geruch, der daraus aufsteigt, ist widerlich. Wir beschließen, unser Mittagsmahl zu filmen.

Während wir die Kameras vorbereiteten, hat die chinesische Mannschaft sich mit Fischen vollgestopft, ohne auf uns zu warten. Uns haben sie das Spülwasser übriggelassen. Diese Rüpel! Ich schnappe mir Liu, den „Belgier", drohe ihm, werde ausfallend und schleudere ihm autoritär ins Gesicht: „Ich verlasse mich auf Sie, daß ein solches Benehmen nicht noch einmal vorkommt! Sie haben Ihre Mahlzeit zur gleichen Zeit einzunehmen wie wir!" Die Chinesen schauen betreten drein, doch wir haben Hunger. Nach diesem mageren Mahl auf dem Boden von ein paar umgestülpten Booten brechen wir auf, um die prachtvollen Landschaften zu filmen, die wir auf dem Weg nach hier durchfahren hatten. Die Seeufer sind zu sumpfig, als daß es uns reizen würde, sie noch weiter zu erforschen . . . Und der Rückweg wird lang sein, denn nach Matö fahren wir weiter bis zum neuerbauten Huashixia, unserem heutigen Etappenziel, von wo die Route zum Amnye Machen abzweigt.

Endlich in Tibet!

Der Feldweg ist hervorragend, von schwarzem Gewitterlicht überstrahlt. Hier und da sanfte Täler, deren Grün ins Smaragd übergeht, Nomadenzelte, weiße oder schwarze Herden mit unvergeßlichen Aureolen von einfachen oder doppelten Regenbogen, die uns Tore zum geheiligten Berg, zum Amnye Machen, zu sein scheinen. Doch heute abend werden wir ihn nicht sehen können, er ist unter Wolken verborgen. Gyurme erklärt uns, Machen bedeute „Großer Gelber Fluß" auf tibetisch, und Amnye sei ein in die Alltagssprache übergegangener Ehrentitel, mit dem die auf dem Berg residierende Gottheit Machen Pomra angeredet werde.

Wenig wurde geschrieben über diesen heiligen Berg, dem zweiten nach dem Kailash in West-Tibet, der Hinduisten und Buddhisten als das Zentrum der Welt, als die Achse des Universums gilt. Wir wissen, daß auch hier die Pilger die Khora, die Bergumrundung, vollzogen und daß man dazu mehr als sieben Tage benötigte. Wenn der Kailash vergleichbar mit einem aus dem tibetischen Hochland einsam aufragenden Kegel ist, der sich in ein oder zwei Tagen (zweiundfünfzig Kilometer) umrunden läßt, so weist die Kette des Amnye Machen mehrere Gipfel auf, was automatisch eine längere Strecke ergibt, die es zurückzulegen gilt. Wir wissen nicht genau, von wo aus man starten muß, und all diese Informationen gedenken wir uns in Huashixia zu holen. Wir haben das Buch von *J. F. Rock* bei uns, eine ausführliche Beschreibung dieser Region, die er bei einer Reise in den zwanziger und dreißiger Jahren verfaßte. Um so mehr wundern wir uns, daß die anderen Reisenden diesen Berg nur selten erwähnen. Sehr wenige haben sich an ihn herangewagt. Warum? Alexandra erwähnt ihn häufig. Sie kam mehrmals an ihm vorbei, sogar recht nahe, doch niemals hat sie sich ganz vorgewagt. War es das überaus unzugängliche Gelände oder waren es doch vielleicht die Goloks, diese wilden Nomaden und legendären Krieger, die sie zurückweichen ließen?

Ankunft in Huashixia, der von den Chinesen erbauten Stadt, im Laufe des Nachmittags. Da die Amdo-Region mit ihren riesigen Flächen im wesentlichen für Viehzucht bestimmt war, haben die Chinesen an den Hauptachsen Siedlungen errichtet, um die Nomaden, über die sie weder Kontrolle noch Autorität besaßen, zur Seßhaftwerdung zu verleiten. Diese seelenlosen Häuseransammlungen reduzieren sich auf die Hauptstraße mit kleinen Läden zu beiden Seiten, in denen Alkoholika vertrieben werden; ansonsten gibt es nur noch die Billardtische unter freiem Himmel. Huashixia liegt am Hang eines felsigen Hügels, aus dem mächtige Granitblöcke hervorragen, auf denen farbige Mantras zu erkennen sind. Am Straßenrand schreiten zwei Mönche gemessenen Schrittes auf den heiligen Berg zu. Auf der Schulter tragen sie ein leichtes, an einem Stab befestigtes Bündel.

Was für eine Enttäuschung! Gestern abend hatte Christoph uns unsere Herberge als ein „typisch tibetisches Hotel, reizend ausgestattet und mit warmem Wasser versehen" geschildert. In Wirklichkeit bekommen wir Zimmer, die, das gebe ich zu, nicht unsympathisch wären ohne den unbeschreiblichen Dreck. Über einer „Stroheinstreu" liegen dreckschwarze Laken, die nach Fußschweiß stinken; die stellenweise zerrissenen Decken sind kaum ansehnlicher, und die Kopfkissen riechen nach Wollfett. Ich setze all meine Hoffnung auf einen Schlafsack, den ich aus dem LKW hervorgezerrt habe. So werde ich mich wenigstens gegen den Schmutz schützen können. Doch es erweist sich, daß er mit Benzin und Wagenschmiere getränkt ist . . .

Wir gehen zum Essen, genau gegenüber unseres Palasthotels. Der Raum mit sehr niedriger Decke hat einen Boden aus gestampftem Lehm. Die Tische mit ihren fettigen Resopalplatten sind wackelig. Ein kleines vergittertes Fenster läßt das letzte Abendlicht herein. Eine schwache Glühbirne baumelt von der Decke und wirft schmutziggelbe Schimmer. Die Küche erinnert an ein Dampfbad; undeutlich erahne ich eine junge Chinesin, die mit Schöpfkellen in rauchenden Wannen herumfuhrwerkt. Doch wir schlingen sie hinunter, diese köstlichen Nudelsuppen, die uns wieder auf die Beine bringen. Und mit den chinesischen Pijiu-Bieren trinken wir uns sogar einen kleinen Rausch an. Wo sind wir da bloß hingeraten? „Ins Arschloch der Welt", posaunt Alice. Sie ist außer Rand und Band und spielt jetzt die Comtesse. Sie ist eine Verwandlungskünstlerin, man könnte darauf hereinfallen! Am Abend beschert sie uns noch eine vergnügliche Vorstellung, und der Kontrast zwischen dem, was sie spielt, und unserer Situation hier entfesselt Lachanfälle, die gar nicht mehr einzudämmen sind.

Die Nacht ist weniger lustig. Auf 4500 m Höhe habe ich Atembeschwerden, Druck auf der Brust, wieder Fieber. Ich schlafe ein mit der Vorstellung, Tiere liefen über mich hinweg. Heute nacht teile ich ein Zimmer mit Gyurme und Christoph!

Endlich in Tibet!

7. August

Ich warte in der Morgenkälte, bis besagte Herren mit ihrer Morgentoilette im Zimmer fertig sind. Ein Tibeter, die Nase gegen die Türscheibe gepreßt, starrt mich an. Das bringt mich in Rage. Ich kann mich nicht rühren und auch nicht waschen. Ich beschimpfe ihn auf französisch. Er begreift . . ., aber nicht schnell genug, und daher presse ich ein Handtuch gegen die Scheibe. Ich ersuche Zhou, mich das Zimmer wechseln zu lassen, ich will bei Alice und Jane schlafen.

Ich schlendere durch Huashixia; die Nomadenfrauen hier wirken anders. Sie tragen prächtige Ketten aus verschiedenen geschliffenen Steinen wie Achat, Onyx etc. Auch der ärmste Tibeter trägt einen mit Türkis oder Koralle gezierten Silber- oder Metallring. Diese Vorliebe ist Frauen und Nomaden gemeinsam. Als Marco Polo im 13. Jahrhundert an der Grenze von China und Tibet entlangkam, schrieb er: „In diesem Land ist die Koralle sehr gefragt und erreicht einen hohen Preis, denn die Bewohner hier lieben es, sie ihren Frauen und ihren Götzen um den Hals zu hängen." Ich kaufe einen tibetischen Ring, einen Türkis, eingepaßt in eine alte Silberfassung, und einen Rosenkranz für Snafu. Es regnet unaufhörlich. An Filmen ist nicht zu denken. Doch das ist keine Entspannung für uns. Im Gegenteil! Wir frieren, und in unseren eisigen Zimmern können wir uns ja wohl kaum ausruhen!

Christoph und Gyurme sind losgezogen, um unseren Aufenthalt in Tawu Zholma (Xiaodawu), sechzig Kilometer von Huashixia entfernt am Fuße des Amnye Machen, vorzubereiten. Dieses kleine Dorf wurde in eine Gemeinde umgewandelt, um auch hier Nomaden anzusiedeln. Sie kommen ganz aufgeregt zurück. Das Dorf leiht uns vierzehn Pferde und elf Yaks, und neun Tibeter werden uns bei der Überquerung der Bergkette begleiten. Übermorgen früh wird's losgehen. Da der Regen nicht aufhört, klettern Jeanne, Claire und ich zunächst einmal auf den hohen Hügel, der die Stadt überragt, um die in gewaltige Felsbrocken gehauenen Mantras zu bewundern.

Es ist ein gutes Training für die Fußmärsche, die uns erwarten. Der Höhenunterschied beträgt mindestens fünfhundert Meter, bevor man den Gipfel erreicht. Auf halber Höhe klafft eine breite Felsspalte, die eine Terrasse bildet. Direkt im Felsen finden wir ein großes Mantra, jeder Buchstabe in einer anderen Farbe; es funkelt in der Sonne. Ringsum flattern Gebetsfahnen, und ein behauener

Stein auf der Spitze stellt eine sorgfältig herausgemeißelte Gottheit dar. Je höher wir steigen, desto mehr Mantras finden wir; sie sind zwischen gewaltigen Felsbrocken in allen möglichen Ausbuchtungen versteckt, so daß wir sie von unten gar nicht sehen konnten. Offensichtlich gehört bereits dieser Ort zum Pilgerweg zum Amnye Machen.

Wir überblicken das ganze Tal des Gelben Flusses, der sich immer weiter ausbreitet; die Yak-Herden sehen aus wie Tausende mikroskopisch kleiner schwarzer Punkte. Wir denken an unsere „Chinesenfreunde", die im Hof des Hotels herumschlurfen. Wie wohl man sich fühlt, fern von ihrem Gequengel! Doch kaum sind wir zurück . . .

Zhou verkündet uns, eine tödliche Epidemie habe die Region heimgesucht. Die Fahrer weigern sich daher, auf uns zu warten, bis wir den Amnye Machen umrundet haben. Man wird nach Xining fahren müssen, um die Stichhaltigkeit dieser Gerüchte zu überprüfen und wieder herkommen, sofern sie unbegründet sind. Was für ein Zeitverlust! Wir versuchen zu verhandeln, während Jane zur Ambulanz geht, wo sie tatsächlich Leute sieht, die sich impfen lassen . . . Wir wissen nicht, was wir davon halten sollen, doch wir haben ja keine Wahl: Unsere Chauffeure haben beschlossen, die Flucht zu ergreifen! Der einzige, der bereit ist, uns trotz aller Skepsis zu begleiten, ist Herr Wang aus Xining, der ja immer gegen den Strom schwimmt. Heute macht er eher einen sympathischen Eindruck.

Lach- und Haßaufwallungen während des Abendessens. Die Chinesen wagen uns nicht anzublicken. Sie sitzen an einem anderen Tisch und haben sich eigene Schalen und Stäbchen besorgt, um nicht die des Restaurants benutzen zu müssen; nach der Mahlzeit waschen sie sie auch eigenhändig ab. Heute abend haben sie ausschließlich Reis bestellt, denn diese mysteriöse Krankheit, deren Namen sie uns nicht verraten wollen, überträgt sich durch Luft, Wasser, Fleisch und überhaupt alles! Es ist die Krankheit Nr. 5, die Chanel-Krankheit! Der letzte Schrei! Zhou ist beleidigt, er denkt, wir machten uns über sie lustig, was auch stimmt, und glaubten kein Sterbenswörtchen von ihrer Geschichte. Abends überraschen wir sie, wie sie in ihrem Zimmer ganz offensichtlich über den gelungenen Streich, den sie uns da gespielt haben, lachen. Das bestätigt uns in unserer Meinung: Sie haben uns einen Bären aufgebunden! Alices Fahrer, ein kleiner, auf Denunziation und Nervenkrisen spezialisierter Wichtigtuer, hat in der Ambulanz

Endlich in Tibet!

ein Plakat entdeckt. Es ist mehrere Jahre alt, doch ihm war es nützlich, um damit den anderen Kollegen einen Schrecken einzujagen. In Wirklichkeit hat keiner von ihnen die geringste Lust, uns in die unheimlichen Gefilde des Amnye Machen zu begleiten. Sie haben Angst und wollen uns zwingen, so schnell wie möglich nach Xining zu fahren, morgen früh schon, was unser ganzes Expeditionsprogramm über den Haufen wirft.

8. August

Um 7 Uhr Abfahrt nach Xining, bei Dunkelheit. Zum ersten Mal sind die Fahrer pünktlich, sie glauben an ihre Epidemie! Sie erklären uns, ihre Regierung verheimliche sehr häufig die Wahrheit bei Katastrophen. Das trifft – wie man weiß – leider zu. Diese Angst vor der Krankheit scheint sich hier allerdings zu vermischen mit der Angst, allein in Tibet auf uns warten zu müssen!

Vierzehn Stunden Fahrt liegen vor uns; über den Ausläufern des Amnye Machen geht prachtvoll die Sonne auf. Todtraurig ziehen wir von dannen, da wir ja nicht wissen, ob wir noch einmal hierher kommen werden. Wir fahren und fahren, immer weiter fort. In regelmäßigen Abständen werden wir Zeugen von üblen Unfällen; wir kommen an Fahrzeugwracks vorbei. Und plötzlich das Grauen: Da brennen zwei ineinander verkeilte LKWs und versperren uns die Straße. Der Fahrer klammert sich noch ans Steuer. Schwarz. Verkohlt. Plötzlich packt mich die Angst, einer unserer Jeeps könne verunglücken. Ich drehe mich alle Augenblicke um, ob der von dem hysterischen Chauffeur gesteuerte Wagen nicht von der Straße abkommt. Alice sitzt darin, und die Straße ist glitschig.

Eineinhalb Stunden später machen wir Rast in Wenquan, was auf Chinesisch „heiße Quellen" bedeutet. Unterhalb der Straße, nahe beim Fluß, liegen die Naturbecken; die Bevölkerung scheint sie zu schätzen, denn alles ist in gutem Zustand. Doch der aufsteigende Schwefelgeruch ist so penetrant, daß uns jegliche Lust auf ein erquickendes Bad vergeht. Wir betreten ein Restaurant, das von einem Ehepaar der moslemischen Sala-Minderheit geführt wird. Die ethnische Vielfalt ist für Qinghai typisch; man trifft Tibeter, Mongolen und Tus, allesamt Buddhisten, sowie Huis, Kazaks und Salas, die Moslems sind. Laut Statistik stellen sie in ihrer Gesamtheit die Hälfte der Bevölkerung Qinghais, die andere bilden die Han.

Kaum haben wir uns hingesetzt, brechen die Chinesen einen neuen Streit vom Zaun. Sie sind noch immer wütend, daß wir kein Wort von ihrer Epidemie-Geschichte glauben und – was noch schlimmer ist – uns erdreisten, darüber zu lachen. Beleidigt verlassen sie das Lokal, um draußen, auf dem Boden hockend, ihr Frühstück einzunehmen . . . Am Abend zuvor hatte ich gesehen, wie die Pfleger der Ambulanz von Huashixia uns mit einem spöttischen Lächeln nachblickten, als wir davonzogen. Daraus hatte ich gefolgert, daß unsere Chinesen einfach Memmen sind; unsere Verärgerung und unverhohlene Ironie haben sie sich also selbst zuzuschreiben.

Weiter geht es auf einer schlechten Straße über einen Paß von 3900 m Höhe. Wir rollen über eine schier unendliche Hochebene, die spektakulär eingeschnitten ist von einer extrem tiefen, ausgetrockneten Schlucht. Auf diesen riesigen, von sanft abfallenden Bergen gesäumten Flächen erblickt man, weit verstreut, unzählige Viehherden, deren Kopfzahl nur zu schätzen ist. Der nächste Paß, der Heka-Paß, ist nur noch 3300 m hoch; die serpentinenreiche Straße, die jenseits bergab führt, wird auf ihrer gesamten Länge repariert, wobei Arbeiter auch Felsbrocken absprengen, die überhängen und herabzustürzen drohen. Unten geht es dann wieder durch eine Ebene, die geradlinig auf die Regionalhauptstadt Kungho (Gonghe) zuläuft, von wo aus wir wieder aufwärts fahren, um eine Hügelkette zu überwinden. Das Gesicht der Landschaft ändert sich. Von dort oben hat man eine herrliche Sicht auf die gesamte, hinter uns liegende Strecke. Dann geht es erneut bergab nach Daotanghe, einer kleinen Häuseransammlung am Schnittpunkt der Routen Richtung Jyekundo, Xining und – über den Kokonor-See – Golmud. Der Kokonor ist jener großartige Salzsee, der größte von Tibet, an dessen Ufern einst viele Nomaden lebten. Noch zwei Stunden – die letzten! – trennen uns von Xining. Wir kommen in jenes China zurück, das wir zu Beginn unserer Reise zwischen Chengdu und Ya'an schon einmal kennengelernt hatten: eine sehr schöne Landschaft, wo die Lehmhäuser alle einen kleinen Garten haben. Die Temperatur ist spürbar angestiegen, wir sind ja auch nur noch auf 2300 m Höhe!

Ankunft in Xining. Christoph ist vorausgefahren, um im Gesundheitsministerium vorstellig zu werden. Auf Zhous Drängen hin räumten sie schließlich ein, es habe tatsächlich vor ein paar Monaten einen Ausbruch der Krankheit Nr. 5 gegeben. Das alles bleibt recht vage. Man beteuert uns, wir könnten durchaus und

Endlich in Tibet!

völlig gefahrlos unsere Expedition um den Amnye Machen durchführen. Wie bitte? Lauter Lügen also . . . Daraufhin verlangt Christoph unverzüglich die Abberufung des übernervösen Chauffeurs.

Wir nehmen ein mehr als ausführliches Bad im „Hotel der Freundschaft", einem ebenso riesigen wie häßlichen Staatsetablissement. Immer der gleiche Geruch nach schmutzigem Teppichboden und Mottenpulver. Zwischen 20 und 22 Uhr können wir warmes Wasser bekommen. Himmlisch!

In zwei Tagen werden wir uns also erneut auf den Weg zum Amnye Machen machen. Die ganze Strecke noch einmal . . . Also filmen wir jetzt erst einmal Xining, die Hauptstadt der Provinz Qinghai. Als Alexandra hier reiste, wurde die Provinz Kokonor, deren Hauptstadt Xining war, von einem moslemischen Gouverneur verwaltet. Belgische Missionare beherbergten Alexandra. Diese Stadt markiert eindeutig die Grenze zwischen Amdo und dem Nordosten Chinas. Durch das Zusammentreffen zahlreicher Volksstämme hat sie einen besonderen Reiz.

Hervorragendes Abendessen mit einem meisterlichen Nachtisch, eigens bestellt von Herrn Wang, um uns zu beruhigen und gleichzeitig um Entschuldigung zu bitten; vor uns türmt sich ein riesiger weißer Berg auf einem Sockel von süßen Eiern, Haselnüssen und pürierten, flambierten Pfirsichen und einer Krone von weißem Eischnee, verziert mit Mandarinenvierteln . . .

9. August

Ich dachte, wenn man erst einmal sauber wäre, würde man auch gut schlafen. Doch dem ist nicht so: Angstzustände, ewig diese Atembeschwerden, Angst, alles könnte schiefgehen, wir könnten nicht genug Aufnahmen zusammenkriegen für unseren Film . . . Frühstück im grandiosen, kommunistischen, gottverlassenen, aber funktionierenden „Hotel der Freundschaft". Riesige Speisesäle, Wintergärten voll staubiger Plastikblumen, weiße, mit Flecken gesprenkelte Tischtücher, auf einem Drehtablett in der Mitte des runden Tisches lauter Teller mit Leber, Pickles, geraspeltem Kohl, mürrische Serviererinnen, die uns kalte Omelettes vorsetzen.

Das Gesundheitsministerium ließ uns durch einen anderen Mitarbeiter weitere Informationen zukommen: Es war tatsächlich in etlichen Regionen zu einer Erkrankung gekommen, doch das lag zwei Jahre zurück; seitdem hatte es keine Epidemie mehr gegeben! Das Nervenbündel von Chauffeur ist nach Chengdu zurückgereist, in Begleitung eines der Verbindungsoffiziere, der seit Reisebeginn nicht aus dem LKW hervorzulocken gewesen war und uns keines Wortes gewürdigt hatte. Vielleicht war er übermäßig schüchtern. Der LKW-Fahrer hat heute morgen seine Mutter verloren und verläßt uns ebenfalls. Und die Frau von Zhou, unserem Expeditionsleiter, hat einen Herzanfall erlitten, und er muß gleich zu ihr hin! Liu, der Französischdolmetscher, ist eine absolute Null und kehrt an den häuslichen Herd zurück. Alle stieben auseinander. Meiner Ansicht nach ist ihre Mannschaft in eine Krise geraten, in zwei Klans auseinandergebrochen. Die einen blockieren die Expedition und denunzieren sich gegenseitig, während die anderen, die liberaleren, dazu beitragen wollen, daß unser Unternehmen ein Erfolg wird.

Zhou dürfte Maßnahmen ergriffen und bei CITS in Chengdu kompetentere Mitarbeiter angefordert haben. Ein schwieriges Unterfangen, da das gesamte Personal erst seit kurzem mit der Betreuung von Touristen zu tun hat, denn die Provinz Sichuan hat ja noch nicht lange ihre Pforten geöffnet. Hinzu kommt, daß keiner von ihnen die Regionen Tibets kennt, die wir bereisen wollen. Manche von ihnen, wie beispielsweise Herr Liu, waren sogar noch nie in Xining gewesen! Man kann sich einfach nicht auf sie verlassen: Der LKW-Fahrer und sein Assistent hätten uns unterwegs die Mahlzeiten zubereiten und uns Proviant liefern sollen für die endlos langen Wegstrecken. Das haben sie kein einziges Mal getan. Die Lebensmittel liegen verstreut und verfault im LKW herum, mit Ausnahme der Notversorgung, die Snafu mitgebracht hatte: Trockenobst, Bonbel-Käse und Kekse. Die gesamte Mannschaft unserer Verbindungsoffiziere ist wahrhaftig unfähig, abgesehen von den Chauffeuren, die zumindest fahren können. Zhou erklärt uns, diese Kollektivhysterie käme daher, daß ihre Regierung sie permanent belüge und über alles im ungewissen lasse. Das ist in der Tat logisch, kann aber nicht alles rechtfertigen . . .

Ich bespreche mit Jeanne das gesamte Filmprojekt, um einschätzen zu können, welche Aufnahmen wir beim Mittagessen in einem kleinen Privatrestaurant noch machen wollen. Bedienung und Qualität sind spürbar besser! Sobald es sich um die Wahl eines Restaurants dreht, können wir unseren Chinesen übrigens vertrauen: Sie sind restlos besessen vom Gedanken ans Essen.

Endlich in Tibet!

Heute nachmittag Aufklärungsbesuch in Kumbum. Filmen werden wir erst nach Rückkehr vom Amnye Machen. Das Lamakloster Kumbum, „hunderttausend Bilder" auf Tibetisch (Taersi auf Chinesisch), liegt sechsundzwanzig Kilometer von Xining entfernt. Zum Unterschied der Klöster in Tibet, die meist das Tal überragen, schmiegt sich Kumbum in einen von zwei Hügeln gebildeten Kessel. Von 1560 an wurde es in Etappen erbaut, und zwar am Geburtsort Tsongkhapas, des Begründers der Gelukpa-Schule, und daher ist es bis heute eines ihrer bedeutendsten Zentren. Heute leben dort rund fünfhundert Mönche; früher waren es über viertausend. Es erlitt schlimme Zerstörungen, vor allem gegen Ende des 19. Jahrhunderts, als moslemische Soldaten es während einer Rebellion, die die ganze Gegend in Blut und Asche tauchte, in Brand steckten. Während der Kulturrevolution wurde es aus unerfindlichen Gründen nicht ausradiert, doch die Mönche wurden ins Gefängnis gesteckt oder des Landes verwiesen. Chesho Tulku, einer der heutigen Äbte, hat mehr als zwanzig Jahre im Gefängnis verbracht. Rings um die Haupttempel, die noch restauriert werden, steigen etagenförmig die Mönchsbehausungen den Hügel hinan. In der zum Eingang der Klosterstadt führenden Straße wimmelt es von Läden und Auslagen, Souvenirverkäufern und Fotografen, die die chinesischen Touristen aus gegebenem Anlaß in tibetische Gewänder stecken.

Es gießt in Strömen, die verschiedenen Zugangswege haben sich in Schlammkorridore verwandelt. Doch der Regen läßt die Ockerfarbe der Gebäude, die Vergoldung der Dächer und das flaschengrüne Email der Schindeln deutlicher hervortreten. Kumbum ist auf allen Reiseprospekten abgebildet – der hiesige „Mont Saint-Michel". Die Mönche sind es allerdings leid, lauter Gaffer herumzuführen, die zumeist auch noch darauf dressiert sind, sie zu verachten; sie verhalten sich deshalb nicht sehr kooperativ.

Ein Aufklärungsrundgang mit Nurith, Jeanne, Gyurme und Herrn Wang. Wir sind durchnäßt, durchfroren, völlig verdreckt. Innenaufnahmen würden ein Vermögen kosten: hundert Yuan (zweihundert französische Francs) pro Quadratmeter. Die Filmabgabe ist gewaltig in China; üblich ist sie in allen Ländern, doch in vernünftigerem Rahmen. Nurith ist reizend, liebevoll, und das tut mir gut; man sieht sie so selten lebensfroh.

Ruhepause im Hotel zwischen 20 und 21 Uhr. Ich nutze sie, um an Andrée Davanture, unsere Cutterin in Paris, und an meine Eltern zu schreiben sowie in der Korrespondenz die Passagen über

Xining und die Rückkehr der Moslems aus Mekka am Bahnhof Xining zu lesen.

Ein mehr als üppiges Abendessen um ein Uhr früh: Fleisch auf vielerlei Art, in Würfeln, geraspelt, in Scheiben, Chips, Suppen, Spinat, Möhren, Kohl. Christoph telefoniert mit F. Productions. Laut Aussage unseres Partners Pascal Bensoussan sind die Bildfolgen, die wir ihm das letzte Mal von Xining aus zugeschickt haben, zwar qualitativ gut, doch überladen mit Familienfotos. Das ist meiner Meinung nach Unsinn! Denn gerade das liebe ich, diesen Blickaustausch zwischen den Tibetern und uns.

10. August

Am Bahnhof Xining haben wir das Glück, die Rückkehr eines Pilgerzugs aus Mekka zu filmen. Alexandra spielt an auf die Präsenz des Islam: „Herzlichen Dank für die Ansichtskarten von Mekka, eine schicke ich heute noch an den General in Sining, dem sie, wie ich weiß, große Freude machen wird. Er heißt Mohamed, wie der Prophet. In China sagt man: Machute ren, statt Mohamed, das bedeutet wörtlich: Mohamed, der Große Mann (Te: groß, ren: Mann). Falls ich durch Sinkiang ziehen muß – angenommen, ich verließe Kumbum wegen des Krieges oder auch nur später im Herbst –, werde ich diese Karten überall vorzeigen und meine Gastwirte und andere dem Großen Mann aus Medina ergebene Jünger damit beglücken. Und das wird mir zweifelsohne manch kleines Geschenk, wie Milch oder sonst etwas Nahrhaftes, und viel Zuvorkommenheit einbringen."

Frauen und Freunde sind gekommen, die Männer abzuholen. Diese chinesischen Moslems, Sunniten, gehen auffallend zärtlich miteinander um. Unaufhörlich wird geküßt, umarmt. Viele sind besser gekleidet als die Masse der Chinesen, denn sie sind wohlhabender. Da sie geschickte Kaufleute sind, besitzen sie auch in den kleinsten Dörfern die großen Geschäfte und die Restaurants. Sie schlachten auch das Vieh, eine Aufgabe, die kein Buddhist übernehmen kann. Ihre Frauen tragen ein Umschlagtuch aus Spitze und besticktem schwarzem Samt, das die Haare bedeckt, das Gesicht aber frei läßt. Diejenigen unter den Männern, die von ihrer Pilgerfahrt nach Mekka zurückkehren, tragen ein langes weißes Gewand.

Um die Mittagszeit klettern wir zum taoistischen Tempel Beishan hinauf, der die Stadt Xining überragt. Dort oben wird einem die Ausdehnung dieser grauen, staubigen Industriestadt deutlich, die Stahl produziert und die Textilindustrie und die Leder- und Pelzverarbeitung immer weiter ausbaut. Jahrhundertelang war Xining die Drehscheibe eines intensiven Handels zwischen Tibet und der Mongolei, zwischen China und Sinkiang; und da alle Karawanen hier durch mußten, unterstand sie im Laufe der Zeiten den Tibetern, den Mongolen, den Chinesen etc. . . . Der Tempel ist ein Hort des Friedens. Ein aus dem Felsen herausgehauener Balkon führt an den Kapellen und dann weiter am Berg entlang. Zahlreiche Gottheiten tragen hier die gleichen Namen und Attribute wie die tibetischen Gottheiten, was Kontakte zwischen den beiden Religionen belegt. Herr Liu, der weder vom Taoismus noch vom tibetischen Buddhismus etwas versteht, müht sich mit letzter Kraft (das Erklimmen der zweihundert Stufen hat ihn erschöpft), uns davon zu überzeugen, daß da keinerlei Beziehung besteht! Wo wird sich der Han-Chauvinismus eigentlich nicht einschleichen? Herr Liu, am Rande eines Herzanfalls, schneidet gräßliche Grimassen vor lauter Qual. Ein Mönch mit einem Haarknoten, in dem eine Nadel steckt, ist Hüter dieses Ortes; heftig schielend beobachtet er uns. Die gesamte Anlage wird gerade renoviert. Es ist auch noch nicht lange her, daß in die taoistischen Tempel neues Leben einzog. Pagodenförmige Dächer, Terrassengärten mit Blumenteppichen. Tief unten pfeift ein Zug dreimal. Man könnte meinen, er bahne sich seinen Weg quer durch die Beete der Gemüsegärten. Gefühl der Ruhe.

Wir kehren für eine letzte Aufnahme zum Bahnhof zurück. Vor der gesamten Fassade stehen sie Schlange für den Zug nach Shanghai: eintausendzweihundert Fahrgäste und zwei Reisetage, sagt uns die diensthabende „Kapo-Frau". Ein Signal wurde gegeben: Ein Dutzend solcher „Kapos", Mannweiber in Anzug und Krawatte, rotbackig, vulgär im Auftreten, häßlich und vierschrötig, treiben die Menge in Zweierreihen vorwärts in Richtung auf die Einlaßgitter. Sie schnauzen jeden an, der sich nicht korrekt verhält und zwei Gepäckstücke hat anstelle von einem . . . Wir werden Zeuge einer peinlichen Szene: drei junge Mädchen und ihr Vater werden von einem dieser Monsterweiber tätlich angegriffen, denn eines der Mädchen hat eine Tasche zuviel. Das junge Mädchen will aufbegehren. Eine der fetten Kapos zieht es an den Haaren. Konzentrationslagervision. Die verschreckte Menge senkt die Augen und trippelt vorwärts. Die Kapo-Frau zerreißt den

Fahrschein des Mädchens. Die Familie tritt aus der Reihe ... Das Mädchen wird sich wohl „umerziehen" lassen müssen.

Und nun, da der Menschenstrom restlos vorübergezogen ist und wir uns daranmachen, unser Material einzupacken, tauchen plötzlich drei Kapos vor uns auf, um mit uns abzurechnen. Sie verlangen unsere Dreherlaubnis, wir stellen uns dumm. Ich gebe Jeanne ein Zeichen, die Kamera zum Wagen bringen zu lassen; Lao Shen kommt, er will sehen, was los ist. Shao Lin übersetzt: „Wir haben nichts gesehen, wir haben nur die vorrückende Menge gefilmt." Die Frauen räumen ein, ein wenig die Nerven verloren zu haben. Jeanne erwidert ihnen, das sei ganz normal, in Frankreich gäbe es auch oft Gedränge. Sie wollen uns nicht so recht glauben und verlangen die Aushändigung der Filmspule. Sie haben bestimmt Angst, wir könnten im Ausland ein negatives Bild Chinas zeigen. Wir tun so, als kapierten wir nicht und besteigen schleunigst die Wagen. Willkommene Ruhepause. Heute abend müssen wir unseren neuen Verbindungsoffizier empfangen. Er heißt Hua Qing und wurde von CITS nach Xining delegiert, um uns bei der Amnye-Machen-Expedition zu begleiten. Er ist jung, geht wie ein Cowboy, unterscheidet sich deutlich vom herkömmlichen Han-Typ und ist sicherlich, wie so viele in dieser Stadt, ein Mischling. Er spricht englisch, was wir überhaupt toll finden, nachdem wir einen ganzen Monat lang ausschließlich deutsch hören mußten! Nun werden wir nicht mehr gezwungen sein, auf Herrn Lius Dienste zurückzugreifen, der langsamer ist als eine Schnecke. Hoffen wir, daß dieser Hua Qing ein positives Element der Agentur von Xining ist; er ist schon einmal nach Europa geschickt worden! Und sein Blick ist lebhafter, sein Schritt entschlossener...

Der Amnye Machen

11. August

Wecken um 6.15 Uhr, aber da die Chinesen morgens wirklich nicht aus den Federn kommen, verlieren wir zwei Stunden. Wenigstens trägt uns der neue offizielle Begleiter, Hua Qing, das Gepäck! Wir lassen Herrn Liu in Xining zurück, auch Zhou, der wieder nach Chengdu zurück muß. Unser Team ist auf Shao Lin, den Vertreter Zhous, Lao Shen, den Assistenten von Sybille, Lao Wang, unseren Fotografen, und Hua Qing zusammengeschrumpft. Herr Wang wird uns nur bis Tawu Zholma begleiten, der letzten Etappe vor der großen Expedition.

Abfahrt aus Xining um 8.30 Uhr bei strömendem Regen. Im von Wang, „dem Alten", – nicht zu verwechseln mit Herrn „Xining" Wang –, gesteuerten Jeep nehme ich Jane, Alice und Jeanne mit. Die Straße ist so gefährlich und das Wetter so schlecht, daß ich mir bereits das Schlimmste vorstelle: Gefangene der Kälte und heftiger Schneestürme am Amnye Machen, Umherirren ohne Nahrung, so wie Uttara Crees, meine indische Freundin, die vor zwei Jahren zwei Monate lang in Kham vom Schnee festgehalten worden war.

Wir fahren 13 Stunden lang ununterbrochen und halten in Wenquan, dem Ort der heißen Quellen. Wir waten durch eine dicke Jaucheschicht. Christoph und Gyurme setzen die Fahrt fort, um unsere Ankunft den Karawanenführern von Tawu Zholma zu melden, die wir vor drei Tagen für den Amnye Machen angeheuert haben; sie werden sich fragen, wie es uns ergangen ist, seitdem wir Huashixia unter so unglücklichen Umständen verlassen haben. Wir werden also hier schlafen. Der Abendhimmel hat sich aufgeklärt, das Licht ist prächtig. Seit wir vor vier Tagen das letzte Mal hier durchkamen, sind die umliegenden Gipfel von einer dünnen Schneeschicht bedeckt worden. Es ist viel kälter als das letzte Mal. Der Wind bläst. Wenquan ist auch der Ort, wo die Lastwagenfahrer Station machen. Zwei Hotels, auf jeder Straßenseite eins. Unsere Chinesen reservieren uns Zimmer in dem Hotel, das von der Volksbefreiungsarmee unterhalten wird; das sagt alles!

Freudig begrüßen wir wieder die beiden Sala-Moslems, die uns Yakfleischgerichte und gekochte Salate zubereiten. Die Chauffeure benutzen noch immer ihre eigenen Teller, aber sie wagen nicht mehr, von Krankheit zu sprechen. Sie scheinen sich eher zu genieren... Der neue Führer, Hua Qing, ist umgänglich und spricht drei Sprachen: Englisch, Französisch und Deutsch. Alice bezaubert ihn, weil sie chinesisch spricht, was das Verhältnis zwischen den beiden Teams gleich angenehmer macht.

Wir schlafen im Militärlager, das von lebendigen und toten Flöhen besetzt ist. Es stinkt nach DDT, doch die Atmosphäre ist gut. Jane hat sich zu neuen Reinlichkeitsorgien verstiegen. Unaufhörlich besprengt sie sich mit heißem Wasser aus Thermosflaschen und wäscht alle ihre Kleider, was ich lachend bewundere. Sie verleitet Alice zur Teilnahme an ihren Reinigungsaktionen. Ich schlafe heute abend in ihrem Zimmer. Der Kohlegeruch bringt einen immer noch zum Ersticken. Wie können die Chinesen diese Konzentrationslager-Atmosphäre nur ertragen? Morgen werden wir den Fluß in Richtung Amnye Machen mit den Jeeps durchqueren und uns wieder mit den Karawanenführern in ihrem Dorf Tawu Zholma, treffen. Ob das Wasser in den Flüssen seit drei Tagen gestiegen ist? Werden wir eine Zeitlang vom Regen verschont bleiben? Man muß es hoffen, denn unsere Zelte sind, wie wir aus Erfahrung wissen, nicht wasserdicht!

Und wir werden auch wieder in Huashixia haltmachen. Herr „Xining" Wang ist nach Xining zurückberufen worden, um dort seine Selbstkritik abzulegen. So entschwindet er also auch aus unserem Team. Seine Vorgesetzte hatte befunden, daß er uns unrecht tat, als er uns bei der Polizei von Jyekundo denunzierte und daß er sein Team in Huashixia nicht unter Kontrolle hatte, als sie ihre Nummer mit der Krankheit Nr. 5 abzogen. Er erntet seinen verdienten Lohn...

Die Direktorin von CITS in Xining, eine junge Frau von dreißig Jahren, ist in der Tat sehr sympathisch. Gestern abend haben wir mit ihr gegessen, vor unserer Abreise. Sie war von unserer Expedition fasziniert und hat uns gestanden, daß sie es haßt, in einem Reisebüro zu arbeiten. Früher war sie Mathematiklehrerin. Sie sagt, sie kann nicht verstehen, weshalb man sie auf diesen Posten gesetzt hat.

Im Restaurant von Wenquan sprechen wir übers Filmen. Jeanne hat alles perfekt organisiert. Sie ist tüchtig, scheint mir aber beunruhigt und ein bißchen traurig zu sein. Die Atmosphäre entspannt sich jedoch; Alice setzte ihre Verführungskünste beim neuen Führer fort. 23.15 Uhr. Morgen ist ein harter Tag.

12. August

6.15 Uhr. Abreise im Dampfnebel der heißen Quellen. Als wir den Paß erklommen haben, der uns von der Hochebene von Amnye Machen trennt, ist der Himmel so tiefblau geworden, daß er Nurith beim Drehen der Aufnahmen vom See stört, in dem sich die verschneiten Ausläufer des heiligen Gebirges spiegeln ... ein Höhepunkt! Heute gibt es mal kein Kompetenzgerangel im Team, die Temperamente scheinen sich anzugleichen. Die Chinesen sind liebenswürdig. Christoph und Gyurme kommen uns entgegen: Die Karawanen werden erst morgen früh bereit sein. Wir können uns also Zeit lassen.

Den Rückweg über Huashixia nutzen wir, um die Aufnahmen zu machen, zu denen wir vor drei Tagen wegen des Regens nicht kamen. Wir bitten einen Mönch, als Statist aufzutreten. Er stimmt sehr freundlich zu und klettert, begeistert, für kurze Zeit unser Mitarbeiter zu sein, einen kleinen Erdpfad hoch, der zur Mani-Mauer führt. Dort setzt er sich zum Gebet nieder.

Auf der Strecke nach Tawu Zholma entschleiert sich der Amnye Machen mehr und mehr, ein riesiges Massiv am Ende der Hochebene. Der Boden ist mit kleinen Blumen und duftenden Pflanzen übersät, die von den Tausenden von Schafen dort anscheinend niemals ganz abgeweidet werden können. Es ist eine unberührte, wilde Landschaft, aber nicht zu vergleichen mit den mineralischen Landflächen West-Tibets, die so dürr sind, daß man sich fragt, wie sich die riesigen Herden dort überhaupt ernähren können.

Die Wolken ziehen sich wieder zusammen, als wir in einem Dorf ankommen, das so aussieht, als sei es aus dem Boden gestampft: Tawu Zholma. Es ist eine Gemeinde, die dort von den Han in den sechziger Jahren aufgebaut wurde, um die Nomaden seßhaft zu machen. Die Golok, einer der gefürchtetsten Nomadenstämme, deren Territorium sich praktisch über ganz Amdo ausdehnt, leisteten den größten Widerstand. So gelang ihnen eine größere Dezentralisierung, und sie erhielten ein autonomes Gebiet. Die Gemeinde zählt 77 Familien und untersteht der Verwaltung von Tawu (Machen), dem Hauptsitz der Präfektur des autonomen Golok-Gebietes, wohin wir am Ende unserer Expkursion kommen werden. Der größte Teil der Einwohner sind Ranak. Ihr Dialekt ähnelt der Khampa-Sprache; es gibt dort aber auch Arbeiter, die aus der Provinz Shanxi kommen, was zu einer zweifelsohne beabsichtigten ethnischen Vermischung führt. Die Gemeinde ist seitdem Eigentümer ihrer Herden. Sie entscheidet über die Weideplätze, zu denen jede Familie die Tiere führt, die sich in ihrer Obhut befinden. Um allzu häufige Weidewechsel wegen des Grasmangels zu vermeiden, teilt man die entfernteren Weiden mal den einen, mal den anderen zu. Die Hirten werden mit Geld und Naturalien (Milchprodukte, Fleisch, Getreide) bezahlt. Jede Gemeinde besitzt eine Krankenstation für Notfälle und eine Grundschule, die hier von dreißig Kindern besucht wird und in der fünf Lehrer die tibetische Sprache unterrichten. Das Dorf ist vollgestopft mit Leuten, die zum Regionalkongreß der Partei gekommen sind. So begegnen wir auch Samten La, der Golok und Bürgermeister von Machen ist und uns herzlich einlädt, in dem kleinen Zimmer, das man ihm zur Verfügung gestellt hat, Tee mit ihm zu trinken. Wir machen auch Bekanntschaft mit Dolma Tsering, einem jagdbegeisterten Tibeter, der sich hier vor dreißig Jahren niedergelassen hat.

Wenn ich mir die verdreckten Gebäude des Dorfes anschaue, große Barackenreihen, in denen praktisch alle Fenster zerbrochen sind, kann ich verstehen, daß die Nomaden – der freieste und heute bis in die Tiefe der Seele am stärksten bedrohte Teil der Menschheit – nicht die geringste Lust verspüren, seßhaft zu werden. Alles sieht wie ein tristes Flüchtlingslager aus. Gyurme konnte noch nicht zum ein paar Kilometer entfernten Kloster gehen, um den Mönchen unsere Ankunft mitzuteilen und sie vielleicht zu bitten, daß sie uns aufnehmen, weil die Flüsse unpassierbar sind. Die Tibeter des Dorfes schlagen uns vor, einen anderen Weg zu nehmen, der, wie es scheint, etwas höher liegt und sehr verschneit ist. Dort werden wir zwischen 15 und 30 Grad unter Null haben . . . Für den Augenblick zermartere ich mir darüber nicht mein Gehirn.

Wir entladen unsere Wagen. Es ist vorgesehen, daß wir alle

zusammen im „Festsaal" schlafen, der Gipfel von Feuchtigkeit, Schmutz und Unbequemlichkeit. Vierzehn Personen auf sieben Matratzen, die auch nicht entfernt die Größe eines Ehebettes haben. Wenn Nurith allein sein will, wie wir es ihr versprochen haben, muß einer von uns auf dem Boden schlafen. Um alles wieder in die Reihe zu bringen, schlägt Sybille vor, mit ihr zusammen zu schlafen, und wir finden für beide einen Platz, wo sie sich wohler fühlen können.

Eine tibetische Familie lädt Gyurme, Christoph und mich zu sich ein. Sie bieten uns ein zweifelhaft anmutendes kleines Fettgebäck an. Bei ihnen werden wir heute abend essen. Sie müssen überall herumlaufen, um zu fragen, wo man Nudeln kaufen kann. Inzwischen marschieren mir die Flöhe über die Beine. Ich hoffe, daß der Humor mit von der Partie sein wird . . . Eine einfache Mahlzeit: Nudelsuppe, die wir draußen bei untergehender Sonne und leicht fröstelnd in unseren Anoraks einnehmen. Goldenes Licht liegt über einer Yak-Karawane, die in der Ferne, beladen mit Wolle, vorüberzieht.

Da niemand sich um den Festsaal reißt, errichten wir schließlich die Zelte auf dem Gelände vor dem Eingang. Über sie hängen wir Plastikplanen, die wir in Xining gekauft haben, denn es hat in den letzten Tagen sehr oft geregnet. Für unsere Chinesen, die sich offensichtlich mit überhaupt nichts eingedeckt haben, packen wir das mit Baumwolle gefüllte chinesische Bettzeug aus. Ich lege mich vollkommen bekleidet zur Ruhe. Welche Lage ich auch immer einnehme, wie ich mich auch drehe und wende, ich zittere die ganze Nacht vor Kälte. Das Zelt ist von sehr schlechter Qualität, läßt Kälte und Regen durch. Das Kondenswasser gefriert während der Nacht zu Eisklumpen, die dann morgens wieder schmelzen und bis zum Aufstehen unsere ganzen Sachen aufgeweicht haben.

Der Chef des „Kibbuz", ein zum Kommunismus konvertierter Tibeter, lädt uns zum Morgentee auf sein Zimmer ein. Die Einrichtung ist sehr einfach, aber es brennt wenigstens ein kleiner Ofen. Wir setzen uns auf das Bett, über dem ein Revolver und eine Patronentasche hängen. Etwas weiter entfernt an der gleichen Wand ein Poster von Mao Tse-tung. Er erzählt uns von seiner Arbeit, die darin besteht, regelmäßig die seiner Jurisdiktion unterstellten Gemeinden und die ärmsten Nomaden zu besuchen, um ihnen Hilfsleistungen der Regierung zukommen zu lassen, wenn sie in sehr strengen Wintern Herdentiere verlieren. Wie auch in anderen Gemeinden ist hier ein großes Gebäude für die Nomaden reserviert, in dem sie den Winter verbringen; erst im Frühjahr ziehen sie wieder ab. Der Kibbuz-Chef rät uns, an unsere Familien zu denken, an die, die wir lieben, und an das Glück, das wir beim Wiedersehen empfinden werden, um die anstrengende Exkursion durchzuhalten. Er gibt uns auch noch andere Ratschläge, besonders den, niemals von unseren Pferden abzusteigen, weil das Wasser der Flüsse tief und die Schneeschicht dick ist; auch sollen wir uns vor den Golok in acht nehmen.

Eine der Hauptbeschäftigungen dieser furchterregenden und stolzen Kriegernomaden war es früher, Karawanen anzugreifen. Noch bis vor kurzem war ihr Gebiet praktisch unbekannt, und die Forscher, die sich dorthin wagten, wurden zum größten Teil von den Golok gefangengenommen oder sogar getötet. Im Jahr 1894 wurde der Leiter der Mission, Dutreuil de Rhins, in der Nähe von Jyekundo getötet. Ein weiterer Franzose, Léotard, wurde in Begleitung seines Freundes Guibaud 1940 angegriffen und verlor sein Leben. Dr. Migot wurde 1947 von Straßenräubern ausgeplündert. Der Forscher J. F. Rock hatte dagegen mehr Glück und brachte eine sehr detaillierte Studie über seine Reisen in der Region von Amnye Machen mit. Der Name Golok bedeutet „den Kopf verkehrt herum haben", was nach Sir Charles Bell auf tibetisch „Rebell" bedeutet. Die Tibeter haben Charles Rock erzählt, daß Golok „Rundkopf" heißt, was sich auf ihr Gesicht bezieht, das sie von allen anderen Nomaden unterscheidet. Ihr ganzer Stolz ist es, ihre Unabhängigkeit zu wahren und keinerlei Autorität anzuerkennen, weder die der Chinesen noch die des Dalai-Lama. Weil sie der Magie anhängen, glauben sie, daß ihre Kräfte von Guesar de Ling herrühren, dem legendären Helden, dessen Degen irgendwo im Gebirge von Amnye Machen versteckt sein soll.

Diese Woche spielt sich im Gebirge ein Drama ab. Mehrere Familien verfolgen und töten einander wegen einer Liebesangelegenheit. Ein Mann hat die Braut eines anderen entführt. Die Dorfbewohner und die Karawanenführer laufen mit Pistolen und Kugeln im Gürtel und Gewehren auf der Schulter herum.

Unsere Chauffeure sind abgereist, die Verbindungsleute auch, abgesehen von vieren: Shao Lin, der Assistent von Nurith, der Deutsch spricht, Lao Shen, Sybilles Assistent, der nur Chinesisch spricht, Hua Qing aus Xining und Lao Wang, unser Fotograf. Wir vereinbaren, uns mit den Chauffeuren in einer Woche in dem Dorf jenseits der Gebirgskette, in der Nähe von Machen, der „Hauptstadt" der Golok, wiederzutreffen. Endlich sind wir allein in der Natur!

13. August

Das Wetter schlägt gefährlich um, und wir haben den ganzen Tag damit verbracht, den Himmel zu beobachten. Ich habe die Zeit genutzt, um einen Bummel mit Alice zu machen. Im Lager-Dorf gibt es eine Art staatlichen Laden, der Waren für Nomaden verkauft: Hüte, Stiefel, Pferdesättel, Teppiche und Küchengeräte. Ein anderer, etwas kleinerer Laden bietet Schmuck, Rosenkränze, Reliquien, Messer und braunen Zucker an. Ein sehr schöner junger Nomade, der gerade aus dem Gebirge herunterkommt, betrachtet uns zärtlich und neugierig. Er folgt uns überall nach, nimmt jede von uns an der Hand und führt uns zu seinen Pferden. Sie sind prächtig aufgezäumt und tragen sehr schöne Sättel aus ziseliertem Leder sowie rote und orange Satteldecken mit abstrakten, symmetrischen Motiven. Er würde uns gerne mitnehmen. Warum eigentlich nicht? Aber Jeanne, die gerade des Weges kommt, ruft uns wieder zur Ordnung . . .

Frühstück im Grünen. Wir packen unsere Sachen zusammen, beginnen damit, die Gepäckstücke zu sortieren; einen Teil sollen die Yaks tragen, einen Teil wollen wir selbst mit auf die Pferde nehmen. Genau in dem Augenblick, als unsere Reitpferde und Packtiere in Begleitung ihrer Besitzer ankommen, fängt es an zu donnern. Wir haben die Zelte abgeschlagen, und alles befindet sich in dem Raum mit dem verdreckten Fußboden, dem berühmten Festsaal. Wahrscheinlich werden wir in dem verrotteten Loch schlafen müssen.

Tatsächlich richten wir uns gegen Abend häuslich darin ein, Matratzen und Schlafsäcke eng aneinandergereiht. Nurith und Sybille haben das bessere Los und schlafen in dem kleinen Zimmer von gestern. Sie rollen Teppiche aus grober Wolle aus, die dort gestapelt sind. Wir ertragen die feuchte Kälte, indem wir wie Sardinen dicht beieinander liegen. Snafu macht den Clown und serviert uns tanzend eine heiße Suppe. Lao Wang, der Sicherheitsbeamte, der damit betraut ist, die Fotos zu machen, singt mir Wiegenlieder. So geht es, bis um 21.30 Uhr die offizielle Neonbeleuchtung eingeschaltet wird; erst um Mitternacht erlischt sie wieder. Elektrizität gibt es noch nicht lange, und so muß man sie auch, wenn sie schon geliefert wird, bis zum äußersten ausnutzen. Die Neonröhre ist so fest installiert, daß man sie nicht entfernen kann. Snafu bringt uns noch einmal zum Lachen, indem er sich mit seiner Gletscherbrille, in die er Kleenex gestopft hat, schlafen legt!

14. August

Wecken um 7 Uhr. Das Wetter ist nicht gerade prächtig, aber wir beschließen, aufzubrechen. Unsere Karawane besteht aus neun Tibetern, darunter ist eine Frau, Lotho. Einer ist der Chef, vier andere tragen auf dem Rücken den zerbrechlichsten Teil der Kameraausrüstung, und die drei übrigen werden sich um die Tiere kümmern, zwölf Pferde und fünfzehn Yaks. Zwei Stunden später sind wir auf dem Weg, die Pferde hintereinander gebunden. Die Yaks folgen uns frei, aber diszipliniert. Nachdem wir einen ersten Wasserlauf durchquert haben, kommen wir in eine märchenhafte Landschaft: eine riesige Ebene, von einem großen Fluß durchzogen und einem Kranz schneebedeckter Berge umgeben. Die Karawanenführer lenken ihre Tiere durch Pfeiftöne. Der Älteste geht am Stock, seine jungen Gefährten reiten mit wilder Freude voraus. Alle scheinen sehr starke Persönlichkeiten zu sein. Einer trägt einen Polizisten-Regenmantel, ein anderer mit langen Haaren eine Schirmmütze, mit der er wie ein Strolch aussieht . . . Ihre Haare sind auf einer Seite lang, auf der anderen kurz geschnitten. Wir haben gleich einen guten Kontakt zu ihnen und fühlen uns beschützt. Sie galoppieren um die Yaks herum und treiben die, die sich ein wenig zu weit entfernt haben, wieder zurück. Ihr Gepfeife und ihre Schreie lassen uns vor Vergnügen lachen.

Nurith, die noch nie auf einem Pferd gesessen hat, läßt sich schon sehr bald nicht mehr an der Longe führen. Jane, Alice und ich können reiten. Jeanne hat ein bißchen Angst, da sie einmal als Kind einen Reitunfall hatte. Sie wird aber zurechtkommen, wenn sie nicht doch noch die ganze Pilgerfahrt zu Fuß unternimmt, wie sie es eigentlich vorhatte.

Unsere Tibeterin, Lotho, als Köchin engagiert, pfeift nach den Yaks wie ihre Gefährten und ist Kettenraucherin. Sie trägt einen Mantel, ein langes Kleid mit Pantalons, und ist mit ihrem gesamten Schmuck behängt. Aus der Tasche, die ihr Mantel bildet, wenn sie den Gürtel zurückzieht, zaubert sie Bonbons für uns hervor. Sie lacht gerne und ist völlig ungezwungen. Wenn sie umherspringt, hebt sie ihre Gewänder hoch. Sie dürfte etwa 25 Jahre alt sein.

Die Durchquerung des großen Flusses, dessen Wasser bis zum Bauch der Pferde reicht, macht selbst die Tibeter etwas unruhig. Sie fragen sich, ob wir es schaffen. Nurith, Claire und Sybille reiten als erste los. Ihre Pferde werden von vier Männern gezogen. Sie wollen uns beim Durchqueren filmen. Die starke Strömung, das Rumpeln der Steine, die sie mit sich führt, die Pferde, die ins Rutschen geraten . . . Das alles ist sehr beeindruckend, es passiert aber nichts. Die Yaks kommen zuletzt, und wir sehen, wie unser Gepäck naß wird. Nachdem wir am Ufer ein paar Kekse gegessen haben, klettern wir nach Tawu Gompa hinauf, einem Nyingmapa-Kloster mit gelben Lehmmauern und pagodenförmigen Dächern. Die Lamas nehmen uns mit großer Gastfreundschaft auf. Es ist, einschließlich der Mönche, ein Dorf von etwa 100 Personen. Das Kloster besitzt drei Haupttempel und gehört zu einem Zweig des berühmten Nyingmapa-Klosters Dodrup Chode.

Die Nyingmapa-Schule oder „Schule der Uralten" ist der älteste der vier großen Zweige des tibetischen Buddhismus. Ihre Lehren wurden von dem großen Prediger Padmasambhava nach Tibet gebracht. Seit ihrem Bestehen nehmen die Nyingmapa als Novizen sowohl Mönche auf, die das Zölibat einhalten, aber auch Jogins oder Ngakpas, die heiraten können. Dies ist beim Abt dieses Klosters, Thupten Tsering, der Fall. Wer nicht in der Mönchsgemeinschaft lebt, die aus etwa 15 Männern besteht, bewohnt kleine Einzelhäuser, umgeben von hohen Mauern aus gestampfter Erde. Das ist das Dorf. Sie führen ein Eremitenleben, auch wenn sie sich nicht ganz aus der Welt zurückgezogen haben. Wegen der Größe und Wirksamkeit ihrer geistigen Kräfte werden Nyingmapa-Lamas stets von der Bevölkerung um Rat gefragt.

Während wir unsere Zelte auf einem grünen Hang unterhalb des Dorfes aufstellen, laden die Nomaden das Gepäck der Yaks ab. Wir sind alle sehr müde, filmen aber trotzdem noch die Statue von Ling Guesar oder Guesar de Ling in der großen Gompa. Einer der drei Haupttempel Lings, der auf dem höchsten Punkt des Dorfes steht, ist der der Schutzgottheiten, der Gonkhang. Er enthält eine Darstellung Ling Guesars, des großen Helden des tibetischen Epos, der aus Kham stammen soll; seine Heldentaten spielten in der Umgebung dieses Gebirges, wo ihm viele Orte geweiht sind.

Alexandra David-Néel hat die Erzählungen, die hauptsächlich von wandernden Barden überliefert wurden, gesammelt. Sie hat sie übersetzt und bearbeitet. Es ist der Auftrag des Königs Guesar, die Ordnung in der Welt herzustellen, Unrecht und Gewalt zu verbannen. Die Version, die in Kham erzählt wird, schreibt ihm in erster Linie die Rolle eines Verteidigers der Religion zu; die mongolische Version sieht in ihm einen Gerichtsherrn, der, gewissen Prophezeiungen zufolge, wieder auf die Erde zurückkommen wird, um seine Aufgabe fortzuführen.

Ich begebe mich auf die Suche nach dem Obersten Lama, weil die Mönche zögern, vor seiner Ankunft mit dem Abendritual zu beginnen. Ich treffe ihn zu Hause an, eine Flasche Schnaps in der Hand; seine Nase ist so dick wie eine Kartoffel. Er segnet mich, indem er mir einen tüchtigen Schlag auf den Kopf gibt. Ich gebe ihm durch ein Zeichen zu verstehen, daß die Sonne untergeht und wir dann das Ritual nicht mehr filmen können. Ich glaube nicht, daß er richtig begreift, was wir mit unserer Ausrüstung machen. Er hat zwar unsere Bitte, filmen zu dürfen, mit Begeisterung aufgenommen, aber wie sieht es damit in seinem Kopf aus? Er kichert, drückt seine Zigarette aus und begibt sich, umringt von seiner Frau, seinem Sohn und noch etwa zehn weiteren Personen, zum Tempel. Nachdem ich auf die Terrasse des Klosters gestiegen bin, bietet sich mir ein grandioses Bild: die unendlich weite Ebene, der silbrige Fluß und die Gipfel, die eine Wolkenkrone tragen. Eine Skulptur, bestehend aus zwei vergoldeten Gazellen, die ein Rad einrahmen, überragt die Terrasse. Ihr Schatten zeichnet sich auf einer weißen Mauer gegenüber dem Tempel ab. Die Szene symbolisiert die erste Lehre des Buddha Skayamuni: „Das Rad des Dharma drehen", die große Doktrin im Park der Gazellen bei Sarnath in Indien. Ich mache ein Foto. Danach lädt uns der Neffe des Lama zum Tee ein. Der Lama kommt. Meine Brosche aus falschem Gold fasziniert ihn. Gyurme übersetzt das Gespräch, das sich um unser Land und unsere Reiseroute dreht. Frankreich, Faguo auf chinesisch, liegt für ihn ebensoweit entfernt und ist ihm genauso fremd wie Chengdu, der Ausgangspunkt unserer Expedition . . . Als wir uns verabschieden, versetzt er uns wieder einen tüchtigen Hieb auf den Schädel. Wenn es nichts Gutes bewirkt, so kann es uns aber auch nicht schaden!

Der Chörten des Dorfes erhebt sich oberhalb unseres Lagers. Ursprünglich war er ein Grabmal. Heutzutage enthalten die Chörten nicht mehr unbedingt Reliquien im ursprünglichen Sinne des

Wortes; man kann in ihnen auch heilige Texte oder Bilder aufbewahren. Sie werden am Eingang eines Tempels oder einer Ortschaft errichtet, an einer heiligen Stätte oder an der höchsten Stelle eines Passes. Ihre Architektur und ihre Größe kann von Region zu Region unterschiedlich sein. Die verschiedenen Stufen, aus denen sie sich vom Grundsockel bis zur Spitze zusammensetzen, stellen die fünf Elemente dar (Erde, Wasser, Feuer, Luft und Äther); sie haben zahlreiche Entsprechungen zu anderen Elementen der buddhistischen Religion.

Zum Abendessen sitzen wir um ein Holzfeuer herum, das Lotho mehr als anderthalb Stunden lang mit einem Blasebalg in Gang gehalten hat; es gibt Fischsuppe. Plötzlich kommt ein Gewitter auf. Die Hunde bellen. Regen und Wind brechen los. Ich krieche unters Zelt und nehme mir beim Schein einer Kerze mein Tagebuch vor. Alexandra muß oft unter ähnlichen Bedingungen gelebt haben. Alice trinkt mit ihren neuen tibetischen Freunden und Jane Schnaps. Ich höre sie lachen. Was sie sich wohl erzählen und in welcher Sprache?

15. August

Während der Nacht höre ich Jeanne vor Wut schreien, weil sie halb durchnäßt aufgewacht ist. Snafu besorgt ihr neues Bettzeug und kommt den Chinesen zu Hilfe, die sich ein richtiges Nest aus den überzähligen Decken und Schlafsäcken gebaut haben. Christoph steht auch auf, um die Zelte zu überprüfen. Draußen tobt ein gewaltiges Gewitter mit Wirbelstürmen. Die Plastikbahnen, die wir in Xining gekauft haben, sind nicht groß genug, um die ganze Oberfläche zu schützen. Ich beschließe, mich nicht aufzuregen und im Wasser liegenzubleiben, ziehe die Beine an und halte mich, umgeben von meinen Sachen, in der Mitte der Luftmatratze auf. Da man im Augenblick sowieso nichts trocknen kann, ist es besser, alles, was da über einen hereinbricht, gelassen zu ignorieren.

Starr vor Kälte stehen wir auf und steigen zum Dorf hinauf, um ein schützendes Dach zu suchen. Der Schreiner bietet uns seine Gastfreundschaft an. Ich kann kaum mehr atmen, meine Bronchien sind ganz mitgenommen. Und dabei ist doch heute mein Namenstag! Wir drängen uns alle um den Ofen herum und versuchen, unsere Sachen nach und nach zu trocknen, während unsere Gastgeber regelmäßig bei uns reinschauen, um sicherzugehen, daß es uns an nichts fehlt. Wir fallen in ihr Haus ein, und sie lächeln uns zu! Stellen wir uns einmal die gleiche Situation in einem unserer französischen Gebirge vor, da, wo sich Fuchs und Hase gute Nacht sagen . . . wir müßten den Vergleich fürchten. Lotho erscheint um 11 Uhr morgens mit einem ganzen, bereits zerstückelten Hammel, den sie mit der Geschicklichkeit eines Fleischers, die Zigarette im Mund, zerlegt. Sie hat einen riesigen Wassertopf aufgesetzt, wirft die Fleischstücke hinein, wobei sie die zartesten zurückbehält, um sie später, wie für ein Tatar, kleinzuhacken. Als das Fleisch gekocht ist, reicht sie uns ein Messer, und wir schneiden das Fleisch um die Knochen herum ab. In die Fleischbrühe wirft sie das gehackte Fleisch sowie dicke Nudeln, und wir beenden die Mahlzeit mit einer köstlichen Suppe, die von den Tibetern Thukpa genannt wird.

Faszinierend zu sehen, an was sich die Menschen gewöhnen können, ohne mit der Wimper zu zucken, selbst unter den schlimmsten Bedingungen. Um diese Suppe für mehr als fünfzehn Personen zuzubereiten, hat sie nicht einmal eine Stunde gebraucht. Wir sind wirklich voller Bewunderung . . . Lotho ist keine Schönheit, aber sie ist voller Energie, und die bewirkt ihren großen Charme. Nach dem Kochen geht sie nach draußen, wäscht sich die Haare im eisigen Flußwasser und kommt ruhig und geduldig zurück, um sie auf der Terrasse auszubürsten. Danach macht sie ihre Frisur und bringt die verschiedenen bunten Schals, die am Gürtel ihres Kleides hängen, in Ordnung; sie geben ihr das Aussehen einer Prinzessin, wenn sie auf ihrem Pferd galoppiert.

Fieber, Tränen. Ich lege mich auf das Bett des Hausbesitzers und schlafe sofort für mehrere Stunden ein. Als ich aufwache, defilieren die Dorfbewohner an Menpa (Doktor auf tibetisch) Jane vorbei; sie erklärt mir, Fall für Fall, woran sie leiden. Eine entzückende junge Nomadin ist ins Dorf gekommen, um sich vom Lama kurieren zu lassen. Sie hat eine sehr häßliche Verbrennung auf der angeschwollenen und violett verfärbten linken Hand. Die Wunde ist entzündet; wie werden die örtlichen Bakterien auf antiseptische Bäder und Antibiotika ansprechen? Und wird sie sich an das Verbot halten, vorerst keine Haus- und Küchenarbeiten zu verrichten? . . . Die alte Mutter eines Meditationslehrers ist sehr krank; seit einigen Monaten kann sie keine feste Nahrung mehr zu sich nehmen. Ein tibetischer Arzt hat eine Magenkrankheit diagnostiziert, aber seine Medikamente haben nicht geholfen. Man hat sie in einem ruhigen Zimmer hingelegt. Sie ist völlig ausgemergelt. Jane untersucht sie: ihre Leber ist geschwollen und deformiert. Wahrscheinlich hat sie Speiseröhrenkrebs mit Metastasen in der Leber. Da ist nicht mehr viel zu machen, man kann nur noch versuchen, die Schmerzen zu lindern. Snafu gibt ihr Tütensuppen und Kräutertees als Abwechslung zum tibetischen Tee, etwas anderes kann sie nicht mehr aufnehmen. Es ist für diese Frau, die durch den Rückhalt ihrer Familie und ihren Glauben gestärkt wird, jedoch leichter, ihren nahe bevorstehenden Tod zu akzeptieren, als das in unseren sogenannten zivilisierten Ländern der Fall wäre.

Weitere Patienten finden sich ein: ein schöner, etwa fünfzigjähriger Golok, der Rückenschmerzen hat; eine Frau, die auf ihr linkes Schulterblatt deutet und dabei das Gesicht vor Schmerzen verzieht. Jane fragt, welche täglichen Pflichten sie hat: Sie muß mehrmals am Tag Wasser vom etwa einen Kilometer tiefer gelegenen Fluß in einem Eimer auf der Schulter herauftragen... Sie bekommt Aspirin und Ratschläge, die sie sogleich unbeachtet läßt, indem sie uns voller Dankbarkeit hilft, unsere Sachen ins Trockene zu bringen.

Am Abend bittet auch der Lama um eine Konsultation. Das Kamerateam wird sein Gesicht filmen, das durch einen gutartigen Tumor, der die Größe seiner Nase verdoppelt, sehr beeindruckend ist. Es war also nicht nur sein Hang zu Flasche... Er hat auch grauen Star, aber da können wir nicht viel für ihn tun; vielleicht wird er sich in Jyekundo oder in Xining, mehrere hundert Kilometer von hier entfernt, operieren lassen. Der Eingriff kostet etwa 300 Yuan; für medizinische Eingriffe ist hier keiner versichert.

Verschwommene Erinnerungen an diesen Tag. Die Frauen unseres Teams ertragen alles relativ gut, auch wenn es manchmal ein paar Tränen gibt. Physisch ist diese Reise für niemanden einfach. Shao Lin und Lao Shen sind verstört und gleich im Bett geblieben. Sybille, Claire, Jeanne und Snafu beschließen, ihre Zelte in einem noch im Bau befindlichen Haus, das jedoch schon ein Dach hat, aufzuschlagen. Wir müssen immer noch mit schlechtem Wetter rechnen. Ich bleibe eine ganze Weile in meinem Zelt und lese zum wiederholten Male die Legende von Guesar de Ling, wie sie von Alexandra David-Néel erzählt wurde.

Wieder einmal im Haus des Lama. Er empfängt ständig Besuche von Tibetern, die von weither kommen, um sich von ihm segnen zu lassen. Jeder erhält einen Sitzplatz, eine Art Teppich-Kissen, und eine Tasse Tee, die der junge Sohn des Lama und der Diener des Hauses immer wieder nachfüllen. Die fremden Männer sind groß und stark, sie tragen ihr Haar lang, und ihre Augen haben die gleiche Leuchtkraft wie die Farbe der Türkise, die an ihren Ohren hängen. Ihre Gesichter sind genauso faltig wie ihre langen Lammfellmäntel, die Chubas; sie scheinen nicht sonderlich erstaunt zu sein, uns hier vorzufinden. In diesem Teil der Welt ist alles möglich, und das Alltägliche ist außerordentlich.

Abends kommen die Leute uns in unserem Lager besuchen. Es hat sich herumgesprochen, daß sich unter uns ein Menpa befindet, und Jane kann sich vor Arbeit nicht retten. Die Atmosphäre ist aber entspannt. Von meinem Zelt aus kann ich beobachten, wie Alice und danach Jane im Schein des Feuers und zur Musik von Rock-and-Roll-Kassetten, ausgelassen mit den Tibetern tanzen. Bis zwei oder drei Uhr morgens werfen sie Arme und Beine so hoch wie möglich. Es ist ein tibetischer Tanz zu amerikanischer Musik. Ein fast unglaublicher und angenehmer Anblick, wie sie sich alle zusammen entspannen, diese jungen Menschen, das wilde Gelächter trotz aller Unterschiede der Zivilisation, der Sprache und der Kultur!

16. August

Der Diener des Dorflamas weckt uns und bringt für jede einen Beutel Kuchen und Bonbons mit, die der Lama geweiht hat; sie sollen uns während der nächsten Tage auf unserem Weg beschützen. Sybille, Claire, Jeanne und Snafu hatten wieder eine schlechte Nacht. Sie sind auf ihren ewig feuchten Matratzen fast zu Eis erstarrt. Ihr Haus hat zwar ein Dach, doch die Fensteröffnungen lassen den eisigen Wind und den Schnee herein.

Heute steht uns eine lange Strecke bevor. Der Nebel sinkt ins Tal hinunter, die Sonne geht langsam auf. Wir ziehen los und lassen Nurith mit ihrem Kamerateam zurück. Sie sollen die Karawane filmen und unten am Fluß wieder zu uns stoßen. Kaum sitze ich im Sattel, geht mein Pferd auch schon durch. Ein Tibeter fängt uns schließlich ein. Ich zittere, bin aber stolz darauf, daß ich mich im Sattel halten konnte. Ich wechsele das Pferd. Diese kleinen Tibet-Pferde sind sehr nervös, was aber auch zu ihrem Ruf beiträgt.

Hua Qing, der Cowboy aus Xining, geht mir auf die Nerven. Er macht mich fast verrückt mit seinen rechthaberischen Ratschlägen, wie man zu reiten hat, welche Richtung einzuschlagen ist. Mehr als ich versteht er auch nicht davon, und ich habe nur Vertrauen zu unseren Karawanenführern. Ich gebe ihm keine Antwort. Jetzt können wir uns also endgültig auf den Weg machen. Die Yaks sind auch nervös geworden. Zwei von ihnen rasten plötzlich aus, gehen durch, buckeln so heftig, daß sie es fertigbringen, die Stricke ihres Lastgepäcks zu lockern. Wir setzen unseren Weg am Rande des Flusses unter der Sonnenglut bis zwei Uhr mittags fort. Am Horizont der Hochebene zeichnet sich ein Feld von Gebetsfahnen ab. Hunderte sind es, die da im Winde flattern, aufgehängt an einem Bauwerk, das die Form eines Chörten hat; es sieht wie ein riesiger Sonnenschirm aus. Wir reiten, wie es sich gehört, links um ihn herum, und Lotho wirft sich mehrmals vor dem Mast in der Mitte nieder. Inmitten dieser unendlichen Weite wirkt dieses Gebäude ungeheuer beeindruckend und, in unseren Augen, geradezu surrealistisch.

Auf dem weiteren Weg wimmelt es zu unseren Füßen von drolligen Murmeltieren, Wieseln und Maulwürfen. Die Schönheit und die Ruhe der Landschaft lassen uns ruhig werden . . . Ich reite mit dem alten Chef der Karawane hinter den Yaks. Wir kommen an einer etwa 100 Meter hohen Felswand über dem Fluß vorbei, danach geht es wieder leicht abwärts in Richtung Flußbett. Die Landschaft gleicht nun der aller tiefen Flußtäler, ehe der Aufstieg zu einem Paß beginnt. Wir begegnen einem Mönch zu Pferd, der die Khora vollzieht, die Umrundung eines Gebirges in sieben Tagen . . . Die Khora wird ausgeübt, indem man an den heiligen Stätten Rituale und Gebete vornimmt. Für Amnye Machen braucht man drei Wochen. Wenn man sich allerdings bei jedem Schritt niederwirft, dauert sie länger als drei Monate. Wie unsere Karawanenführer sagten, legen die meisten Pilger die Khora jedoch zu Pferd zurück.

Am Flußufer hockt das Kamerateam (Nurith, Claire und Sybille) beim Lunch und zieht sich dann an das andere Ufer zurück, um uns zu filmen. Alice nimmt ein Bad im eisigen Wasser, ich wasche Jeanne die Haare. Jane ist wieder einmal bei ihrem großen Frühjahrsputz. Lotho schaut uns von der Uferböschung aus zu. Sie wäscht sich nicht und schläft schließlich ein.

Etwas später geht wieder einmal ein Yak durch. Snafu bemüht sich, es mit Hilfe von Lotho aufzuhalten und erhält einen Huftritt gegen den Fuß. Er windet sich vor Schmerzen. Ich gehe zu ihm, rede ihm gut zu und massiere seinen Fuß eine halbe Stunde lang. Ich versichere ihm, daß nichts gebrochen ist, nur ein kleiner

Bluterguß. In Wirklichkeit verstehe ich gar nichts davon. Jane läßt mich machen, ohne einzugreifen. Ich glaube an meine magischen Kräfte.

Wir machen Pause am Fuß eines Gebirgspasses. Bis wir die Zelte aufgestellt haben, ist es 5 Uhr geworden, und plötzlich bricht ein Regensturm über uns herein. Wir sind starr vor Kälte. Auf einmal zeichnet sich ein fantastischer doppelter Regenbogen gerade über unseren Köpfen ab, er überspannt die Landschaft von einem Ende zum anderen. Es sieht aus, als ob sein leuchtender Glorienschein uns beschütze. Wir filmen im Regen: diesseits des Tals ein tintenschwarzer Himmel, jenseits des Flusses, kaum zu erkennen, zwei Nomadenzelte und Herden am Fuß schneebedeckter Gipfel. Ein unbeschreibliches Licht.

Schade, daß uns dieser sintflutartige Regen nicht mehr Zeit für eine Ruhepause läßt, doch Lotho kommt nicht zum Kochen, da man kein Feuer machen kann. In ihrem weißen Leinenzelt reicht sie jedem von uns einige Stücke gekochtes Fleisch. Ich halte einen riesigen Yak-Knochen in beiden Händen und reiße mit den Zähnen das Fleisch herunter. Es schmeckt nach abgelagertem Wild. Lotho bietet auch Tee an sowie altes, ziemlich ranziges Fettgebakkenes mit rotem Zucker, einer Art Melasse. Sie trällert vor sich hin und liegt auf der Lauer, um Wasser zu kochen, sobald das Wetter es zuläßt. Doch der Regen wird immer stärker. Einer der Karawanenführer müht sich, das Feuer mit getrocknetem Yak-Mist wieder in Gang zu bringen, ein anderer begibt sich auf die Suche nach Wasser. Lotho ist eingeschlummert, und die Männer geben auf – Wind und Regen sind zu stark.

Ich schlüpfe ins Gemeinschaftszelt der Tibeter. Lao Wang, der Fotograf, singt mit seiner tiefen Altstimme chinesische Lieder. Es macht Spaß, ihm eng aneinandergeschmiegt zuzuhören. Nurith kommt hinzu, Claire auch. Es herrscht eine heimelige Atmosphäre, ich kann mich aber vor Müdigkeit kaum noch aufrecht halten. Alice begleitet mich zu meinem Zelt, wir schmusen ein bißchen miteinander, und dann kehrt sie zu ihren tibetischen Kumpels zurück, die, ohne sich zu rühren, auf sie warten. Sie hat vor, sie zu schminken, denn als sie ihr heute nachmittag zuschauten, wie sie sich Lippenrot auflegte, hatten sie darum gebeten, ihnen das auch zu machen. Ich ergänze meine Tagebucheintragungen, ehe ich in meinen Schlafsack sinke.

17. August

Alle, auch die Tibeter, arbeiten in dieser Polarkälte nur mit halber Kraft. Wir reiten und laufen bis 14.30 Uhr durch Moorgebiete mit zarten Gräsern, voll von Pilzen, die aussehen wie kleine, braune Algen; sie sind in der tibetischen Küche sehr begehrt. Wir kommen bis zum Paß von Trakdo la-tse. Der Aufstieg durch das Tal ist großartig, etwas streng und düster wegen des bedeckten Himmels, aber wir befinden uns schließlich auf 4700 Meter Höhe. Der Boden wird immer mineralischer und ist von kahlgefressenen Grasbüscheln bedeckt, in denen wir uns immer häufiger mit den Füßen verfangen. Wir entdecken einige herrliche Exemplare von Blaumohn, dieser so seltenen Blume des Himalaya. Wir brauchen eine knappe Stunde, um auf mehr als 5000 Meter Höhe den Paß am Fuße des Gletschers Machen Pomra zu überqueren. Wie unsere Gefährten sagen, kann man bei klarem Wetter die fünf Hauptgipfel der riesigen Gebirgskette erkennen. Heute läßt sich nur das äußerste Ende der Gletscherzunge durch ein Wolkenmeer erahnen.

Ein riesiger Steinhügel markiert den Durchgang zwischen den beiden Tälern. Unsere Karawanenführer danken den Göttern, daß sie ihnen erlaubt haben, den Gebirgspaß zu erreichen, und legen einen Stein, einen kleinen Fetzen Stoff oder einen sonstigen persönlichen Gegenstand nieder. Pfeifend und schreiend umrunden sie den Steinhaufen dreimal im Laufschritt: „Ki ki so so, lha gyalo" – „Die Götter sind Sieger". Auf dem Bergkamm, der uns von dem Gletscher trennt, zeichnen sich pünktchenartig lauter kleine Steinhügel ab, die den Weg der Pilger säumen. Wir steigen höher, um zu filmen, nicht ohne Anstrengung, denn die Luft zum Atmen wird immer dünner. Dort entdecken wir wieder Gebetsfahnenfelder und einen Platz, der für Weihrauchopfer vorgesehen ist; auch wir beeilen uns, sie darzubringen.

Wir fotografieren uns gegenseitig am Rand des Gletschermeeres, nahe bei den Gebetsfahnen.

Am Fuß des Gletschers sammle ich winzigkleine, runde, halluzinogene Pilze, die ich in Fladen von Yakmist entdeckte. Alice, der ich sie schenke, wickelt sie sorgfältig in Papiertaschentücher. Snafu bereitet das Essen zu. Er hat sogar auf ein Stück Pappe geschrieben: „Willkommen im Restaurant am See". Das Menü besteht aus chinesischen Trockenfischkonserven in Soja-Öl. Die Tibeter bieten uns von ihrem Brot an. Es sieht wie ein runder Fladen aus. Das

Innere ist kaum durchgebacken. Wir lassen nichts davon übrig und stippen damit das Öl auf, das noch in den Büchsen verblieben ist. Gut gelaunt machen wir uns wieder auf den Weg. Jeanne zieht es vor, zu laufen. Der Chef der Karawane setzt sich auf das freigewordene Pferd.

Wir geraten jedoch sehr schnell wieder in Regen und Schneegestöber, selbst die Yaks rutschen aus. Der Abstieg ist zu gefährlich, als daß man es wagen könnte, ihn fortzusetzen. Ein wenig weiter unten ist zum Glück eine ausgedehnte Talterrasse von einem großen Nomadenzelt besetzt. Wir richten uns nicht weit von ihnen entfernt ein in der Hoffnung, morgen früh beim Aufwachen, wenn der Himmel es gut mit uns meint, die Berge sehen zu können.

Die Nomaden laden uns zu sich ein. Auf dem Boden des Zelts, dessen enggewebte braune Wolle den Regen nicht durchläßt, außer in der Mitte des Dachs, die einen Spalt breit offen ist, um den Rauch abziehen zu lassen, halten Fladen aus Yakmist eine Feuerstelle aus getrocknetem Lehm in Gang. Man fühlt sich wohl dort. Das Paar, das uns willkommen heißt, scheint so um die Fünfzig zu sein; dabei ist ein junges Mädchen von siebzehn Jahren und ein kleines von fünf. Sie bieten uns sofort Tee und Blutwurst an, kaum verschieden von der, die wir in Frankreich kennen. Der schlammige Boden, vermischt mit Mist, bildet um das Zelt herum einen großen braunen Fleck, auf dem eine Herde von Schafen und Ziegen ausruht. Dann kommen die Yaks zum Melken von den Bergen herunter.

Unsere Gastgeber haben ihre schönsten Gewänder angelegt, weil sie wußten, daß wir nahe bei ihnen vorbeiziehen würden, worüber sie zweifelsohne von einem der Reiter unterrichtet wurden, die uns im Verlaufe des Tages begegneten und schneller als unsere Karawane waren. Die Frau trägt das große traditionelle Festgewand aus schwarzem Seidenbrokat. Männer wie Frauen tragen die Chuba, die normalerweise bis zu den Knöcheln reicht, heben sie jedoch bis zu den Knien hoch und befestigen sie in der Taille mit einem farbigen Schal. Diese Chuba, die den gleichen Schnitt hat wie ein Bademantel, wird geschlossen, indem man die Stoffbahn auf der Oberseite zurückfaltet, so daß sich mit Hilfe des Gürtels eine Tasche bildet, in der alle üblichen Gebrauchsgegenstände ihren Platz finden: die Teeschale, Kleingeld . . . Am Gürtel hängt das Messer und der Beutel mit dem Feuerzeug.

Alice schenkt der Mutter und dem jungen Mädchen chinesische Gesichtscreme auf Lanolinbasis. Die Jüngste, ein bezauberndes kleines Mädchen, erhält eine mit einem Pandabär dekorierte Spange, die sie sogleich im Haar befestigt.

Die Nomadenfrauen flechten ihr Haar zu vielen kleinen Zöpfchen — im allgemeinen einhundertacht, eine heilige Zahl —, die ihnen wie ein Haarnetz bis auf die Schultern fallen, da sie untereinander an ihrem äußersten Ende durch Wollfädchen verbunden sind. Unser Gastgeber trägt um den Hals mehrere Ketten mit großen Steinen, Achaten und Karneolen.

Es sind Nachbarn gekommen, um die fremden Reisenden zu besichtigen. Wir können ein Lager auf der anderen Seite des Flusses erkennen, und von sehr weit her hören wir die Rufe von Kindern. Wir filmen Lotho, die der Mutter hilft, eine Suppe zuzubereiten, die gleiche, die wir neulich in Tawu Gompa gekostet haben. Wir essen alle zusammen unter ihrem Zelt von dieser sehr dicken Nudelsuppe, die unsere Kräfte wiederherstellt.

Von außen sieht das Zelt nicht groß genug aus, um uns alle aufnehmen zu können. Immerhin sind wir um die zwanzig Leute, die irgendwo um die Feuerstätte aus getrocknetem Lehm sitzen. Die Frauen halten sich immer auf der linken Seite auf, die Männer auf der rechten. Wir, die Gäste, haben das Recht, uns dorthin zu setzen, wo wir wollen. Rund um den Innenrand des Zelts sind Decken und Teppiche aufgeschichtet, die als Betten dienen, und stehen Truhen aus bemaltem Holz, in denen die Gewänder und die kostbarsten Gegenstände aufbewahrt werden. Auf der Frauenseite sind die wenigen Küchengeräte aufgestapelt, dahinter ein Gerät aus Urväterzeiten, um die Butter zu schlagen. Wenn sie fertig ist, näht man sie in Yakmägen ein, wo sie so lange konserviert wird, bis man sie am Ende des Sommers verkaufen kann. Der gesamte Besitz dieser Menschen ist das, was sich in diesem Zelt befindet, und was sie auf dem Rücken tragen; dazu kommen ihre Herden.

Wir gehen schlafen. Wir werden mit dem Gesicht zum heiligen Berg schlafen, und selbst wenn die Wolken ihn verdecken, spüren wir seine beeindruckende Gegenwart.

18. August

Während der Nacht ist ein heftiger Sturm aufgekommen, noch stärker als die vorangegangenen Stürme. Heute morgen beträgt die Sichtweite nicht mehr als zwei Meter. Der Chef der Karawane weigert sich, aufzubrechen. Zuviel Wind und Schnee, sagt er. Es ist sechs Uhr. Wir können also noch ein bißchen schlafen und richten uns darauf ein, hier mehrere Tage lang festgehalten zu werden. Mir bereitet dieser Gedanke keine Furcht. Alice nimmt es auch sehr gelassen auf. Der Karawanenchef hat ihr gesagt, daß er sie adoptieren will, daß er sie wie seine eigenen Söhne liebt und daß sie sehr gut reitet. Ich glaube, er liebt sie, weil sie sich den jungen Tibetern gegenüber wie eine Schwester verhält.

Beim Wecken um neun Uhr ist die Stimmung eher gut. Die Nomadenfamilie nimmt uns wieder auf. Wir zittern alle vor Kälte und trinken einen Tee nach dem anderen. Lotho serviert uns eine Suppe aus Nudeln und Yakfleisch. Sie ist fett und wärmt uns auf. Den ganzen Tag über treiben heftige Windstöße einen feinen, eisigen Schnee vor sich her, der uns das Gesicht verbrennt, noch ehe wir den Versuch machen, aus dem Zelt zu gehen. Wir kehren zurück und schlafen den ganzen Morgen und Nachmittag. Gelegentlich öffnet eine von uns ein Auge, um festzustellen, daß der Schnee immer höher wird.

Zu Beginn des Abends hört der Schneesturm plötzlich wie durch Zauberkraft auf, alles wird hell, die Gipfel entschleiern sich, die Wolken treiben in alle Richtungen. Wir filmen. Der Machen Pomra zeigt sich fast ganz, und die letzten Sonnenstrahlen tauchen die weiße Schneedecke in ein warmes Orangerot. Der Chef der Karawane zeigt uns die fünf Hauptgipfel, die wie die fünf Finger einer Hand aussehen. Machen Pomra ist der höchste Gipfel. Die Herden kehren zu ihren Schlafstellen zurück. Die Yaks richten sich lässig auf dem kleinen Hügel vor dem Zelt ein. Das junge Mädchen bindet die Dris, die Yakkühe, an einen Pfahl und beginnt zu melken. Ein ungewöhnlicher Gegenstand hängt am Gürtel der Frauen, eine Art umgekehrtes T aus Metall, dessen beide Balken gekrümmt sind. Damit wird der Henkel des Eimers festgehalten, damit ein bockiger Fußtritt ihn nicht umkippen kann und damit der ganze Inhalt verloren ginge. Morgen wird es schön werden. Abendessen bei unseren Freunden, den Nomaden. Jane untersucht den Mann und die Frau. Hier gibt es keine tibetischen Ärzte, geschweige denn chinesische. Das nächstgelegene Krankenhaus ist in Machen, mehr als 100 km von hier entfernt. Die Familie wird bestimmt mit Beginn des Winters aus den Hochtälern herunterkommen, aber bis dahin profitiert sie vom Besuch der ausländischen Ärztin. Der Mann hat kleine Hautverletzungen am Hals und im Gesicht, die sich durch Kratzen verschlimmert haben. Unter der dicken Schmutzschicht sieht es ganz nach einem Ekzem aus. Er macht ein skeptisches Gesicht, als Jane ihm empfiehlt, sich Gesicht und Hände zweimal am Tag vor dem Auftragen der Cortisoncreme, die sie ihm gegeben hat, zu waschen. Er schmiert schnell das Gesicht ein, mit seinen durch Sonne und Schmutz geschwärzten Fingern. Neue Erklärungen . . . aber so einfach lassen sich Lebensgewohnheiten nicht ändern.

Dann kommt seine Frau dran: Ihre großen, geschickten Hände zeigen erste Anzeichen der Verformung durch Arthrose. Es ist eine Krankheit, die hier häufig auftritt: Die klimatischen Bedingungen, die Ernährung und genetische Faktoren dürften die Ursachen sein. Jane gibt ihr entzündungshemmende Mittel, um ihr für einige Monate Erleichterung zu verschaffen. Sie will auch wissen, ob die Frau ein von den Chinesen ausgegebenes Empfängnisverhütungsmittel genommen hat, um den Zeitraum zwischen den Geburten der Töchter zu verlängern. Schweigt die Tibeterin aus Scham oder weil sie Jane nicht versteht?

19. August

Wir haben schönes Wetter, aber die Temperatur ist auf weniger als 10 °C gesunken. Die Gebirgskette erstrahlt in schimmerndem Glanz, versilbert durch die aufgehende Sonne und vom Vollmond bestrahlt. Ein beeindruckendes Gefühl zu wissen, daß man sich auf über fünftausend Meter Höhe gegenüber von diesen gewaltigen Massen befindet. Wir machen Polaroidfotos von der ganzen Familie und ihren Nachbarn. Sie sind begeistert. Sofort stellen sie sie im Zelt bei ihren Gebetbüchern auf. Die Frauen weinen, weil wir gehen. Wir auch. Sie sind uns gegenüber so großzügig, aufmerksam und warmherzig gewesen. Wenn ich eines Tages beschließen sollte, sie wieder aufzusuchen, wie würde ich das anstellen? Die Nomaden wechseln oft ihre Plätze, und das Gebiet von Amnye Machen ist so weitläufig. Für mich wird heute der schwerste Tag der Expedition sein.

Wir bewegen uns zunächst am rechten Steilufer des Flusses entlang, indem wir die aufeinanderfolgenden Hänge, die es begrenzen, erklimmen. Der unebene Boden ist mit Wasser vollgesogen, man kommt nicht schnell voran. Macht nichts, die Landschaft ist großartig. Hinter der ersten Kammlinie erscheinen weitere Schneegipfel, der Raum ist grenzenlos, das Massiv scheint sich bis ans Ende der Welt zu erstrecken. Ein Damhirsch zeichnet sich ab, hält kurz inne und verschwindet gleich wieder, flink und graziös. Wir sehen kleine Tümpel mit einer dünnen Eisdecke. Die Erde ist mit Blumen übersät: Enziane in verschiedenen Blautönen, Astern, Edelweiß, Primeln und Goldknöpfchen. Man sieht Pilze aller Art, einige so groß wie kleine weiße Felsen. Wir filmen mehrere Male die Landschaft, durchqueren Flüsse; einer kommt aus einem so schönen Tal herunter, daß wir nicht zögern würden, es zu erkunden, wenn es unsere Zeit zuließe.

Der Chef der Karawane und seine Gefährten kratzen die Erde auf, um eine Pflanze rauszuziehen, deren Wurzel sie sogleich kauen. Sie ist lang und kastanienbraun, wie eine Schwarzwurzel. Wir probieren sie. Es ist eine Art wilder Sellerie-Rübe mit einem sehr konzentrierten Geschmack. Wir setzen den Abstieg fort, jetzt ist es schon Nachmittag. Das immer grüner werdende Tal verengt sich. Die Zelte sind vereinzelten, weit verstreuten Häusern gewichen, die von Mauern umgeben sind, um sie vor wilden Tieren zu schützen. Wir steigern das Tempo, die Reiter treiben die Yaks an und pfeifen um die Wette mit den Karawanenführern. Gegen 7 Uhr abends halten wir auf einer Wiese an, so weich und glatt wie ein Teppichboden. Jetzt erst begegnen wir wieder den ersten Menschen an diesem Tag. Es sind Jäger, die auf der Schulter eine Stange tragen, an der Murmeltiere mit einem sehr dichten Fell hängen.

Wir haben heute einen Höhenunterschied von mehr als 1300 Metern bewältigt. Es ist wärmer geworden. Sich in der Abendsonne zu waschen, wenn auch im eisigen Gletscherwasser, ist fast eine angenehme Beschäftigung geworden. Die Tibeter zünden ein Feuer an und bereiten eine Suppe zu, die unseren Hunger nicht stillt. Zwei junge Leute schlagen vor, von ihren Eltern im Gebirge einen Hammel zu kaufen. Es steht also ein Festmahl in Aussicht... Schon sind sie losgezogen und wollen gerade den reißenden Strom überqueren, der durch die Regen- und Schneestürme der letzten Tage angeschwollen ist. Ihre Gefährten prüfen die Tiefe, indem sie die beiden besten Pferde mit Longen zusammenbinden und sie mit schrillen Schreien ins Wasser stoßen. Die Tiere bewegen sich einige Meter vorwärts und kehren dann zum Ufer zurück. Doch schließlich haben die Jungs alles im Griff: Sie schwingen sich in den Sattel, und die Pferde überqueren den Fluß schwimmend. Wir sehen, wie sie auf der anderen Uferböschung hochsteigen, angaloppieren und hinter einem Hügel verschwinden. Ob sie zurückkommen?...

Um viertel vor zwölf nachts sind sie zurück, legen den Hammelkörper auf den Boden und zerlegen ihn mit den langen Messern, die sie am Gürtel tragen. Die Fleischstücke werden ohne jedes weitere Zeremoniell in den Kochtopf geworfen, und zwanzig Minuten später wird das Essen aufgetragen. Was mich angeht, so lege ich mich schlafen, da ich nicht einmal mehr die Kraft aufbringe, diesen Hammel zu probieren. Ich höre sie lachen und singen. Jane und Alice stehen dabei nicht zurück.

20. August

Wecken im Rauhreif, es ist 8 Uhr. Das Kamerateam und Alice sind schon fleißig bei der Arbeit. Sie filmen Lotho, die Feuer macht und das Frühstück zubereitet. Ich hole Jeanne ab. Schweigend drehen wir in der scharfen Kälte. Die Sonne geht auf und erwärmt uns allmählich ein wenig. Die Zungen lösen sich. Genau wie die Pflanzen schütteln wir den morgendlichen Rauhreif ab. Von einem frenetischen Drang getrieben zu drehen, denn es ist zweifelsohne unser letzter Tag in Amnye Machen, sind wir besonders glücklich, als zwei Golok, die die große Pilgerreise zu Fuß machen, auf dem Gebirgspfad oberhalb unseres Lagers auftauchen.

Danach bauen wir das Lager ab und machen uns wieder auf den Weg. Inzwischen strahlt die Sonne auf uns herab. Um 13.30 Uhr erreichen wir einen Chörten, der an dem Zusammenfluß von drei Tälern errichtet wurde. Das eine haben wir gerade verlassen, das andere führt in östlicher Richtung zu dem Ort Xueshan, wo wir uns wieder mit unseren Chauffeuren treffen sollen, und das dritte verläuft in südöstlicher Richtung. Die Zusammenflüsse sind von großer Bedeutung für die Tibeter, und die Chörten, die sie dort bauen, haben außer ihrer sakralen Funktion auch noch den Vorteil, daß sie dem Reisenden helfen, leichter seinen Weg zu finden.

Ein Feldweg, der nur bedingt mit Wagen befahren werden kann, endet an dieser Stelle. Es gibt sogar ein kleines Ladengeschäft, das Zigaretten, Bier, frisch abgezogene Tigerhäute, an denen noch Fleischfetzen hängen, Tigerkrallen und Leopardenfelle verkauft! Die Tibeter, die wir dort treffen, tragen prächtige Mäntel, die mit diesen Fellen reich gesäumt sind. Mit Gyurmes Hilfe frage ich sie, wo sie diese Pelze finden. Die „Boutiquen"-Inhaberin zeigt mit dem Finger auf das gegenüberliegende Gebirge.

Über uns erstreckt sich eine Mani-Mauer mit Gebetsformeln; sie schmiegt sich der runden Form eines Gebirgskamms an. Sie besteht aus kleinen Nischen, wo die Pilger die „Tsa-tsas" niederlegen, kleine Gefäße aus versteinertem Erdreich (Petrefakte), die die Asche eines Verstorbenen enthalten können oder bloß das geweihte Getreidekorn, das man den Göttern opfert. In einer der Nischen befindet sich ein großes, von den Gebetsfahnen halb verdecktes Foto des Dalai-Lama. Trotz seines physischen Exils ist er überall im Geist der Menschen gegenwärtig. Er gehört der Schule der Gelukpa an und ist die höchste weltliche und geistliche Instanz aller Tibeter. Wir filmen alles.

Ein paar Schritte von dem Chörten entfernt steht ein Zelt aus weißer Baumwolle; hier leben zwei Karmapa-Mönche, die Hüter des Platzes. Im 11. Jahrhundert hat Marpa, der Übersetzer, in Indien die bedeutenden Texte studiert, die er dann seinen Schülern mitteilte. Die von ihm begründete Schule wurde Kagyupa benannt, oder „Schule der mündlichen Überlieferung". Sein berühmtester Schüler war der große Milarepa. Danach teilte sich die Schule in vier Hauptzweige, darunter die Karmapa. Diese Mönche stellen gravierte Steine her. Einer von ihnen ist der Gehilfe des Meisters, eines Experten der Kalligraphie. Er sucht die Steine aus, schleift sie flach und stellt sie vor ihm auf. Er befestigt an ihnen Papierblätter, auf denen die heiligen Formeln aufgeschrieben sind. In der einen Hand einen Metallgriffel, in der anderen ein einfaches Stück Metall, das ihm als Hammer dient, zieht der Graveur im Schneidersitz zunächst eine gerade Linie, an der er sich orientieren kann, danach graviert er, indem er die Hand auf den Stein preßt, mit sehr subtilen Bewegungen des Handgelenks vorsichtig, präzise und erstaunlich schnell den Text ein, mit einer kalligraphischen Perfektion, die fast noch beeindruckender ist. Seine Meisterschaft ist so groß, wie sein Gesicht demütig ist. Er verkauft die Steine nicht, denn mit heiligen Dingen kann man keinen Handel treiben. Er wird von den Dorfbewohnern versorgt, und die Pilger bringen ihm für jeden Stein, den sie erhalten, Opfergaben dar.

Einer unserer Jeeps, dem es gelang, bis hier heraufzuklettern, nimmt Christoph nach Machen mit. Er wird den anderen Chauffeuren Bescheid geben, daß wir angekommen sind und daß sie uns abholen können. Wir machen ein Rendezvous auf der Straße für 17.00 Uhr aus und werden ihnen entgegenreiten. Liu, der Chauffeur, hat uns erzählt, daß die Straße sehr gefährlich ist und daß er beinahe von riesigen Felsbrocken erschlagen worden wäre. Seit zwei Tagen haben die Chauffeure versucht herauszufinden, ob wir schon angekommen sind, und das hat sie, wie Liu sagte, sehr nervös gemacht. Ich glaube, der Grund für ihre Nervosität ist eher darin zu suchen, daß sie die einzigen Han-Chinesen in einem reinen Golok-Gebiet sind.

Nach dem Mittagessen haben wir die erste Auseinandersetzung mit unseren Karawanenführern, die sich weigern weiterzugehen, wenn sie nicht mehr Geld erhalten. Zunächst gelingt es uns, sie zur Räson zu bringen. Wir besteigen unsere Reittiere und legen etwa 15 km auf einer Straße zurück, die durch eine Schlucht neben dem wie ein Wasserfall herunterstürzenden Fluß führt. Etwas sehr Seltenes im Amdo: Kleine, alte und vom Wind deformierte Bäume wachsen auf dem Boden dieser Schlucht. Auf dem Weitermarsch haben wir das Glück, einen bemerkenswerten Handabdruck von Guesar de Ling in der Felswand zu bewundern, dem die Pilger ihre Ehrerbietung erweisen, indem sie ihn mit der Stirn berühren.

Die Tibeter halten plötzlich mit verschlossenen Gesichtern an; sie nehmen Gyurme zur Seite, um ihm mitzuteilen, was sie verlangen... Dieser Abstieg ins Tal war nicht vorgesehen, denn die Wagen sollten uns am Zusammenfluß erwarten. Danach müßten sie wieder umkehren. Das wäre fast ein Tag mehr... Die sehr geschäftstüchtigen jungen Leute zwingen die Patriarchen, uns die Pistole auf die Brust zu setzen. Sie halten uns für Dukatenesel und verlangen das Doppelte der Summe, die beim Aufbruch festgelegt wurde. Es ist schwer, sie zur Vernunft zu bringen, denn die Tibeter sind mit Leib und Seele Händlernaturen, und wir zeigen ihnen einen solchen Reichtum durch unser Äußeres, unser Material und unsere Ausrüstung, daß die Verlockung, mehr herauszuschlagen, unwiderstehlich ist. Sie fangen an, abzusatteln. Die ganze Angelegenheit ist sehr lästig, denn die Wagen werden ganz sicher nicht bis hierher kommen. Alice läßt ihren ganzen Charme gegenüber ihrem neuen Adoptivvater spielen und verspricht ihm, daß wir weiter verhandeln werden, wenn die Wagen da sind. Es gelingt ihr nicht nur, die Truppe zum Weitermarsch zu bewegen, sondern sie gibt auch noch ein gutes Beispiel, indem sie sich einen der 25 kg schweren Kamerasäcke auf den Rücken hievt. Sie macht sich mit einem ihrer jungen tibetischen Kameraden, der die andere Kamera trägt, auf den Weg. Sie kommen schnell voran. Alle anderen können gar nicht umhin, ihnen 8 km weit zu folgen. Dann wieder ein neuer Zwangsaufenthalt. Eines unserer verrückten Yaks stürzt sich in den Fluß – mitsamt dem Gepäck von Jane und Sybille

– und zieht einige andere mit sich. Unmöglich, mit ihnen fertigzuwerden, sie kommen nicht mehr aus dem Flußbett heraus und spielen völlig verrückt. Wir rennen hin, den Blick fest auf unser Gepäck gerichtet. Wird es runterfallen? Wird es nicht runterfallen? Der Yak-Konvoi ist genauso genervt wie wir. Sie müssen die schlechte Atmosphäre gespürt haben . . .

Shao Lin, dem Assistenten von Nurith, gelingt es schließlich, sich des Gepäcks von Alice zu bemächtigen. Kaum hat er es einige Minuten getragen, als wir schon die Wagen sehen. Die Yaks beruhigen sich und finden sich in einem Feld nahe der Straße wieder ein. Eine unvergeßliche Szene: Nurith beglückwünscht Shao Lin wärmstens, daß er so mutig gewesen ist, die Kameratasche zu tragen . . . Alice weiß es nicht zu schätzen. Gyurme versucht, einen Preis mit den Tibetern auszuhandeln. Unmöglich, sich zu einigen. Von 1500 Yuans, auf die man sich beim Aufbruch einigte, haben sie den Preis auf 2580 Yuans hinaufgetrieben! Währenddessen versuchen wir, das Umladen unseres Gepäcks zu organisieren. Es ist ein melancholischer Augenblick. Wir sind tief traurig, die Gruppe zu verlassen, mit der wir das tibetische Leben kennengelernt haben, und das um so mehr beim Anblick unserer Chauffeure, die, anstatt nach mehreren Tagen frisch und ausgeruht zu sein, sich in einem Zustand totaler Hysterie befinden. Es ist ein großer Schock!

Die Chauffeure beleidigen alle um sich herum. Sie wollen, daß wir sofort einsteigen, und machen einen Höllenlärm mit den Hupen ihrer Jeeps. Sie sind widerwärtig! Wir laden die Yaks ab und schenken den Tibetern die Plastikfässer mit unserer Nahrung, unsere Decken, unsere Wasserbehälter, unsere Schirme. Dies alles unter den wütenden Blicken der Chauffeure. Der Chauffeur des Kamerawagens, Wang, beleidigt Lao Wang, den Fotografen. Ich glaube, daß er ihm vorwirft, gesagt zu haben, daß die Tibeter keine Wilden und auch nicht gefährlich sind und daß er sie liebt wie seine Brüder. Die Tibeter sind ein ruhiges, warmherziges und sehr geistiges Volk. Eine andere Lebensweise . . . Es gibt nicht einen einzigen Reisenden, von Marco Polo bis zu den Abenteurern der modernen Zeit, der nicht die Warmherzigkeit, die Freundlichkeit und Gastfreundschaft gerühmt hätte, die nur die Tibeter einem so reichlich zuteil werden lassen. Man kann gar nicht anders als überwältigt sein von einer Seelengröße, die sich in jedem Moment des täglichen Lebens widerspiegelt, aber auch während der schwersten Zeiten in der Geschichte eines Volkes.

Der Amnye Machen

Dieser geifernde, rassistische und drohende Chauffeur (ich habe mir seine Worte übersetzen lassen) hat mich angeekelt. Und es war doch so schön hier oben, so ruhig! Da es Gyurme nicht gelingt, den Chef der Karawane zur Vernunft zu bringen, beschließen wir, zwei der jungen Leute mitzunehmen. Sie werden später den Preis mit Christoph aushandeln, der in Machen geblieben ist. Obgleich die Chauffeure wie wild hupen, brauchen wir länger als drei Stunden, um 80 Kilometer zurückzulegen.

Ankunft in Machen, der Stadt der Schlachthäuser. Die große Straße ist gesäumt von Gebäuden, die wie Gefängnisse aussehen. Es ist die Hauptstadt des getrockneten Yakfleisches ... Wir werden während der ganzen Expedition noch viel davon essen. Es ist süß, gewürzt und wird in kleinen Zellophanbeuteln angeboten. Machen ist der Sitz der autonomen Golok-Präfektur und hat, wie man uns sagt, 15 000 Einwohner. Außer dem Schlachten von Tieren ist man hier auf die Verarbeitung von Häuten, auf Schuhfabrikation und Molkereiprodukte spezialisiert. Die Stadt wirkt verlassen. Ich habe das Gefühl, durch einen Ort zu laufen, der gerade geplündert worden ist. Eine Kulissenstadt, deren Fassaden vielleicht nur noch Dekorationen sind, eine Geisterstadt ...

Beim Aussteigen aus dem Wagen fällt Lao Wang hin und verstaucht sich den Knöchel. Alice stürzt auch. Sie hat ihre Beinmuskeln nicht mehr unter Kontrolle, leidet unter Zitterkrämpfen: zuviel Anstrengung. Ich stütze sie bis zum Hotel: Betonböden, falscher Luxus, alles sehr schmutzig. Das Personal ist entweder gar nicht vorhanden oder feindselig. Endlich gelingt es uns, eine junge Frau mit einem Käppi zu finden. Sie schlurft mit den Füßen. Es gibt richtige Betten, schmutzig, aber komfortabel. Wir gehen aus, um uns in einer finsteren Kneipe etwas zu stärken. Abendessen um Mitternacht mit Zhou, der aus Chengdu zurück ist, nachdem er seine Frau besucht und mit seinem Chef, Herrn Lou von CITS, den weiteren Verlauf der Route festgelegt hat. Er hat zwei neue Helfer mitgebracht, die noch sehr nervös sind; einer, ein Winzling, heißt Shao Fen, der andere, eine lange Hopfenstange, Gao Che, hat einen so warmherzigen Gesichtsausdruck wie ein Stockfisch in Mayonnaise. Sie rennen bereits um Christoph herum, um ihn zu bedienen, und mustern uns verächtlich von oben bis unten. Wir sind ja bloß Frauen. Plötzlich öffnet ein Mann die Tür des Restaurants und richtet eine Pistole auf die Chinesen. Er ist besoffen, ist aber der „Sheriff" des Kaffs. Wir haben kein Recht, zu dieser Zeit zu Abend zu essen, es ist nach Mitternacht. Er ist Tibeter und nimmt Zhou und Shao Fen mit aufs Revier! Ich lade Alice auf meine Schultern und bringe sie ins Bett. Sie weint ein bißchen, aber schon sehr schnell brechen wir in wildes, nervöses, nicht endenwollendes Lachen aus. Es ist alles ein bißchen zuviel, aber man kann eigentlich nur noch darüber lachen. Die beiden Chinesen werden die Nacht im Gefängnis verbringen und am nächsten Morgen, äußerst schlecht gelaunt, wieder befreit werden.

21. August

Ich lasse das Wasser eine ganze Zeitlang laufen; es bleibt kalt und schwarz. Große Säuberung in einer Badewanne ohne Wasser. Ich benütze Thermosflaschen mit heißem Wasser, die die einzige chinesische Bedienerin des Hotels mir nur unwillig bringt. Glücklicherweise kommt mir Jane zu Hilfe, und wir übergießen uns gegenseitig mit Schüsseln voll Wasser.

Wir gehen hinaus: blauer Himmel und flimmerndes Sonnenlicht. Das Hotel liegt am Ende der Straße, die die Stadt durchquert. Auf jeder Seite abscheuliche, noch unfertige Gebäude, die den desolaten Zustand der Stadt noch unterstreichen. Wozu sie dienen sollen, ist leicht zu vermuten: Partei, Verwaltung, Polizei usw. Näher am Zentrum ist die Straße belebter: sie wird von einer Reihe von Läden gesäumt, in denen die Nomaden Stoffe einkaufen. Ein Militärlastwagen kommt vorbei und überfährt beinahe drei Goloks zu Pferd, die das Gewehr mit Doppelbajonetten quer über den Knien liegen haben und in riesige Chubas gekleidet sind. Welch erstaunlicher Kontrast! Ich versuche, sie zu fotografieren, ein Pferd bäumt sich auf, die Reiter betrachten mich mit ebensoviel Neugier wie Mißtrauen. Ein weiterer Lastwagen nimmt Reisende auf seiner Ladefläche mit, auf der bereits Mönche mit roten Gewändern, Kindermönche mit tiefem Blick, hagere Chinesen mit traurigem Gesicht und Nomaden, die wie Äpfel verrunzelt sind, versammelt sind. Der Lastwagen setzt sich in Bewegung, die Hände bewegen sich in meine Richtung. Stimmen rufen: „Alice, Alice, menpa, menpa" . . ., wie um alte Kumpels zu grüßen. Woher wissen sie ihre Namen? Das tibetische Telefon . . . Es wärmt einem das Herz, wenn man das Lächeln dieser Tibeter mit den offenen und sympathischen Gesichtern sieht.

Unmengen von Gemüse und Obst sind auf dem Boden ausgebreitet: Paprikaschoten, Riesenradieschen, schwarze Rettiche,

Salate, Kohl, Pfefferschoten, Granatäpfel, Wassermelonen, Äpfel. Viele Goloks reiten über die Straße. Absolut erstaunlich, diese mit Tierfellen bekleideten Männer in dieser Karikatur einer modernen Stadt zu sehen. Die Tibeter binden ihre Pferde an hölzernen Barrieren vor den Läden an, ganz wie in einem Western. Sie trinken Bier und scheinen fast alle ganz schön angeheitert zu sein!

Nach dem Lunch machen wir uns auf den Weg in der Hoffnung, heute noch Wenquan zu erreichen. Ich bin mit Christoph, Jane und Jeanne in dem von Liu, dem Chauffeur des Gouverneurs von Sichuan, gesteuerten Wagen. Mein Chauffeur, der alte Wang, muß in Machen zurückbleiben, sein Wagen hat keine Hinterachse mehr; er wartet auf die Ersatzteile, die Liu, „der Belgier", ihm in zwei Tagen mit dem Bus aus Xining bringen soll. Kurze und heftige Diskussion mit Christoph, wie man die Chinesen zu behandeln hat. Wir bezahlen sie für genau festgelegte Dienstleistungen, nämlich die Logistik der Expedition zu organisieren, doch sie haben sich von Anfang an als völlig unfähig erwiesen. Darüber hinaus hören sie auch nie auf, sich gegenseitig zu kritisieren und zu bedrohen.

Die Straße verläuft an der Südseite des Massivs von Amnye Machen, das sich immer weiter entfernt. Wir überqueren einen Gebirgspaß auf 4700 Meter Höhe und brauchen fünf Stunden, ehe wir Huashixia erreichen. Von hier aus brauchen wir noch zwei Stunden bis Wenquan. Die Zeit vergeht schnell, und die Monotonie der Landschaft stört uns nicht.

Der zweite Wagen holt uns ein. Alice hält die Tür bei voller Fahrt geöffnet. Ihr Chauffeur hätte sie dreimal fast getötet: zweimal, indem ihm bei hoher Geschwindigkeit ein Reifen platzte, und das dritte Mal, als er sie in einen Graben fuhr! Er ist derjenige, der das Gerücht über die Krankheit Nr. 5 verbreitete und uns dadurch zwang, nach Xining zurückzukehren. Er scheint einen solchen Haß auf die Ausländer und seinen Beruf zu haben, daß er immer nur Unfälle baut. Er sollte eigentlich gar nicht mehr zurückkommen. Herr Lou vom CITS hat aber keinen Ersatz gefunden.

Endlich sind wir alle wieder zusammen, Jeanne, Jane, Alice und ich. Plötzlich betrachten wir alles wieder mit mehr Humor. Liu, der Zeuge unserer Auseinandersetzung mit Christoph war, verdoppelt seine Aufmerksamkeiten, bietet uns Tee und Zigaretten an. Ruhig und gelassen fahren wir in Wenquan ein, wo wir zufällig auf den Bürgermeister von Machen und sein Gefolge stoßen, die die Besuchstour durch die verschiedenen Distrikte seines Amtsbereichs fortsetzen, und treffen auch den großnasigen Lama von Tawu Gompa, der mit seinen Schülern zur Kur gekommen ist.

Wir richten uns in einem Garnisonshotel mit Blick auf das Militärlager ein, in dem wir schon das letzte Mal geschlafen haben. Es wird von Frauen geführt und ist etwas weniger schmutzig. Morgen werden wir uns also zum dritten Mal auf den Weg nach Xining machen.

Wir würden gerne auch noch zum Kokonor-See auf 3200 Meter Höhe fahren, an dem Alexandra einen ganzen Sommer verbracht hat. Die Ranak bewohnen das Südufer und führen ihre Herden zum Weiden in die benachbarten Berge. Alexandra war bei ihrer Ankunft am See enttäuscht, weil strömender Regen über ihn fegte. Pater Huc, der diese Region zusammen mit seinem Gefährten, dem ehrwürdigen Pater Gabet, 1848 bereiste, beschreibt ihn als eine große, monotone und faszinierende Fläche. Der Kokonor, ein richtiges Binnenmeer, wurde als Herz Zentralasiens angesehen. Nach den chinesischen Texten wurde das Nordufer bis zum 18. Jahrhundert von Mongolen bewohnt. Die Tibeter siedelten weiter südlich, und die Ranak-Nomaden, die ganz bis zum Südufer vorstießen, wurden von beiden Bevölkerungsgruppen gefürchtet.

Christoph hat sich beruhigt. Ich schlafe mit Alice und Jane zusammen. Wir lachen uns halb tot. Alice imitiert Christoph, sein Verhalten uns gegenüber, seine Stimme und seinen Gang, dann sprechen wir wieder über Amnye Machen und wie glücklich wir dort oben bei diesen wunderbaren Menschen waren. Wir schlafen ein.

22. August

Wir machen uns also wieder auf den Weg nach Xining, und wenn das Wetter schön ist, werden wir versuchen, bis zum Kokonor-See zu kommen. An seinem äußersten Westende liegt eine Insel namens Niaodao, ein großartiges Vogelschutzgebiet. Tausende von Vögeln versammeln sich dort zwischen April und Juli, sehr verschiedene und seltene Arten, wie der Schwarzhalskranich, aber auch Kormorane, Wildenten, Möwen und Seemöwen.

Von der Straße aus sehe ich Herden von Yaks und Schafen, die

Der Amnye Machen

in Richtung des Hekapasses klettern, um danach wieder zu weniger gebirgigen Weiden zu gelangen. Tausende sind es, die die alte Karawanenstraße nehmen, die gleich neben der neuen Straße verläuft. Vom hohen Paß aus gesehen wogen die Schafherden wie leichte weiße Wellen hin und her. Von nahem stellt man fest, daß sie sich sehr schnell fortbewegen. Die Nomaden folgen ihnen zu Pferd, ihre zusammengefalteten Zelte tragen die Yaks. Die Frauen folgen zu Fuß mit ihren Babys auf dem Rücken. Kinder zu Pferd treiben die Tiere voran. Bald ist Sommerende, dann verlassen die Nomaden die Hochweiden, um ihre Lager in milderen Höhen aufzuschlagen, wo sie den Winter verbringen. Dort werden die inzwischen fett gewordenen Tiere getötet und verkauft; auch die Nebenprodukte werden in den kleinen Marktflecken zum Kauf angeboten. Das Bild dieser Wellen brauner und weißer Tiere, die inmitten grüner Prärien von den Bergen herabkommen, gefolgt von Familien, deren farbige Gewänder wie Wiesenblumen wirken, ist absolut spektakulär. Einige reichere Nomaden vertrauen ihre Herden einem Verwandten an und setzen sich auf ihre Traktoren in Begleitung von ein oder zwei Hammeln, die für ihre nächste Mahlzeit bestimmt sind . . .

Ich beschließe, wieder vom Paß herunterzusteigen, um das Vorbeiziehen der Herden zu filmen. Mit meinem Walkie-talkie teile ich den Chauffeuren mit, daß wir eine Arbeitspause einlegen werden. Sie sind nicht erfreut darüber, um so weniger, als wir auch noch, ehe wir direkt nach Xining weiterfahren, den berühmten See besichtigen wollen. Wir brechen auf und essen in Heka köstlich zu Mittag. Die Köche kennen uns jetzt! Zum dritten Mal schon halten wir an ihrem Restaurant an. Omelette mit frischen Tomaten, Champignons, Sellerie, Reis – ein Festmahl. Unterwegs kaufen wir Süßigkeiten in einem sehr sauberen Dorf, dessen Häuser mit bunten Farben bemalt sind. An der Kreuzung der Straßen, von denen eine zum See führt, zieht eine Gruppe Nomaden mit hohen Hüten aus Filz oder aus versilberten Kunstfasern umher. Man könnte meinen, es seien Indios aus den Anden. Übrigens ist die Ähnlichkeit zwischen Indios und Tibetern frappierend: Haarfarbe, hohe Backenknochen, braune Haut, Schlitzaugen, vor allem aber Gewänder und Schmuck in sehr ähnlichen Farben.

Die Theorien über eine solche Verwandtschaft gehen weit auseinander. Ich habe gelesen, daß viele dieser Gewohnheiten, unter anderem auch das Tragen hoher Filzhüte, von den Engländern eingeführt worden seien. Ich bin da skeptisch . . . Alexandra erklärt diese Analogien so, daß aufgrund von Überlieferungen, die ihr recht fundiert zu sein scheinen, die Vorfahren der Khampas nach Amerika gezogen seien, zu einer Zeit, als dieser Kontinent noch mit Asien verbunden war, ehe er da auseinanderbrach, wo sich jetzt die Bering-Straße befindet.

Wir brechen zum Kokonor-See auf. Der verrückte Chauffeur ist noch immer wütend. Die Straße ist so gut wie nicht befahrbar, völlig abgesunken, obwohl sie den Ruf hat, eine richtig asphaltierte Straße zu sein. Arbeiter, deren Gesichter wegen des Staubs unter einer Art Imkermaske verborgen sind, lassen uns über das Gras fahren. Nach halber Strecke geben wir auf – wir werden nie ankommen. Und doch reizt uns die Aussicht auf einen fantastischen tibetischen Hotelkomplex aus Nomadenzelten am Seeufer ganz ungemein. Die Möbel sollen handbemalt sein, auf den Böden Teppiche aus Yakwolle. Gyurme bringt uns zum Träumen, als er erzählt, daß man morgens bei Vogelgesang und Wellengeplätscher aufwacht . . . Schade, vielleicht ein anderes Mal. Der See ist über 150 km lang, und das paradiesische Zeltlager befindet sich an seinem äußersten Ende. Wir müssen umkehren.

Wir schlagen den Weg nach Xining ein. Das Licht ist zu ungünstig, um die Dörfer mit ihren gelben Lehmhäusern zu fotografieren, an denen wir vorbeikommen. Sie erinnern an arabische Wüstenkasbahs, an jemenitische Bauwerke. Sie sind allerdings nicht so hoch und von Mauern mit pagodenförmigen, in kräftigen Farben dekorierten Toren umgeben. Die Chauffeure haben nur eins im Sinn: nach Hause. Seit Machen haben sie eine Stinklaune. Nach anstrengender Fahrt auf einer Straße, wo jeder Meter eine Gefahr darstellt (die Lastwagen wissen, daß sie die Stärkeren sind, die Bauern tragen Heubündel vor sich her und können nichts sehen, die Massen von Radlern achten nicht auf die Wagen), kommen wir im „Hotel der Freundschaft" an, wo wir schon fast wie zu Hause sind. Snafu ist sehr lieb, er hat unsere Zimmer hergerichtet und das Gepäck raufgetragen. Ein heißes Bad, köstlich, himmelweit entfernt von allem, was wir im Gebirge erlebt haben.

Unsere Chinesen führen uns ins Restaurant, noch immer das gleiche. Wir würden gerne einmal wechseln, andere Teile der Stadt kennenlernen, aber es ist ein Vertragsrestaurant der CITS, und es sieht nicht so aus, als wollten sie sich Schwierigkeiten einhandeln. Wir sind sauber, gut angezogen, haben Make-up aufgelegt, und dazu sind wir auch noch liebenswürdig . . .

Amdo

23. August

Wir teilen unser Tagespensum ein. Claire, Alice und Sybille räumen auf, putzen, sortieren und überprüfen ihre Ausrüstung. Nurith, Christoph, Jeanne, Gyurme und ich setzen uns zusammen, um unseren Arbeitsplan festzulegen. Als nächstes wollen wir das Kloster Kumbum filmen und müssen uns die Dreherlaubnis vom Vertreter der Reiseagentur und dem Vorsteher des Klosters besorgen. Wir arbeiten auch noch während des Mittagessens. Jeanne liest uns aus Alexandras Texten vor, als diese 1918 in Kumbum war:

„Kum-Bum[1]), 25. Juli 1918: . . . es gefällt mir ausgesprochen gut in Kum-Bum. Die Luft ist ausgezeichnet, leicht, und hat dieses besondere Etwas, das man nur in großen Höhenlagen spürt. Kum-Bum liegt nicht sehr hoch (etwa 2200 Meter) – wenigstens nicht für mich, die ich die Einsamkeit des Himalaya bis hinauf zu fünf- oder sechstausend Metern gesucht habe und die Zeit in einer Einsiedlerklause auf 3900 Meter Höhe verbrachte. Jedenfalls ist sie besser als die schwere Luft Pekings oder gar die des feuchten Japan. Die umliegenden Berge sind leicht zu besteigen, Weideland mit runden Kuppen. Der Kleine und ich haben bereits einige erklommen. Es ist wirklich eine große Freude, außerhalb der Städte zu sein und zu spüren, daß sich im Süden das weitläufige Tibet erstreckt, im Osten die Einsamkeiten des Kukunor[1])-Gebir-

---

1) Orthographie nach A. David-Néel.

ges und im Norden die riesigen Mongolensteppen . . . Man hat mir hier eine hübsche Wohnung gegeben, die zu einem der großen Tempel des Klosters gehört, aber doch völlig abgeschieden ist, was heißt, daß ich die Tür meines Patios, der an den Ehrenhof des Tempels angrenzt, schließen kann. Die Gebäude in Kum-Bum sind im chinesischen Stil erbaut und meistens in sehr gutem Zustand. Meine Wohnung besteht aus einem kleinen Patio, an dessen drei Seiten sich die Zimmer befinden, an der vierten Seite steht eine mit chinesischen Fresken geschmückte Mauer." *(Journal de voyage, Bd. 2).*

Jeanne, Gyurme, Christoph und ich brechen auf, um die Stellen zu markieren, die wir in Kumbum filmen könnten. Wir haben schönes Wetter, gewinnen einen völlig anderen Eindruck als bei unserem ersten Besuch. Im Hof des Haupttempels findet ein großer philosophischer Disput unter den Mönchen statt. Diese oratorischen Turniere spielten eine große Rolle bei der Einführung der Gelukpa-Mönche. Viele Texte beziehen sich darauf. Wir erfahren, daß diese Zusammenkünfte auch morgen stattfinden werden, und freuen uns darauf, sie filmen zu können.

Am Ende des Hofs, unter den Arkaden des Kosters, sitzen die „Alten" um den Thron des Abtes herum und wachen über den richtigen Ablauf der Übungen. Zwischen den Seilen stehen Stützpfeiler, die dazu dienen, über der Hälfte des Hofs eine große gelbe Zeltplane aufzuspannen, die mit Glückssymbolen geschmückt ist. Darunter sitzen in Reihen von unterschiedlicher Höhe die Schüler und die Lehrer. In der Mitte befinden sich die beiden Kontrahenten des Augenblicks. Wir kommen genau zur Teestunde an. Die Alten vertreten sich die Beine, die Jüngsten machen großen Radau, als sie uns sehen.

Alexandra: „. . . Ich wurde eingeladen, an den großen philosophischen Disputen teilzunehmen, die vom 15. (tibetisches Datum) bis 24. stattfinden werden, das heißt, daß sie in drei Tagen beginnen werden. Diese Turniere, die an ähnliche oratorische Turniere im Mittelalter erinnern, begeistern die Lamas. Hier können sich die, die ihr Fachgebiet beherrschen und gute Rhetoriker sind, zur Geltung bringen. Ich bin neugierig, was sie zu sagen haben, und nehme mir, ein bißchen boshafterweise, vor, danach mit ihnen weiter zu diskutieren, besonders mit den Gescheitesten unter ihnen." *(Journal de voyage, Bd. 2).*

Während Nurith, Jeanne und ich die nächsten Außenaufnahmen besprechen, verlangen Christoph und Gyurme, daß wir schnell nach Xining zurückfahren, um noch bis morgen die Genehmigung zum Filmen der Innenräume des Klostertempels zu erhalten. Wir schaffen es nicht. Vor dem Abendessen arbeiten wir noch ein bißchen mit Jeanne und lesen noch einmal alle Informationen, die wir über Kumbum haben. Jeanne ist genial, sie hat einen ganzen Koffer voller Bücher, Fotokopien, Karten, kurz voller Materialien, die unserem Film zugute kommen können, mitgeschleppt. Wir gehen zum Abendessen. Wir sind ein reiner Frauentisch mit der Leiterin der Xining-Zweigstelle von CITS, die unter uns Reiseprospekte und Postkarten über die Schönheiten Tibets verteilt. Selbst die Tibeter und ihre Kultur können von Interesse sein, wenn es darum geht, Devisen einzunehmen.

24. August

Wir fahren ab, um in Kumbum zu drehen. Von einem oberhalb des Klosters gelegenen Hügel verschaffen wir uns einen Gesamtüberblick über das Gelände. Die pagodenförmigen Dächer sind zwischen den Bergen eingeklemmt. Erstaunlich ist die Ähnlichkeit mit einem Foto, das Alexandra vor sechzig Jahren aufgenommen hat. Es ist fast identisch. Kumbum ist eines der Klöster, die von Zerstörungen relativ verschont geblieben sind.

„... Und von einem anderen Blickwinkel aus ist das Kloster, das in einem tiefen Tal nistet und an den Bergen, die es einrahmen, hochklettert, mit seinen schönen, vergoldeten Dächern, gekrönt von Ornamenten und Gebetsfahnen, ein wunderhübscher Anblick ... Die Stille, die in diesen Tempeln herrscht, ist eine Wohltat nach so langer, in Lärm verbrachter Zeit. Kum-Bum hat eine Bevölkerung von etwa 3800 Lamas, verteilt auf die verschiedenen Tempel. Eine tiefe Stille umgibt diese Gebäude, die sich terrassenförmig am Abhang der beiden Berge, die das enge Tal begrenzen, hinaufziehen. Man hört nur das Geräusch der langen Trompeten, die zu den religiösen Übungen rufen, und die weit entfernten Harmonien heiliger Musik, die aus der Wohnung des Obersten Lamas (augenblicklich ist das ein zehnjähriger Knabe) herüberklingen" *(Journal de voyage, Bd. 2)*.

Das Licht ist nicht hilfreich. Wir warten, daß Gyurme und Christoph vom Verwalter von Kumbum zurückkommen, um zu erfahren, ob wir endlich einige Innenräume der Tempel filmen können. Den Japanern haben wir es zu verdanken, daß die Preise in nicht mehr bezahlbare Höhen geklettert sind. Vor zwei Jahren haben sie, um einen Film über Kumbum zu drehen, 100 000 Dollar angeboten, also fast 300 000 Yuan! Und noch nirgendwo habe ich unfreundlichere Mönche angetroffen als hier. Ständig lehnen sie alle unsere Bitten ab; sie lächeln niemals und sind sehr gewinnsüchtig.

Die Landschaft dehnt sich unendlich weit aus. An der Grenze der Klosterstadt hat man acht große, weiße Chörten errichtet, um die herum sich Souvenirlädchen breitgemacht haben. Touristenfahrzeuge, meistens chinesische, parken dort! Von dort zweigt auch die Hauptstraße ab, die zu den Tempeln führt. Wo es einmal zweiundfünfzig gab, sind heute nur noch etwa fünfzehn vorhanden, darunter sechs Haupttempel.

Während wir auf den Bescheid der vorgesetzten Behörden warten, gehen Jeanne und ich von einer tibetischen Andenkenbude zur anderen. Sie liegen alle in der Straße, die zum Kloster führt. Ich kaufe einen alten, sehr einfachen Feuerstein, der mir schon vor etwa zwei Wochen in die Augen stach, eine hübsche Flasche, deren Hals aus Silber mit eingelegten, farbigen Steinen besetzt ist, sowie einen Rahmen aus ziseliertem Silber, der einmal ein Reliquienbehälter gewesen sein muß. Jeanne versteht sich auf Handelsgespräche und entdeckt auf den ersten Blick das, was wirklich schön ist. Sie selbst ist auch ein lohnender Anblick. Sie stürzt sich ins Gewühl der Straße, rennt mit großer Geschwindigkeit von einer Seite zur andern, diskutiert, redet mit Händen und Füßen. Da zeigt sich ihre italienische Herkunft.

Wir essen schnell in einem kleinen chinesischen Bistro zu Mittag, steigen danach wieder zum Kloster hinauf, um mit unseren Kameras den Haupttempel von Serdong „in Angriff zu nehmen", der auf zwei Etagen den Reliquien-Chörten beherbergt. Vor ihm werfen sich die Pilger nieder, flach auf den Boden, den die Abdrücke der Hände, der Füße und der Stirnen ganz glatt gemacht haben. Die Frömmsten verbringen den ganzen Tag damit, sich so niederzuwerfen. Das Gebäude wird von einem goldenen Dach gekrönt, und seine Außenmauern sind mit flaschengrünen Keramik-Kacheln bedeckt.

Drinnen filmen wir den oberen Teil des Chörten, der die Reliquien des Tsongkhapa enthält, und auch den heiligen Baum. Eine Statue des Reformators steht hoch oben auf dem Reliquienschrein. Deshalb können wir auch den Baum filmen, der vom Fenster des ersten Stockwerks zu sehen ist. Gyurme erwirbt in der Druckerei des Klosters einen alten Text, der im einzelnen die Legende des heiligen Baums erzählt. Hier ein Resümee:

Als Tsongkhapa geboren wurde, fiel beim Abtrennen der Nabelschnur ein Tropfen Blut auf die Erde, und ein weißer Sandelholzbaum fing gleich an zu wachsen, ganz leuchtend, mit Hunderten von Zweigen, die sich wie ein großer Schirm öffneten. Er war mit hunderttausend Blättern geschmückt, und sein Duft reichte bis in die Unendlichkeit. Auf jedem Blatt erschien ein Bild des Eroberers, der „wie ein Löwe brüllte", so schön, als sei es von einem Künstler gemalt worden. Und so geschah es, daß der Ort „Kumbum" genannt wurde, „hunderttausend Bilder". Wie Tsongkhapa selbst es wünschte, wurde später ein Stupa um den Baum herum gebaut. Wenn man sagt, daß die Buddhas und die Bodhisattvas die Gestalt eines Baumes annehmen können, um den Menschen auf ihrem Weg zu helfen, kann man auch davon ausgehen, daß dieser Baum das Werk und die Persönlichkeit von Tsongkhapa, dem „Eroberer", symbolisiert und genauso verehrt wird wie der Baum der Erleuchtung in Bodh Gaya in Indien, unter dem Buddha das Nirwana erreichte.

Das ist auch der Grund, weshalb die Pilger hier eine solche Hingabe zeigen. Niederwerfungen und Umrundungen des Tempels gehen ohne Unterbrechung, wie in einem Bienenstock, vonstatten.

Die Mönche debattieren von 14 bis 16.30 Uhr. Wir filmen sie ausführlich. Das Turnier kann die Form einer Übung zwischen zwei Schülern, was heute der Fall ist, oder einer Prüfung des Schülers durch den Lehrer annehmen. In der Argumentation gibt es drei Phasen: „die eigene These aufstellen", „die des Gegners widerlegen" und „auf den Disput verzichten". Auch wenn es heutzutage als sicher erscheint, daß das philosophische Niveau nicht mehr das gleiche wie früher ist, so ist die äußere Form noch immer dieselbe und entspricht absolut derjenigen, die von R. A. Stein in *La civilisation tibétaine* so beschrieben wurde: „Derjenige, der nach genauer Abwägung des Themas den Disput auslöst, antwortet sitzend auf die Angriffe. Sein Gegner, der die These des andern widerlegen, kritisieren und auf die Schwierigkeiten hinweisen soll, wobei er sich auf kanonische Texte stützt, steht aufrecht in Angreiferhaltung. Er begleitet seine Worte mit Gesten, die ein Kodex festlegt und die den Gegner außer Fassung bringen sollen. Er zuckt mit den Schultern, klatscht in die Hände, hebt seinen Rosenkranz und sein Gewand hoch und gibt einem Schlußwort Nachdruck, indem er mit den Füßen auf den Boden stampft oder einen Schrei ausstößt. Er erhebt seine rechte Hand und läßt sie geräuschvoll auf die offene Handfläche seiner Linken niederklatschen, die er dem Gegner unter die Nase hält. Der befragte Kandidat darf seinerseits auch auf die Füße springen und, anstatt zu antworten, selbst eine Frage stellen.

Wir machen einige Aufnahmen von den architektonischen Konturen, vom Niederknien und von den Niederwerfungen der Gläubigen. Wir filmen ein tibetisches Paar, das seit einundvierzig Tagen den Tempel von links nach rechts umschreitet, um sich zu heiligen. Der Mann stützt sich auf einen Stock und ist sehr mager. Er sieht ganz eingefallen aus und ist schon bei den Göttern. Die Frau hinkt und lächelt uns jedesmal zu, wenn sie an uns vorbeikommt. Am Abend filmen wir Kumbum mit seinen grünen und goldenen Dächern von oben. Ich öffne einige Türen der Mönchshäuser. Die Innenhöfe sind voller Blumen: Winden, Kapuzinerkresse und Dahlien. In einem Haus ißt ein Mönch in aller Ruhe eine Momo-Suppe. Er lächelt mir zu, macht mir aber kein Zeichen hereinzukommen. Stille und Schönheit.

Wir sind erschöpft, filmen aber noch ein Haus, das Ähnlichkeit mit dem von Alexandra bewohnten hat. Es ist das Verwaltungsbüro des Klosters. Oben hat es bunt bemalte Holzgalerien. Es gibt ein Foto von Alexandra, auf dem sie an einem solchen Geländer sitzt und das vielleicht in diesem Haus, in dem wir heute sind, aufgenommen wurde. Sie hat sich fast drei Jahre lang in Kumbum aufgehalten, von Juli 1918 bis Februar 1921. Sie verbrachte sie mit Studien in der Bibliothek, zu der man ihr den Zugang gestattet hatte und aus der sie viele Bücher mitgebracht hat, die sich heute im Musée Guimet in Paris befinden. Bis zu ihrem Tode hat sie die wunderbarsten Erinnerungen an dieses Kloster bewahrt. „Von dort aus betrachten wir, während ein zarter, duftender Dunst vor uns aufsteigt, zum letzten Mal die leuchtende Vision des unermeßlich großen Klosters mit seinen zahlreichen weißen Häusern, seinen roten Palästen und den vielfältigen goldgekrönten ‚Lha-Kang' (Wohnungen der Götter) . . ."

Nach Xining zurückgekehrt, nehmen wir in zwanzig Minuten eine sehr einfache Mahlzeit zu uns. Herr Wang hat angeordnet, uns heute abend kein Fleisch zu servieren. Ob die CITS ihr Budget überschritten hat? Wir müssen packen, denn morgen fahren wir nach Labrang (Labulengsi auf chinesisch). Es ist eines der bedeutendsten Klöster der Gelukpa-Schule, das wegen der Gelehrsamkeit seiner Meister berühmt ist. Es liegt genau auf der Grenze zwischen Tibet und China in der jetzigen Provinz Gansu, einem schmalen Korridor zwischen Amdo und der Mongolei, durch den die Seidenstraße führte.

Die Parallelen zu Alexandra lassen sich fortsetzen, weil auch sie Kumbum in Richtung Labrang verlassen hat; damals befand sich das Gebiet jedoch im Kriegszustand: „Es sieht schlecht aus in der Region, die Soldaten haben mehrere Lama-Klöster im Süden niedergebrannt und Labrang geplündert. Viele Lamas sind von dort geflohen. Es scheint, daß der General vorhat, ein anderes Lamakloster, nicht weit von hier, anzugreifen; über Kum-Bum regnet es Geldstrafen . . . Ich weiß nicht, wie mir Labrang gefallen wird. Es herrscht hier ein anderer Ton als in Kum-Bum, strenger und intoleranter. Der Fremde wird hier nicht so höflich empfangen wie in Kum-Bum, und die Missionare haben sich nicht bis hierher gewagt. Ich bin mit mehreren hiesigen Lamas bekannt, und es hat mir nicht an Einladungen gemangelt. Unglücklicher- oder glücklicherweise − ich weiß nicht recht − bin ich von beiden Fraktionen eingeladen worden, deren Streit im vergangenen Jahr die Revolte auslöste und den Tod von mehr als zweitausend Tibetern und Tausenden von moslemischen und chinesischen Soldaten zur Folge hatte. Die Lage ist etwas schwierig, aber ich habe vor, unterwegs bei einem weiblichen Lama Station zu machen, einer in der Gegend hochverehrten Äbtissin und sehr liebenswürdigen Frau ohne Prätentionen, die etwa einen Tagesmarsch von Labrang entfernt wohnt. Ich werde die Gegend erst einmal etwas beschnüffeln, ehe ich mich dorthin wage!" *(Journal de voyage, Bd. 2).*

Vor dem Einschlafen fallen mir die Generäle vom Tiananmen ein, die heute in Kumbum waren, gestiefelt und mit Orden behängt. Die Regierung hat ihnen eine Reise quer durch China beschert als Dank dafür, daß sie die Studentenrevolte so gut niedergeschlagen haben. Ein Reiseführer brüllte in ein Mikrophon. Sie gingen wie Automaten hintereinander her und ließen sich mit den Mönchen fotografieren. Wir mußten warten, bis ihr Besuch zu Ende war, ehe wir wieder filmen konnten.

25. August

Abfahrt aus Xining um 9 Uhr. Mit unverhohlenem Vergnügen verabschieden wir uns von unserem lieben Tang, dem Verkehrsrowdy, der den Wagen von Alice fuhr. Wir wollen versuchen, noch heute abend Labrang zu erreichen. Jeanne, die die Strecke kennt, zweifelt daran, besonders, weil es in Strömen regnet. Es ist eine Strecke von mehr als fünfhundert Kilometern. Tatsächlich brauchen wir mehr als drei Stunden, um die ersten hundert Kilometer zurückzulegen, weil die Straße so glitschig ist. Durch die beschlagenen Fensterscheiben des Jeeps können wir von draußen, wo sich riesige Industriekomplexe mit Bauernland abwechseln, kaum etwas erkennen. Wir haben Qinghai verlassen und befinden uns jetzt in der Provinz Gansu. Hier endete die Große Mauer, die einmal die Grenze zwischen dem chinesischen Kaiserreich und der Welt der Barbaren markierte. Über Gansu ist der Buddhismus nach China und Ost-Tibet gekommen. Diese Region mit ihrer ruhmreichen Vergangenheit ist heute eine der ärmsten der Welt, obgleich sie sehr reiche Bodenschätze besitzt, die auch durch den kürzlich begonnenen Abbau nicht von heute auf morgen erschöpft werden können. Sie wird von moslemischen Minderheiten bewohnt, und die Wüste breitet sich ständig weiter aus, was das schon sehr trockene Klima noch weiter verschlimmert.

Im Augenblick regnet es Bindfäden. Ich bin mit Jeanne und Gyurme zusammen. Im Wagen fühlen wir uns wohl, fast wie im Mutterleib. Gyurme übersetzt uns die Geschichte des heiligen Baums von Kumbum aus dem Tibetischen ins Englische. Jeanne schläft auf meinen Knien ein, während Gyurme mir vorliest, eine recht angenehme Atmosphäre; unser alter Chauffeur bietet uns Jasmintee aus seiner Thermosflasche an.

Um halb eins halten wir in einer Industriestadt, Hekou, wo wir in einem Restaurant im ersten Stock eines Gebäudes fabelhaft chinesisch essen. Es könnte mit den sehr hohen, vierflügeligen Fenstern in der Bauhaus-Epoche gebaut sein, aber die Inneneinrichtung aus Plastik, himmelblau und gold, erinnert eher an die fünfziger Jahre.

Die Chinesen am Tisch hinter uns hören nicht auf zu reden. Sie schieben den rechten Arm bis in die Tischmitte, zählen mit den Fingern und brüllen am laufenden Band Zahlen, daß einem die Ohren dröhnen. Ihre Kinder und Frauen schauen ihnen gelangweilt zu. Dann, wie von einem unwiderstehlichen Drang getrieben, fressen sie weiter, bis plötzlich einer von ihnen wieder eine Zahl nennt und das Gebrüll von neuem losgeht.

Die Lebensbedingungen, die den Menschen hier von anderen Menschen vorgeschrieben werden, scheinen eher für Tiere gemacht: verlauste, dreckige Wohnungen in ärmlichen Städten und gefängnisähnliche Fabriken, wie es sie in Europa vor 150 Jahren gab. Es macht einen tieftraurig, all das zu sehen. Wie kann man glücklich sein und an das Leben glauben in einer Umgebung, in der es an jeder Schönheit fehlt? Wie kann ein Mann Zärtlichkeit für seine Frau empfinden, wenn er beim Nachhausekommen nur einen miserablen Strohsack in einer kümmerlichen Rumpelkammer vorfindet, wo er sie lieben kann. Diese Menschen leben wie die Hunde, ihre Gesichter sind traurig und hart.

Wir verlassen Hekou in aller Eile. Der Himmel klärt sich auf. Zwanzig Kilometer vor Lanzhou, der Provinzhauptstadt von Gansu, überqueren wir den Gelben Fluß und fahren in Richtung Süden weiter. Endlich sind wir wieder auf dem Land, in einer bezaubernden Gegend voller gepflegter Felder, Pappeln und Akazienbäume. Im Vorbeifahren bewundern wir die von gelben Lehmmauern umgebenen Häuser, die im ersten Stock, etwas zurückgesetzt, eine Galerie aus geschnitztem Holz haben, auf der das Heu trocknet. Am Straßenrand verkaufen die Bauern Gemüse. Die grünen Bohnen sind einen Meter lang! Von Eseln gezogene Karren sind mit Ballen von Senfpflanzen beladen.

Der weiße Jeep bricht zusammen. So kann ich über ein Feld gehen und mir von nahem eine Dreschtenne ansehen. Eine Gruppe von Bauern ist bei der Arbeit; es sind Uiguren, eine der moslemischen Minderheiten, die in Gansu wohnen, aber aus Sinkiang, dem ehemaligen Turkestan, stammen. Sie empfangen mich sehr freundlich. Ihre Schober bauen sie in Form von hohen Pyramiden, aus denen drei Holzstangen hervorragen. Ihre Dreschtenne ist ein wahres Kunstwerk. Eine alte Frau sitzt in der Hocke und sortiert kleine Trockenerbsen in ein Strohsieb, das wie ein großer, nach oben breiter werdender Kegel aussieht und ein bißchen an den Hut eines Bettelmönchs erinnert. Eine andere stampft sie mit einem Stein zu Mehl. Dieses Mehl ist ebenso wie die kleinen, nicht zerstampften Erbsen, mit denen auch die Pferde gefüttert werden, ein Grundnahrungsmittel der uigurischen und tibetischen Küche. Jeanne ist auch gekommen. Sie schenkt ihnen ein Foto vom Eiffelturm. Sie lächeln strahlend. Ich bitte sie um Erlaubnis, ihr Haus besichtigen zu dürfen, das neben der Tenne liegt. Sie führen mich ohne weiteres dorthin, und ich mache ein Foto von ihnen, wie sie vor ihrem in der traditionellen Bauweise gefertigten Haus stehen. In einer der Mauern kann ich ein tiefes, enges Loch erkennen. Ich frage einen jungen Mann, was das ist. Er gibt mir durch Gesten zu verstehen, daß es eine Feuerstelle ist, die das ganze Haus beheizt. Ich bewundere ihren Sinn fürs Praktische. Die Sandsteinfelsen sind so weich, daß man um das Haus herum große Höhlen in sie gegraben hat, in die sie ihre Herden, Viehfutter und Geräte einschließen. Die Eingänge sind sehr niedrig und haben die Form eines islamischen Torbogens. Ich frage mich, was aus diesen Höhlen wird, wenn es regnet. Weicht die Erde völlig auf? Schließlich haben gerade vor kurzem Schlammfluten achttausend Menschen im Norden von Sichuan getötet. Sie füllen den Hut von Jeanne mit kleinen getrockneten Erbsen, und wir machen uns wieder auf den Rückweg. Die Chinesen betrachten unser Geschenk mit Verachtung, stecken sich ein paar Körner in den Mund und spucken sie geräuschvoll und verächtlich wieder aus.

Wir haben an Höhe verloren, die Temperatur ist sehr viel milder. Plötzlich ändert sich die Landschaft. Überall ist es trocken und dürr. Wir nehmen den Aufstieg in Angriff und überqueren bis zum Abend auf Serpentinenstraßen Gebirge aus gelber Erde, die sich auf 4600 Meter Höhe bis zum Horizont erstrecken. Die Landschaft ist voller Löcher wie ein Schweizer Käse. Es sind Unterkünfte von Eremiten und anderen Höhlenbewohnern.

Es scheint, als seien diese Berge abgeholzt worden. Wahrscheinlich würde dort überhaupt nichts mehr wachsen, wenn sich nicht die Moslems dort niedergelassen hätten. Die arabischen Kaufleute, die die Seidenstraße benutzten, haben erfindungsreiche Bewässerungssysteme hinterlassen, die das Wasser aus den Tälern leiten, um die Reis-, Gerste- oder Maisfelder zu bewässern. Die Chinesen sind danach zum Islam übergetreten und bildeten die Gemeinden der Hui, von denen viele in diesem Tal von Gansu leben. Ihre Moscheen wurden während der Kulturrevolution zerstört. 1975 wurde ein Aufstand der Hui brutal unterdrückt. Jetzt haben sie wieder die Freiheit, ihre Religion auszuüben, und die Moscheen werden wieder aufgebaut. Die Hügel sind bis hin zu den kleinsten Parzellen in Terrassenkulturen bewirtschaftet. Wir fahren auf der Kammlinie und haben bei Sonnenuntergang einen großartigen Ausblick auf das Ganze, auf die Wiesen, die Wasserreservoire, die Dörfer aus gelbem Lehm, die wie kleine Forts auf den Gipfeln der Berge sitzen, auf die Moschee, die, etwas weiter entfernt, auf einem anderen Gipfel steht. Ich bin schrecklich traurig, daß wir so unter Zeitdruck stehen, denn die Aufnahmen von einem dieser Dörfer und dieser Gebirge werden im Film fehlen. Sie hätten so gut die geographischen Aspekte unseres Reiseverlaufs illustriert.

Wir essen in Linxia zu Abend, dem Hauptsitz des autonomen Distrikts der Hui. Es ist ein großer Kontrast. Die Tibeter der Region, zum größten Teil Landwirte, kommen hierher, um sich bei den Hui-Kaufleuten mit dem Nötigsten zu versorgen. Diese Stadt war schon zur Zeit der Seidenstraße ein wohlhabender Ort und hat schon immer mit Antiquitäten gehandelt. Wir lassen uns in einem kleinen, sehr schmutzigen Restaurant nieder. Man serviert uns Innereien, vor denen sich alle Frauen ekeln, und eine stinkende Nudelsuppe. Die Chauffeure wollen nicht mehr weiterfahren, wir sind seit zwölf Stunden unterwegs.

Wir fahren aber doch weiter und durchqueren in der inzwischen hereingebrochenen Nacht Dörfer mit beleuchteten Läden, die mit allen möglichen Gemüsesorten, Plastikeimern in verschiedensten Farben und phosphoreszierenden Gewändern angefüllt sind. Unterwegs heben sich plötzlich im Scheinwerferlicht einige Silhouetten ab, die die Ernte ausschütten, damit sie von den Rädern der vorbeikommenden Fahrzeuge „gedroschen" wird; so werden Dreschflegel und die menschliche Arbeitskraft ersetzt. Unsere Chauffeure, die jedes Mal langsamer fahren müssen, stöhnen vor Erbitterung. Trotzdem genießen wir das herrliche Gefühl, über diesen Teppich aus frischgeschnittenem Getreide zu rollen ...

Wir treffen Christoph in Xiahe (der chinesische Name der Stadt), wo wir in der Nähe von Labrang übernachten sollten. Gyurme und er haben ein Hotel für uns gefunden, das derartig nach Ammoniak stinkt (die Gäste pinkeln direkt auf den Boden), daß wir es ablehnen, dort zu schlafen. Christoph, an dessen Wagen die Kupplung nicht mehr funktioniert, bringt den Fahrer des Lastwagens dazu, ihn mit einem Seil bis zum tibetischen Hotel – endlich eins! –, das außerhalb des Städtchens liegt, abzuschleppen. Er hat die Inhaber bereits telefonisch von unserer Ankunft unterrichten können. Ist es weit entfernt? Niemand weiß etwas Genaues. Seit 18 Stunden sind wir jetzt schon unterwegs! Wir sind sehr gut gelaunt und fast hysterisch vor Müdigkeit und Lachen, denn Alice karikiert alles, was wir erleben. Sie imitiert die in den anderen Wagen Sitzenden mit großer Gestik und einem äußerst erfindungsreichen Vokabular. Wir werden wie Pflaumenbäume durchgeschüttelt, bis die Straße abrupt vor einem prächtigen tibetischen Portal endet. Es ist das Hotel von Labrang.

Es wurde vor vier Jahren eröffnet und ist eine alte Pilgerherberge. Wunderbar restauriert ist es zu einem Hotel mit allem Komfort geworden, sehr sauber und mit sehr sympathischem tibetischem Personal. Alle sind ehemalige Exiltibeter, die lange Jahre in Dehra Dun, in Nordindien, gelebt haben. Sie erzählen uns, daß die Geldmittel für das Hotel aus den tibetischen Gemeinschaften von Dehra Dun und Taiwan stammen. Es ist ein Haus, das sich nicht vor den alten indischen oder bhutanischen Palästen zu verstecken braucht. Am Ufer eines Flusses gelegen, ist es von Grün umgeben. Ein mit Buchsbaum und Rosenbäumchen geschmückter Innenhof grenzt an eine Galerie, von der die Zimmer ausgehen. Es gibt moderne Badezimmer, Vorhänge aus hübschen Stoffen, nach tibetischer Art geschnitzte Holzbetten, saubere Bettücher, Bilder an den Wänden . . . Es ist Mitternacht, und alle außer Nurith, die sich gar nicht wohl fühlt, stoßen Freudenschreie aus, die Gesichter entspannen sich und blühen auf beim Anblick dieser Höfchen, der bemalten Galerien, der schmiedeeisernen Treppen und der Mauern aus behauenen Steinen.

26. August

7.30 Uhr Aufstehen. Frühstück in einem Speisesaal, dessen Wände mit sakralen Malereien geschmückt sind, die die verschiedenen Symbole des Buddhismus illustrieren. Darunter die drollige „Parabel der Zusammenarbeit": Im Schatten eines großen Baumes steht ein Elefant, auf dessen Rücken befindet sich ein Affe, der wiederum ein Kaninchen trägt, auf dem ein Vogel sitzt, der ein Korn von einem Baumzweig aufpickt . . . Der Elefant, das ist klar, braucht Schatten; dem Affen schreibt man gärtnerische Talente zu, er bewässert den Baum, den das Kaninchen wiederum mit seinem Kot düngt; der Vogel ernährt sich vom Baum und bläst dabei die Samenkörner in den Wind, aus denen dann wieder neue Bäume entstehen . . .

Man serviert uns Omelette und guten Kaffee! Die Chauffeure kommen nicht aus dem Bett. Diesmal verstehe ich sie! Später werden sie alle ihre Wagen, die unter der gestrigen Fahrt sehr gelitten haben, mehr oder weniger reparieren müssen.

Gegen 10 Uhr brechen wir zum Kloster von Labrang auf, das zwei Kilometer vom Hotel entfernt liegt. Die Atmosphäre, die Landschaft und die Menschen sind wieder sehr typisch für Ost-Tibet. Diese Region, auch wenn sie an die chinesischen Provinzen anschließt, gehört noch immer zu den Hochebenen von Amdo. Der Golok-Stamm und andere, die sich in der Nähe des Klosters niedergelassen haben, versorgen die Mönche mit Nahrung und erhalten dafür religiöse und rituelle Dienstleistungen.

In ihrem Buch *Au pays des brigands gentilshommes* erzählt Alexandra, wie der moslemische General Ma Pu Feng aus Xining sich das Kloster in einem gnadenlosen Kampf unterwerfen wollte. Das Kloster wurde nicht zerstört, aber viele Menschen, Nomaden und Mönche, mußten ihr Leben lassen. Ab 1950 wurden die Mönche auseinandergetrieben und in Lager verschickt. Das Kloster wurde geplündert. Als der Bruder des Dalai-Lama der Region 1979 einen offiziellen Besuch abstattete, erklärte er, daß 90% der Tempel, die er noch gekannt hatte, nicht mehr existieren. Labrang wird gegenwärtig wieder aufgebaut, und, wie man hört, stellt der chinesische Staat jedes Jahr hunderttausend Yuan für das Kloster bereit, das wegen seiner Nähe zum traditionellen China einer der Orte ist, die für den Tourismus geöffnet sind. Die Mönche arbeiten am Wiederaufbau des geheimnisvollen Ortes, ihrer Stadt. Die bedeutenden, ockerfarbig verputzten Mauern werden von einem großen Fries gekrönt, der aus einer dichten, eng zusammengepreßten und auf Mauerhöhe glatt geschnittenen Schicht von Zweigen besteht, was eine rauhe, ungleichmäßige Kante ergibt, die in einem matten Schwarzton gestrichen ist. Da er sich von dem rötlichen Ockerton der Lehmmauern abhebt, gibt der Fries der Architektur ein sehr originelles Gepräge.

Obgleich Christoph und Gyurme noch keine Erlaubnis zum Filmen der Innenräume der Tempel haben, drehen wir, ohne uns zu genieren, weiter, so wie es uns gerade einfällt. Das 1708 gegründete Kloster Labrang war immer einer der bedeutenden Plätze der Gelukpa-Schule. Es hat bis zu viertausend Mönche beherbergt, darunter dreihundert Meister der Gelehrsamkeit, sogenannte „Geshes". Früher bestand es aus sechs Schulen. Heute schwankt die Zahl der Mönche, die sich der Dialektik, der Medizin, der Druckerei und den rituellen Praktiken widmen, zwischen fünf- und achthundert. Die augenblickliche Inkarnation des Klosters, Jamyang Zhepa, wohnt in Lanzhou und wacht über die Einhaltung der dialektischen Tradition, die seit jeher den Ruhm des Ortes ausmachte.

Wir filmen mit großer Begeisterung den ganzen Morgen lang. Die gewundenen Gäßchen sind sehr belebt; durch sie gelangt man zu den Tempeln, die sich an die Berge klammern und von den Behausungen der Mönche umgeben sind. Diese kommen und gehen, bekleidet mit schweren Mänteln aus weinroter Wolle, die in

Kragenhöhe Falten werfen und wie ein Cape herunterfallen; sie unterstreichen die Würde ihrer Haltung. Viele sind sehr alt, andere junge Novizen. Eine Generation fehlt ganz offensichtlich, die des Dalai-Lama. Die Umerziehungslager und das Exil – bestenfalls! – haben ihren Tribut gefordert. Es gibt deutlich weniger Touristen und sehr viel mehr Pilger als in Kumbum. Ein Lastwagen fährt auf den Platz mit einer Gruppe von Nomaden, Frauen und Kindern, die nach vier Tagen Reise direkt aus Lhasa kommen. Trotz der Ermüdung strahlen ihre Gesichter. Die Männer tragen Fuchsfellmützen, die Frauen haben sich Schmuckstücke in ihr langes Haar gesteckt. Sie werden sofort jeden Tempel umrunden, ehe sie hineingehen, um sich vor den heiligen Bildnissen niederzuwerfen, von denen eines eine Nachbildung des Jowo von Lhasa ist.

Zum Mittagessen bestellt uns Gyurme goldbraun gebratene Momos (gefüllte Ravioli aus Reismehl) und Thukpa (Nudelsuppe), die wir mit Vergnügen verzehren. Da die Stadt recht wohlhabend ist, gibt es dort viele kleine Läden. Wir filmen noch bis 17.00 Uhr die Tempel, die Straße der Mönchsstadt und Gebetsmühlen, und hören erst auf, als das Licht zu grau geworden ist. Danach stürzen wir, Jeanne, Alice, Jane und ich, uns auf die tibetischen Läden, die sich in der Hauptstraße drängen und in denen Brokathüte, lange Mäntel, Ringe und Antiquitäten verkauft werden. Es ist für uns eine Entspannung, etwas von unserem Geld auszugeben . . .

Abendessen im schönen Speisesaal unseres tibetischen Palasts. Die Chinesen sitzen um die Öfen herum. Wir kommen zu spät, und das Personal des Restaurants hat sich schlafen gelegt. Alice und Jane haben am Eingang der Herberge Musik gehört. „Ein Nachtklub", erklärt ihnen der Hoteldirektor. Sie nehmen Gyurme mit. Ich ziehe mich zurück und werde mein Tagebuch schreiben.

27. August

Wir verlassen das Hotel von Labrang. Es regnet. Heute haben wir 360 Kilometer vor uns. Wie gewöhnlich setze ich mich mit Jeanne und Gyurme in einen Wagen. Wir studieren die verschiedenen Karten der Region. Es ist schwierig, denn da sie nur selten besucht wurden, haben sich die Namen der Städte und Dörfer geändert und sind auf den meisten Karten nur auf chinesisch verzeichnet. Fünfundzwanzig Kilometer von Labrang entfernt folgt ein Dorf auf das andere. Sie werden von kleinen Gompas überragt. Wir sehen wieder Nomaden und Reiter, Steinhäuser mit Holzgalerien im ersten Stock und Gebetsteppiche, die von den Dächern hängen. Wir sind noch in der heutigen Provinz Gansu, aber bereits tief im traditionellen Amdo. Die Region ist dichtbevölkert, das hätte ich nie gedacht. Die umliegenden Berge sind unterschiedlich stark bewaldet. Wir kommen an zahlreichen Lastwagen vorbei, die mit Tannenholz beladen sind, und müssen mit Entsetzen den nicht wieder gutzumachenden Schaden feststellen, den eine derart intensive Abholzung, von der nur die Han profitieren, anrichtet. Die Straße ist in sehr gutem Zustand, nach drei Stunden sind wir in Luchu.

Wir essen in einem Restaurant, dessen Geschirr so schmutzig ist, daß ich mir die Überraschungsparty in unseren Bäuchen lebhaft vorstellen kann, die die zahlreichen entfesselten Bakterien dort feiern werden. Ich kaufe einen mit großen Nagelköpfen besetzten tibetischen Gürtel aus rotem Leder. Wir fahren wieder los und überqueren gegen Spätnachmittag einen Paß von 3500 Meter Höhe. Auf der anderen Seite sind die Berge noch höher; rechts sehen wir die Ausläufer vom Amnye Machen, die wir mit dem Wagen umfahren haben.

Die bestellte Erde der Felder ist schwarz und hebt sich von dem Moosgrün der Prärien ab. An die Dörfer und Klöster, die während der Kulturrevolution zerstört worden sind, erinnern Tausende von Vergißmeinnicht-Pflanzen, die dort wachsen, wo einmal die Häuser standen; sie ziehen deren Grundlinien und Grundmauern nach. „Vergeßt uns nicht, uns Tibeter, die wir mit unseren Frauen und Kindern aus unseren Dörfern verschwunden sind, gejagt und getötet von herzlosen Menschen, die es nicht ertragen konnten, daß wir anders sind, die Buddha aus unserer Seele reißen wollten. Wir sind noch immer hier!"

Wir verlassen die Provinz Gansu und kommen nach Sichuan; diese Provinz werden wir bis Chengdu nicht mehr verlassen. Sofort werden die Straßen holprig und steinig – schlecht und gefährlich. Die Architektur ändert sich mit beeindruckender Geschwindigkeit von einem Tal zum anderen, ebenso die Siedlungen. Die Häuser ähneln jetzt denen der Alpen mit ihren Schindeldächern, auf die man große Steine gelegt hat. Es regnet noch immer, alles wirkt trist. Der nächste Paß ist die Wasserscheide zwischen dem Gelben Fluß und dem Minjiang, der nach Chengdu fließt. Imker haben sich entlang der Straße niedergelassen, und wir decken uns mit tibetischem Honig ein.

Am späten Nachmittag sind wir in Dzoge, Zoigé auf chinesisch, einer schreckenerregenden Konzentrationslager-Stadt; der Name des Erbauers dürfte auf der Hand liegen ... Sie hat aber ein äußerst berühmtes Krankenhaus, in dem tibetische Medizin praktiziert wird. Wir begeben uns sogleich zum Kloster, das am Ende der Stadt liegt und eine einzige Baustelle ist. Das Kloster wurde 1959 von den Chinesen abgerissen. Bis jetzt hat man nur den großen weißen Chörten am Eingang und den Tempel der Schutzgottheiten wiederhergestellt. Wir treffen Aku Phuntsok, der in der Medizin-Schule des Klosters lehrt und uns rät, dem Direktor des tibetischen Krankenhauses einen Besuch abzustatten.

Die tibetische Medizin hat, auch wenn sie vieles vom indischen und chinesischen Wissen übernommen hat, doch noch immer ihren eigenständigen Charakter bewahrt. Da sie von dem Verwachsensein, der Ganzheit der physischen Störungen des menschlichen Körpers und dem Einfluß der Energien ausgeht, verordnet sie Behandlungen auf pflanzlicher, mineralischer, aber auch tierischer Basis. Die theoretischen und praktischen Grundlagen ihrer Lehre sind in einem vierbändigen Werk gesammelt, das sich „Gyud-Zhi" nennt und auf das sich alle medizinischen Praktiker stützen. Im alten, traditionellen Tibet bildeten die Medizinschulen Teile der Klöster, und der Arzt war fast immer ein Mönch. Morgen früh werden wir das Krankenhaus besichtigen können.

Unsere Chinesen haben uns das Abendessen im Restaurant ausgerichtet, das an unser Hotel anschließt. Alles ist klebrig und schmierig. Wir leiden fast alle an Durchfall. Was die gewissen Örtlichkeiten angeht, so kann man sich nichts Schlimmeres vorstellen ... Ich mache einen kleinen Spaziergang mit Jeanne. Am Spätnachmittag hat die Sonne wieder geschienen. Die kleinen gelben Verkaufsbuden, die sich an der Straße entlangziehen, sind fast alle geschlossen. Die Menschen sehen eher traurig aus, und die jungen Leute scheinen fast zur Kriminalität zu neigen, sie treiben sich in Gruppen herum, fühlen sich elend und sind aggressiv. Ein Kind galoppiert auf dem Rücken eines ungesattelten Pferdes durch die Stadt.

Nachdem wir ins Hotel zurückgekehrt sind, begegnen wir zwei Touristen, die allein in dieser Region, zu der man nur schwer Zugang findet, herumreisen: eine Deutsche, die seit zwei Monaten mit öffentlichen Omnibussen reist, in die sie reingelassen und dann wieder rausgeworfen wird, sobald die Fahrer feststellen, daß sie keine Reisegenehmigung hat. Sie scheint sich nicht viel daraus zu machen. Augenblicklich befindet sie sich auf der entgegengesetzten Route von der, die sie eigentlich einschlagen wollte. Sie ist erstaunt über die Kälte und hat ganz offensichtlich nichts Warmes zum Anziehen. Sie ist irgendwie eine große, blonde und verrückte Kuh... Und dann ein Schweizer, schmutzig und fast autistisch. Als ich ihm einige Fragen stelle, lacht er – und das ist alles, was ich aus ihm herauskriege. Ich gebe auf und gehe auf dem Balkon des Hotels eine Zigarette rauchen, allein.

Brutales Wecken. Militärmusik und Gymnastikschritte, daß einem die Ohren dröhnen, erschallen aus den Lautsprechern der Stadt. Dieses Gebrüll dringt bis in meinen Traum ein, einen schönen Traum, der zu einem Alptraum ausartet, nicht sehr lange, da der Radau mich aus dem Schlaf reißt. Jetzt findet das Ganze draußen statt, der Alptraum setzt sich fort... Vom Fenster meines Zimmers aus kann ich auf der Straße Tibeter sehen, verstörte, scheue Gestalten, die ein Pferd und Kinder hinter sich herziehen. Wohl Flüchtlinge. Wohin gehen sie? Welches Elend auf ihren Gesichtern. Weshalb haben die Chinesen dieses Volk so ins Unglück gestürzt? Wer hat ihnen das Recht gegeben, ihre eigenen Auffassungen Menschen aufzupfropfen, die andere, diametral entgegengesetzt, haben? Wie kommt man dazu, sich für intelligenter zu halten als andere? Wie kann man sich erlauben, ein wunderbares Volk einem Verdummungsprozeß zu unterwerfen, der den Tod in sich trägt? Nebel vor den Augen... ich fange an zu weinen. Wer hat das zugelassen? Und wer läßt es noch immer zu? Eine Regierung von Reaktionären und, natürlich, wir alle! Ich ekle mich vor mir selbst. Wir sind alle entsetzliche Feiglinge, daß wir die Freiheit unserer Menschenbrüder nicht besser verteidigen. Das alte Propagandasystem, Lautsprechergedröhn ab 7.30 Uhr morgens, existiert noch immer in allen großen Zentren, entfernten kleineren Städten, den bedeutenden Verkehrsachsen, kurz: überall dort, wo man die Bevölkerung, die sich daran gewöhnt zu haben scheint, unter Kontrolle halten muß. Wir haben alle das Gefühl, eine schlechte Radiostation im Kopf zu haben!

Ich muß Alice meine Gefühle nicht erklären. Sie versteht sofort. Das Gekläff der Lautsprecher hat auch ihr einen Schock versetzt. Heute morgen habe ich geträumt, daß François, ihr Vater, zu mir kam und sagte: „Komm jetzt, wir können nach Hause gehen, ich habe gelernt, die Worte in Deiner Sprache auszusprechen. Ich kann mit Dir reden – komm!" Er zog mich über eine gerade Straße, an deren Ende ich eine runde, rote Sonne sah. Ich war glücklich. Aber er war nicht mehr da. An seiner Stelle bohrte in meinem Kopf diese schreckliche Musik, die mich sofort träumen ließ, daß ich von gnadenlosen Richtern eingesperrt wurde, vielleicht weil ich nicht exakt genug marschierte? Sie hatten mich von ihm getrennt.

Ich habe heute morgen überhaupt keine Lust, zu unseren Chinesen nett zu sein. Ich gehe in den widerlichen Speisesaal hinunter und finde Nurith, Claire und Sybille beim Frühstück am selben Tisch mit den Chinesen, die sich wegen dieser Vermischung sehr genieren. Die Tränen laufen mir auch noch während des Frühstücks übers Gesicht. Ich kann nichts herunterbringen. Glücklicherweise nimmt uns Gyurme zu einem Besuch beim „großen Doktor" mit, Lopon Aku Tenko, den Gyurme und Jane gestern abend getroffen haben und der ihnen versprochen hat, uns das Hospital zu zeigen. Er ist ein feiner, kultivierter Mann in den Fünfzigern mit großen Ohren und scharfgeschnittenem Gesicht, der mit der gleichen Leichtigkeit seinen lokalen Dialekt wie auch klassisches Tibetisch und Chinesisch spricht. Er ist Mönch und ehemaliger Schüler des Geshe Lobzang Palden aus Labrang. Unter seinem weißen Arztkittel trägt er einen Mao-Anzug. Seine Mönchsroben trägt er nur, wenn er in der Medizinschule lehrt. Er ist seit 15 Jahren Arzt und lehrt auch im Kloster. Die Neuaufnahme von etwa 50 Studenten wird am 3. September dieses Jahres stattfinden. Der Kurs dauert vier Jahre. Die Studenten kommen aus der ganzen Provinz Sichuan und sind fast alle Tibeter. Einige sind Mönche, andere Laien. Das Eintrittsexamen für die Medizinschule setzt sich aus vier Bereichen zusammen: Poesie und Literatur, Stilistik, Grammatik und Medizin. Der „Gyud-Zhi" bleibt das grundlegende Lehrbuch, aber der Unterricht zielt auf das Studium der Krankheiten jedes einzelnen Organs.

Das Hospital liegt einige Kilometer außerhalb der Stadt. Es ist ein modernes Gebäude im tibetischen Stil, dessen Fassade ganz oben mit einem großen roten Kreuz geschmückt ist. Es wurde 1980 erbaut und von der chinesischen Regierung finanziert, ist also ein staatliches Hospital! Wir besichtigen den Heilkräuter-Vorrat, der in Holztruhen aufbewahrt wird. Danach zeigt der Doktor uns die Gefäße, die zum baldigen Gebrauch bestimmte Arzneien enthalten. Die neunzehn Ärzte des Hospitals und ihre Schüler pflücken selbst die Heilkräuter, die in der Umgebung wachsen. Andere Medikamente werden bei Fachhändlern gekauft. Besondere Arzneien werden von Hand mit Mörser und Stößel hergestellt, die häufiger verordneten in einer kleinen, dem Hospital angeschlossenen Fabrik. Dort stellen zwei Frauen in sterilen Kitteln mit Hilfe einer einfachen feuerroten Maschine kugelförmige schwarze Pillen her. Danach besuchen wir die Apotheke, wo die Medikamente ausgegeben werden. Unter ihnen befindet sich, zur Erleichterung Janes, ein Topf, der einen bekannten Namen trägt: Tetracylin. Im Durchschnitt behandelt das Hospital achtzig Patienten pro Tag. Ihre häufigsten Krankheiten sind Arthrose, Bronchitis, Leberleiden und Krankheiten des Verdauungstrakts. Wir besichtigen auch die Bibliothek mit den sakralen medizinischen Texten. Wir haben nicht genug Zeit, um zu drehen, sehr schade. Wir kaufen jede eine hübsch dekorierte Schachtel, die ein „magisches Pulver" enthält, eine Art Kräftigungsmittel, das bei ernsthaft schlechtem Allgemeinbefinden einzunehmen ist.

Wir gehen nach Dzoge zurück, um unser Gepäck aufzuladen, und besprechen uns mit Wang, dem einzigen unserer Chauffeure, der die Region kennt, weil er vor zehn Jahren dort einmal als Mechaniker gearbeitet hat. Dadurch erfahren wir, daß Ngawa (Aba auf chinesisch), eine auf der tibetischen Hochebene sehr bekannte Region, sich gar nicht so weit von hier befindet und daß sich der Umweg lohnt! Dieses plötzliche Interesse, so selten bei unseren Chinesen, läßt uns den Vorschlag in Erwägung ziehen. Wir können auch den Rest des Teams überzeugen, allerdings nicht ohne Mühe, denn sie lieben wirklich keine Umwege. Wir fahren also in Richtung Ngawa, das eine der Wiegen der Bön-Religion war.

Bön war die Religion, die vor der Einführung des Buddhismus in Tibet vorherrschte. Sie hat ihre Ursprünge im persischen Zoroasterkult und im Kaschmir-Buddhismus. In Tibet wurde sie in die örtlichen Glaubensrichtungen integriert, die darauf hinzielten, im Einklang mit den Geistern und den Naturkräften zu leben. Die erste Region, in der die Doktrin systematisch ausgelegt wurde, soll Zhanzhung, nahe dem Berg Kailash in West-Tibet, gewesen sein. Die tibetischen Gelehrten haben drei Phasen der Entwicklung der Bön-Religion in Zentraltibet herausgearbeitet. Die erste hängt mit der Legende der unsterblichen Königsgötter zusammen, die zweite mit den Bestattungsriten, die von Priestern der Magie (Schamanen) ausgeübt wurden, die dritte markiert die Assimilation der Bön-Religion in den Buddhismus.

Es scheint selbst für Spezialisten sehr schwer zu sein, genau zu definieren, was in alten Zeiten der offizielle Kultus der tibetischen

Monarchie gewesen ist, die nach dem Wirken von Padmasambhava verdrängt wurde. Trotz ihrer Auslegungsdifferenzen und verschiedener religiöser Praktiken haben Bön-Anhänger und Buddhisten sich stets respektiert und toleriert. Heute befinden sich die Hauptzentren der Bön-Schule in Tengchen im Kham, in Yungdrinling und Menri in Zentraltibet und in der Region von Ngawa in Amdo. Die Mehrzahl der Bön-Meister, die nahe bei Simla in Indien im Exil leben, stammen aus Ngawa.

Die Ebene, die wir nach der Abfahrt aus Dzoge durchqueren, ist von riesigen Herden und zahlreichen braunen Zelten übersät. Nahe an der Straße sehen wir Gruppen von Nomaden, die sich an großen Milchkannen aus Aluminium zu schaffen machen. Es ist der Tag der kollektiven Milcheinsammlung. Die Weiden sind ergiebig. Viele Tiere werden nahe bei den Zelten zusammengetrieben. Sie sollen geschoren werden. Mit großen Scheren werden die Schafe in eingezäunten Koppeln geschoren. Nach dem ersten Paß geht es wieder abwärts in eine weite Talmulde, ein Meer aus Grün. Es ist Tangor. Die Siedlungen sind völlig anders: Die Häuser sehen wie kleine gradlinige Würfel aus, die aus einer Tiefe von einem Meter aus dem Boden herausragen. Sie sind in die Erde gegraben worden, der Aushub ist zu kleinen, mit Gräsern bewachsenen Hügelchen geworden. Die Eingänge wirken wie Bergwerksstollen und werden durch Holzpfosten abgestützt. Die Umfassungsmauern sind mit Gras bewachsen, ebenso wie die Dächer, als ob man sie tarnen wollte. Der Chörten vor jedem Haus besteht auch aus einem grasbewachsenen Hügel, auf den man einige Gerstenhälmchen gepflanzt hat. Diese erstaunliche Siedlung reicht bis zum Dorf Wachen und überläßt dann die Talmulde wieder den Zelten und Herden.

Am Straßenrand breitet sich ein Gebetsfahnenfeld um eine große Gebetsmühle und einen Thron herum aus. Es ist der Thron des Panchen Lama, der den Ort geweiht und dort gelehrt hat. Wir haben schon öfters Fotos von ihm in Tempeln oder Läden gesehen. Er scheint hier sehr verehrt zu werden. Er ist im Frühjahr 1989 unter noch nicht ganz geklärten Umständen plötzlich verstorben . . . Reiter umrunden den Platz im Uhrzeigersinn.

Jetzt ist die Straße von Wasserfällen und Flüssen eingerahmt, die sich öfters ihren Weg um riesige, abgerundete Felsen bahnen müssen. Es tauchen wieder Bäume auf.

Wir zweigen in westlicher Richtung nach Ngawa ab. Wir durchqueren Tannenwälder, jedenfalls das, was von ihnen übriggeblie-

Wir drehen unter einem Gewitterhimmel. *(Franz Christoph Giercke)*

Bei unseren Nomadenfreunden vom Amnye Machen. *(Franz Christoph Giercke)*

Auf dem Weg nach Tawo Gompa. ▶
(Franz Christoph Giercke)

Unser Lager auf 5000 Meter Höhe. *(Franz Christoph Giercke)*

Der Paß am Fuße des Gletschers ▶
vom Amnye Machen.
(Franz Christoph Giercke)

Einer der Gipfel des Amnye Machen. *(Snafu Wowkonowicz)*

Unsere Freunde vom Amnye Machen. *(Marie Jaoul de Poncheville)* ▶

Traditionelles Zelt aus Yakhaar. *(Jeanne Mascolo de Filippis)*

Eine Gasse in der Klosteranlage von Labrang. *(Jeanne Mascolo de Filippis)*

Ein Mani, ein geheiligter Stein, wird graviert. *(Jeanne Mascolo de Filippis)*

Einer der Tempel in der Klosteranlage von Labrang
(Franz Christoph Giercke)

Pilgerinnen in Kumbum
(Jeanne Mascolo de Filippis)

Moslemisches Restaurant an der Straße nach Labrang. *(Jeanne Mascolo de Filippis)*

Machen, die heimliche Hauptstadt der Goloks. *(Snafu Wowkonowicz)*

ben ist. Unzählige Stümpfe hundertjähriger Bäume, die von der chinesischen Armee abgeschlagen wurden, bedecken die Berghänge. Es ist schwer, von diesem abscheulichen Anblick nicht schockiert zu sein und auch unmöglich, nicht noch einmal auf ähnliche Taten verbrecherischer Kolonialisten hinzuweisen. Um 18.30 Uhr fahren wir über einen Paß von fast 4000 Meter Höhe und kommen in ein anderes Tal, wo wir neue dörfliche Ansiedlungen entdecken, große, sehr hohe Lehmbauten, in deren Mitte sich auf dem letzten Stockwerk, in sechs oder sieben Metern Höhe, die Wohnung aus bemaltem Holz befindet, von Terrassen umgeben.

Die Landschaft ist von erstaunlicher Vielfalt und ändert sich von einem Tal zum anderen. Um die Stadt Ngawa herum sind die schloßartigen Bauten aus gelbem Lehm mit abgerundeten Konturen sehr hoch und eindrucksvoll. Nun befinden wir uns im Zentrum von Ngawa, riesig, neu, doch nicht unsympathisch. Es ist eine Stadt von ungefähr 1500 Einwohnern, modern, aber lebendig. Viele Läden und äußere Zeichen des Komforts. Ich erinnere mich, in Lhasa und anderswo oft tibetische Kaufleute aus Ngawa getroffen zu haben.

In der Stadt tragen die Mönche, denen wir begegnen, marineblaue Hemden unter ihren granatroten Roben, ein Zeichen, daß es Bön sind. Die reichgeschmückten Frauen sind die schönsten, die ich jemals in Tibet gesehen habe, und das, wo es in Tibet nicht an schönen Frauen mangelt. Sie haben feine Gesichter, sinnliche Lippen, von langen schwarzen Wimpern umrandete Augen und Stumpfnasen. Sie lächeln viel und haben einen natürlichen Charme. Wir stellen unsere Sachen in einem Hotel ab, das keinerlei Charme hat, sondern eher ekelhaft ist, und gehen wieder raus, um eines der Dörfer mit diesen majestätischen festungsartigen Schlössern zu filmen. Als wir um einen Hügel herumkommen, den wir zu Fuß erklimmen konnten, haben wir das Glück, gleich mit dem ersten Bild einen Jungen und ein Mädchen einzufangen, die beim Heumachen sind. Sie beleben entschieden die Szene mit dem Dorf in der Ferne und arbeiten weiter, ohne sich um uns zu kümmern. Über den großen Bauerngehöften aus gestampftem Lehm, der von weißen Streifen durchzogen ist, fällt das Licht flach ein, für unseren Film eine prächtige Wirkung.

Nach der Rückkehr gehen wir in ein kleines Restaurant in der Stadt essen; die Leute sind sehr jung und herzlich. Ein junges Paar, noch nicht achtzehn, zeigt uns sein Baby, ein entzückendes Püppchen mit Schlitzaugen. Wir spielen mit ihm, und es wandert von

Schoß zu Schoß. Auf dem Rückweg zum Hotel kehren wir in mehreren Bistros ein. Die jungen Tibeter tanzen zu Popmusik, spielen Billard auf der Straße oder regen sich an Computern auf. Elektronische Spielereien sind auch hier groß in Mode. Es ist schon merkwürdig, diese schönen Goloks mit ihren Gewändern aus einem anderen Jahrhundert an diesen Spielmaschinen hantieren zu sehen!

In Ngawa sind drei Lehrtraditionen vertreten: Gelukpa, Jonangpa und Bön. Die Jonangpa-Schule, die ihre Blütezeit vom 14. bis 17. Jahrhundert hatte, übernahm die Doktrin, nach der die Natur Buddhas nicht von ihrem eigentlichen Wesen her leer ist, was mit Nihilismus identisch wäre, sondern von allen Unreinheiten entleert wurde. Im 17. Jahrhundert, nach dem Tod von Taranatha, einem berühmten Historiker, haben die politischen Machtorgane der Gelukpa die Schriften unter gerichtliches Siegel genommen, und die Klöster wurden wieder Gelukpa-Klöster genannt. Trotz allem sagt man, daß es noch immer bestimmte nachgewachsene Geschlechter im Amdo und in der Mongolei gibt. Einen Beweis dafür werden wir sehen und berühren können, wirklich sehr aufregend. Ich bin glücklich darüber, daß wir die ersten sein werden, die dieses in der Welt einmalige Kloster filmen können.

29. August

Das Aufstehen fällt heute morgen ein bißchen schwer. Zuviel emotionale, psychische und politische Spannungen. Wir spüren, daß uns noch viel Arbeit und wenig Zeit bleibt. Das chinesische Team sitzt uns im Nacken und denkt nur an eins: so schnell wie möglich fertig zu werden. Nurith und ich würden sehr gerne noch in Ngawa bleiben und ein Porträt dieser Stadt filmen; wir müssen aber auch noch nach Derge gehen, um die älteste Druckerei Tibets zu fotografieren und können nicht ständig vom Programm abweichen, das mit den Chinesen zusammen aufgestellt wurde. Ngawa ist eine reiche und junge Stadt mit modernen und zugleich traditionellen Lebensweisen. Die wirtschaftlichen Aktivitäten sind dort verschiedenster Art (Leder-, Woll-, Salz-, Computer- und Motorrad-Industrien). Die Landbevölkerung, die mittelalterlich anmutet, die tibetischen Kaufleute zu Pferd mit ihren Yak-Karawanen, die Frauen mit ihren schönen Gewändern und ihrem Schmuck, die jungen tibetischen Schönlinge auf knatternden Motorrädern, die

Nachtklubs mit ihren „light-shows", die jungen tibetischen Mädchen mit kurzen Haaren, die mit den Kunden zu Synthesizer-Musik tanzen – all das ist eine solche Mischung aus Widersprüchlichkeiten, daß wir uns sehr inspiriert fühlen. Es ist schwer, eine Auswahl zu treffen. Nach zahlreichen Beratungen geben wir auf und beschließen, das festgelegte Programm fortzusetzen. Bevor wir abreisen, teilen wir jedoch unserem chinesischen Team mit, daß wir fest entschlossen sind, eine Sequenz im Kloster der Jonangpa-Schule zu drehen.

Das Kloster, das Setenling heißt, befindet sich außerhalb der Stadt. Das große Hauptgebäude ist von den angrenzenden kleinen Tempeln und den Wohnungen der Mönche umgeben, das Ganze umschlossen von einem „Mauergang aus Gebetsmühlen". Wir treffen gerade zu Beginn der Kurse ein, die kleinen Mönche kommen aus allen Gassen herbeigelaufen. Sie erzählen uns, daß zu diesem Kloster achthundert Mönche gehören, aber viele sich zu Meditationen zurückgezogen haben. Ihre Tradition wurde von Nawang Dorje begründet, und der große Historiker Taranatha hat dort gelehrt. Im großen Lhakhang sehen wir neuere Abbildungen dieser beiden großen Persönlichkeiten und eine Glasvitrine, in der sich ein Stiefel befindet, der von Taranatha getragen wurde. In der Bibliothek befinden sich die Bände des Kanjur aus Derge und der Jonangpa-Werke, so auch die achtundzwanzig Bände, die die gesamten Schriften Taranathas enthalten.

Wir filmen innen und außen, danach einen kleinen Tempel, den uns die jungen Mönche glücklich und voller Stolz zeigen. Sie sind gerade mit seinem Bau und der Innendekoration fertig geworden. Die Götter sind mit uns! Der Tempel der Schutzgottheiten enthält ebenfalls einmalige Abbildungen. Vor dem Eingang erhebt sich ein kleiner Hügel aus gravierten Steinen, Stoffen, Gebetsfahnen und Masten, die wie Pfeile aussehen, vielleicht eine andere Ausdrucksform der Opfergaben für die örtlichen Schutzgeister, die über die heiligen Orte wachen.

Der Oberste Abt ist Thupten Dorje Hua Rinpoche, der uns in sein Haus einlädt. Er segnet mich durch Berühren meines Kopfes und schenkt mir einen Khatak, den weißen Schal des Willkommens. Im ersten Stock befindet sich in dem Zimmer, in dem er lebt, ißt und schläft, ein Privataltar mit prächtigen Statuen, Thangkas und Büchern. Einer der Thangkas stellt Taranatha, umgeben von Gottheiten, dar. Der Abt ist eine unendlich sympathische Persönlichkeit und äußerst entgegenkommend. Wir filmen ihn in seinem Garten inmitten seiner Blumen, Kapuzinerkresse und Gardenien. Der Mann ist groß, dick, er hinkt auf nackten Füßen, er hat zerzauste weiße Haare und eine dicke Nase, läßt sich jedoch mit großer Würde, auf seinen Stock gestützt, fotografieren. Wir filmen auch einen Töpfer, der eine kleine Buddha-Statue aus Ton für einen der Tempel des Klosters herstellt.

Gyurme ist außer sich vor Freude: Der Abt hat ihm ein Buch mit den Lehren der Jonangpa geschenkt. Er wird die bisher in der Welt noch völlig unbekannten Texte ins Englische übersetzen können. Er hat vom Abt und seinen Mönchen eine Menge Informationen erhalten, von denen er sagt, daß sie ein neues Licht auf eine bisher noch besonders unklare Epoche in der Geschichte der buddhistischen Schulen werfen.

Die Mönche dieses Klosters sind die liebenswürdigsten und lächelndsten von allen, denen wir bisher begegnet sind. Sie sind glücklich, daß wir uns für sie interessieren. Wir filmen sie, wie sie auf der Treppe vor dem Haupttempel in einer langen Reihe sitzen und unter dem wachsamen Auge ihrer Lehrer mit lauter Stimme die heiligen Texte rezitieren. Währenddessen findet im Innern, wo Tausende von Butterlampen im Halbdunkel glühen, eine bedeutende religiöse Zeremonie statt. Wir würden gerne noch länger bei ihnen bleiben . . .

Es ist 13.30 Uhr, als wir uns verabschieden. Trotz des Widerstrebens unserer Chauffeure, die zu Mittag essen und sich danach gleich wieder auf den Weg machen wollen, filmen wir am Ausgang des Klosters ein Dorf mit dieser einmaligen Architektur, diesen beeindruckenden, terrassenförmigen Lehmschlössern. Gerade im rechten Augenblick ziehen mit Heu beladene Yaks in einen der Höfe ein!

Wir kehren zum Mittagessen nach Ngawa zurück. Danach möchte ich das Bön-Kloster filmen. Die Fahrer sind wütend über die Verzögerung, geben aber schließlich nach. Gyurme meint, daß es zwei Kilometer von hier liegt, an einem kleinen Feldweg, links hinter der Ausfahrt aus der Stadt . . . Dann hat er Zweifel, ist sich nicht mehr sicher, was die Chinesen zum Anlaß nehmen, schnell ihre Meinung zu ändern und Gyurme zu bedeuten, daß sie keine Zeit zu verlieren haben.

Ich bin sehr enttäuscht. Ich bin im Wagen von Nurith, Claire und Sybille. Alice, Jane, Jeanne und Gyurme fahren mit meinem alten Chauffeur Wang. Jeanne ist schlecht gelaunt und traurig, ich bin gestern mit ihr zusammen im Wagen gefahren und habe versucht, sie ein bißchen zu verhätscheln. Die Arbeit einer Regieassistentin ist schwierig. Diejenige zu sein, die assistiert und nicht die, welche die Entscheidungen trifft, und sich trotzdem um alles zu kümmern, verlangt enorm viel von einem, körperlich und seelisch. Sich zurückzuhalten und trotzdem mit Leib und Seele dabeizusein, ist eine sehr schwierige Aufgabe. Nicht zu zeigen, daß man anderer Meinung ist oder sich ärgert, andere von seinem Wissen profitieren zu lassen, ohne selbst etwas davon zu haben, immer hinter der Regisseurin zurückstehen zu müssen und trotzdem solidarisch zu bleiben, ohne sich jemals vorzudrängen oder zu widersprechen, verlangt ein hohes Maß an Intelligenz und Großmut. An all das denke ich und bewundere Jeanne, die sehr gut damit fertig wird, auch wenn sie, wie ich spüre, manchmal innerlich revoltiert; in schwierigen Momenten hat Jeanne sich allerdings absolut unter Kontrolle.

Meine Rolle ist auch nicht einfach. Ich trage die Verantwortung für mein Frauenteam, das, obwohl jede einzelne eine starke Persönlichkeit ist, mich für jedes Problem, ob klein oder groß, verantwortlich macht oder mir die Schuld daran zuschiebt. Man behandelt mich wie die Mama, die alles wieder in Ordnung bringen kann. Was Nurith anbelangt, habe ich meine eigene Methode, bei ihr das zu erreichen, was ich von ihr will. Das ist keinesfalls eine Frage der Autorität, sondern der Liebe. Es macht aber soviel Spaß, den Chef zu kritisieren und sich zu sagen, daß man es selbst besser machen würde . . .

Wir fahren auf der gleichen Straße wie gestern wieder hinunter nach Longriba. Von dort aus geht es über einen Paß von 3500 Meter Höhe, der wieder einmal die Wasserscheide zwischen zwei wichtigen Flüssen, dem Minjiang, den wir bereits gut kennen, und dem Gyarong, dessen Lauf wir folgen werden, markiert. Das eher dürre Tal wird schnell zu einer sehr engen Schlucht, überwachsen von Wacholdersträuchern. Auch die Architektur ändert sich wieder und scheint sich den veränderten Gebirgsformationen und der Landschaft anzupassen. Jetzt befinden wir uns in einem bewaldeten Gebiet und fahren auf Serpentinenstraßen hinunter ins Tal, das noch tiefer geworden ist. Die Steinhäuser sind drei Stockwerke hoch. Weiße Ornamente schmücken die Mauern und die Fenster, außerdem glücksbringende Zeichen wie das Hakenkreuz, das Symbol der kosmischen Kräfte, das Hitler zu Unrecht als das Zeichen der arischen Rasse angesehen hat.

Dreißig Meter hohe Türme, manche zerstört, manche noch

intakt, ragen aus dem dichten Nebel heraus. Es sind die berühmten „Türme der neun Stockwerke", manchmal mit sternförmigem Grundriß und für diese Region am Gyarong charakteristisch. Sie waren einmal Wehrtürme, dienten aber auch dazu, den Ruhm ihres Besitzers zu heben. Das Tal war sehr lange eine Bastion der Bön-Anhänger und der buddhistischen Schule der Nyingmapa. Yudra Nyimgpo, der berühmte Nyingmapa-Lehrer des 18. Jahrhunderts, wurde in diesem Tal geboren, ebenso wie zahlreiche Schüler von Padmasambhava, die den „Weg der Großen Vollendung" in dieser Region verbreiteten. Zu Ende des 18. Jahrhunderts drang die mongolische Armee, die die Gelukpa unterstützte, in die Region ein, und es gelang ihr, die Bön-Bevölkerung zum Gelukpa-Buddhismus zu konvertieren, der auch heute dort noch fest verankert ist. Es ist eine reiche Gegend, jede Parzelle Erdreich, die man noch irgendwie erreichen kann, ist bestellt mit Weizen, Gerste oder Mais. Es scheint, als ob die Wälder voll von Bären seien . . . Die Frauen, wenigstens die, denen wir auf unserer Route begegnen, tragen marineblaue und schwarze Kopfbedeckungen und sind von größerer, allerdings etwas zurückhaltenderer Eleganz als ihre Schwestern auf den Hochebenen; sie tragen aber auch Gold an den Ohren!

Wir sind wieder in den Tälern des Kham, an den äußersten Grenzen Chinas. Die Unterschiede in den Sitten, der Architektur oder der Kleidung lassen den Einfluß der Beziehung zu den benachbarten Völkern deutlich werden. Andererseits kamen diese gegenseitigen Einflüsse lange Zeit hier nicht zum Tragen. Die tibetischen Grenzregionen waren von den politischen Zentren Zentraltibets sowie von der Macht des Reiches der Mitte abgeschnitten und nur schwer zugänglich. Sie waren von Menschen bewohnt, die lange Zeit unabhängig bleiben konnten, und die Stein in seinem Werk *Les tribus anciennes des marches sinotibétaines* untersucht hat. Nur einige wenige Reisende haben sich bis hierhin vorgewagt. Bacot, Guibaud, Liotard und französischen und englischen Missionare, die hier ihre erste Niederlassung in Tibet überhaupt gründeten.

Nach sechs Stunden auf dieser phantastischen Route kommen wir um 21 Uhr, nach einer peinigenden Fahrt durch ein völlig zerstörtes Gebiet, in Barkam an, einer modernen Stadt, die heute die Hauptstadt der autonomen Provinz Ngawa ist. Riesige Erdrutsche verschieben die Straße fast bis an den Rand des Abgrunds. Minen explodieren im Gebirge und lassen die Felsen auf die Straße herunterstürzen. Die Fahrer sind grün vor Angst, ich auch. Wir müssen aber durchkommen, koste es, was es wolle, denn morgen wird es zweifelsohne noch schwieriger sein. Der Regen fällt ohne Unterlaß und höhlt die verrotteten Felsen aus, die nur darauf zu warten scheinen, sich in ganzen Wänden abzulösen und uns die Straße für Tage oder auch Wochen zu versperren . . . Plötzlich fällt ein riesiger Felsbrocken zwischen unsere beiden ersten Jeeps. Einen Augenblick lang will unser Fahrer nicht mehr weiterfahren, er ist völlig verängstigt; dann fährt er wieder los, die anderen Wagen hinter ihm her, und alle Augen sind auf die rechte Straßenseite gerichtet, die Seite, von der das Gebirge droht.

Da sich unsere Reiseroute, während wir unterwegs waren, geändert hat, besitzen wir nur sehr wenig Informationen über die ganze Region um Barkam; Barkam selbst ist eine bedeutende und erst vor kurzem erbaute Stadt. Wir werden ein ganzes Netz von Tälern durchqueren müssen, die abgeschnitten waren von vielen Dingen; hier hat sich das traditionelle Leben erhalten.

In Barkam knallen Feuerwerkskörper an allen Ecken und Enden, und wir begegnen mit Schmuck behängten Frauen, die aus einem festlich beleuchteten Haus kommen, in dem eine Hochzeit stattgefunden hat. Es sieht so aus, als seien sie schon ziemlich mitgenommen. Sie trinken Bier aus der Flasche. Wir gehen in einem riesigen Saal, der zu unserem Billig-Hotel gehört, essen. Das Hotel ist offensichtlich schmutzig, aber vielleicht kann man dort ein bißchen heißes Wasser kriegen . . . Nurith möchte, daß ich Christoph dazu bringe, nach Ngawa zurückzukehren und Derge aufzugeben. Sie meint, wir reisen zuviel herum und können kein Thema gründlich behandeln. Christoph lehnt jedoch ab und geht mit Zhou, Gao Che und Gyurme in die Stadt, um unter Männern zu trinken.

Ich falle vor Müdigkeit um und bin sehr schmutzig. Hoffentlich kann ich mich morgen waschen. Ich kann nicht mehr.

30. August

Während der Nacht hat es ein äußerst heftiges Gewitter gegeben. Blitz und Donner schienen die Fensterrahmen sprengen zu wollen. Ich habe nur sehr wenig geschlafen. Abfahrt aus Barkam. Die Chinesen sind schlecht gelaunt, weil die Regenstürme nichts Gutes verheißen und weil Nurith und ich zu spät gekommen sind, denn wir haben uns in unserem Zimmer noch ein bißchen über die Tagesereignisse unterhalten. Shao Lin kam ins Zimmer gestürzt und sagte, indem er sich nur an Nurith wandte, daß alle auf uns warten. Ich machte die Bemerkung, daß er mir guten Morgen sagen und vielleicht sogar ein bißchen lächeln könnte. Rasend vor Wut verließ er das Zimmer und knallte die Tür zu.

Endlich fahren wir im Gänsemarsch los. Wir setzen die Expedition auf einer außergewöhnlichen Route fort, die uns durch mit Tannen bewachsene Schluchten, wo die Häuser wieder in jedem Tal einen anderen Stil haben, führt. Trotz des anhaltend schlechten Wetters sind wir erstaunt und begeistert von dem, was wir sehen. Wir folgen auch weiter dem sehr tief eingeschnittenen Flußtal des Gyarong. Die Ruinentürme markieren unsere Route und geben der ganzen Landschaft ein geheimnisvolles Gepräge. Die Häuser sind von Terrassenkulturen umgeben, Mais, Puffbohnen und Buchweizen. Sie sind auf einen Steinsockel gebaut, das erste Stockwerk ist aus Holz, darüber gibt es eine Galerie, auf der das Heu getrocknet wird. Pappeln, Nußbäume und Weiden verdecken die Häuser und spenden Schatten. Wir haben diesen Häusertyp schon bei der Herfahrt auf der Straße nach Kanze gesehen. Etwas weiter entfernt stoßen wir auf eine heilige Stätte, wo wir haltmachen. Ein majestätischer Turm beherrscht den Fluß. Es ist kein Wachturm: Er ist weiß, rot und schwarz gestrichen, in den Farben der Klöster. Daneben ein kleiner Tempel mit einer Mani-Mauer und Gebetsmühlen. Ein Schild zeigt an, daß dieser Turm zu Ehren Milarepas errichtet wurde, des großen tibetischen Heiligen und Poeten, der, um Belehrung von seinem Meister Marpa zu erhalten, allein eine ganze Reihe von Türmen bauen mußte, die ihn dieser danach wieder zerstören ließ, um seine Entschlossenheit zu prüfen. Danach folgt eine Liste der Spender, die den Bau des Turms finanziert haben, darunter auch der Panchen Lama. Dann klettert die Straße zu einem Paß von 4000 Metern hoch. Wir sehen wieder Nomadenzelte und Herden. Der andere Abhang ist wilder. Es sind nur noch fünfzig Kilometer bis Trango, und die niedrigen Häuser der Horpa aus braunem Rundholz tauchen wieder auf.

Die Chinesen sprechen nicht mehr mit mir. Wie könnte man seine schlechte Laune auch besser abreagieren als auf dem Rücken des Chefs, der außerdem ja nur eine Frau ist! An der Verspätung heute morgen war ich schuld . . . Christoph hat eine Allergie, sein Gesicht und seine Hände sind angeschwollen. Ein bißchen sieht er aus wie eine Nylon-Steppdecke. Die Straße scheint nicht mehr aufzuhören. Wir kommen um 18 Uhr in Trango an. Ich bin deprimiert: Dreiundzwanzig schwierige Charaktere, darunter auch meiner, das ist schwer zu ertragen, zwei Monate lang, Tag und Nacht!

Ich gehe mit Jeanne ein bißchen bummeln. Das Kloster ist wieder aufgebaut. Wie sein Name Trango, „Gipfel des Felsens", besagt, liegt es hoch oben auf einem Hügel, der vom Zusammenfluß des Shechu und des Nichu beherrscht wird. Trango war eines der fünf Horpa-Königreiche dieser Region und wurde im 17. Jahrhundert gegründet. 1865 kam es unter das Protektorat von Lhasa, und gegen Ende des 19. Jahrhunderts hat sich dort eine chinesische Kolonie niedergelassen. Gegenwärtig ist das Schloß verfallen, und von dem Kloster, das einmal mehr als tausend Mönche beherbergte, sind erst drei Tempel wiederhergestellt worden. Die Behausungen der Mönche sind terrassenförmig um sie herum auf der weißen Erde des Hügels angelegt.

Auf dem Markt bilden die chinesischen Baracken mit ihren Wellblechdächern einen Kontrast zu den traditionellen Häusern, der den Augen wehtut. Für fünf Yuan (zehn Francs) kaufe ich zwei silberne Anhänger und eine Menge sehr hübscher buddhistischer Amulette, kleine, mit farbigen Steinchen besetzte Bernsteinbröckchen, die die Tibeter an ihre Rosenkränze hängen. Christoph und Gyurme begegnen uns in der Stadt und laden uns zu einer Suppe und einem Bier in ein kleines Restaurant ein, das von einem jungen, sehr freundlichen chinesischen Paar bewirtschaftet wird.

Abendessen im Hotel, aber ich habe keinen Hunger mehr. Zhou ist mit Liu, „dem Belgier", aus Chengdu zurückgekommen; ein neuer Fahrer mit offenem und sympathischem Gesicht kommt mit ihnen in einem anderen Jeep und bringt das Filmmaterial mit, das wir in Xining bei F. Productions bestellt haben. Sie hatten uns in Labrang verlassen und mit uns vereinbart, daß wir uns hier wiedertreffen würden; endlich einmal funktioniert alles wie vorgesehen! Ich kann nicht mehr am Tisch sitzenbleiben und fliehe in mein Zimmer. Mein einziger Wunsch ist, endlich einmal allein mit mir selbst zu sein.

31. August

Christoph und Gyurme reisen um 6 Uhr nach Derge ab, um dort unsere Ankunft vorzubereiten. Jedesmal, wenn wir irgendwohin gehen, muß sich Christoph vorher bei den verschiedenen örtlichen Behörden vorstellen, um herunterzuleiern, wer er ist, was er vorhat, welche Genehmigungen er besitzt usw. In dieser Hinsicht hat sich seit den Zeiten von Alexandra nichts geändert. Außerdem ist Derge noch immer, so wie Jyekundo früher, ein heikler und „heißer" Platz. Die Khampa sind für ihre feindselige Einstellung gegenüber dem chinesischen Regime bekannt. Unseren Begleitern ist nicht ganz wohl bei dem Gedanken, eine ganze Woche lang dort zu bleiben.

Wir brechen später auf, nach einem Weckruf durch Fanfaren um 7 Uhr und durch Lautsprecher, die in der ganzen Stadt Informationen verbreiten, die man auch im Radio hören könnte. Aber nur so kann man sicherstellen, daß auch wirklich alle etwas davon haben! Ich sitze im Wagen des „Belgiers". Wir sprechen über China, die Industrie, die Löhne. Es wird mir klar, daß er uns für ungeheuer reiche Leute hält, daher ist die Kluft zwischen uns so groß.

Die Häuser aus rotem Rundholz, es ist noch immer Erntezeit, danach das prächtige Tal von Kanze, das wir bereits kennen und ohne Anhalten passieren. Heute scheint die Sonne, und die Aussicht ist großartig. Im Fluß können wir Goldsucher erkennen; die ganze Bevölkerung, die Mönche eingeschlossen, ist bei der Ernte.

Wir legen fest, was wir nach der Rückkehr aus Derge auf dem Rückweg nach Chengdu filmen wollen: das Dorf, in dem alle Häuser weinrot angestrichen sind, die im Wiederaufbau befindliche Gompa, danach das befestigte Dorf Beri und schließlich das Kloster der Stadt Kanze mit seinem Platz. Wir fahren bis 14 Uhr.

Mittagessen in Manigango, vierundneunzig Kilometer nördlich von Kanze in einem Weidegebiet gelegen. Es befindet sich an der Wegkreuzung wichtiger Straßen, die hauptsächlich in die Autonome Region Tibet führen. Nachdem wir das Städtchen verlassen haben, kommen wir in ein Tal, das eher alpinen Charakter hat. Wir legen einen Halt am Yilhun-Lhatso-See ein, der von hohen Gebirgen umgeben ist, durch die eine Gletscherzunge verläuft, die sich in den See zu stürzen scheint. Es ist ein heiliger See, in die umliegenden Felsen hat man überall das Mantra „Om mani padme hum" eingemeißelt. Die Straße klettert wieder auf einen Paß hinauf, den Tro-la-Paß, der auf 4900 Meter liegt in einer strengen, mineralischen Landschaft. Was für ein Kontrast zu dem Tal von Kanze, das wir vor drei Stunden durchquert haben. Unser Fahrer Wang fühlt sich sehr schlecht auf diesen Höhen. Er hatte vor einigen Jahren ein Lungenödem, und wir schicken ihn nach unten, um auf der Straße nach Derge auf uns zu warten, während wir drehen.

Derge liegt auf 3300 Meter Höhe in der Tiefe eines Tals. Als Hauptstadt des alten Königreichs von Derge, des größten und mächtigsten der fünf Königreiche von Kham, hat es sich bis 1865 seine Unabhängigkeit bewahren können, ehe es unter die Herrschaft von Lhasa gelangte. Zu Beginn des 19. Jahrhunderts wurde es von den Armeen Chao Erh Fengs besetzt und somit China einverleibt.

Wir haben wirklich großes Glück: Wir kommen ausgerechnet am Vorabend des Regenfestes an. Weiße Zelte sind entlang des Flußufers draußen vor der Stadt aufgestellt. Aber Christoph ist nicht da, als wir ankommen. Die Zimmer sind mehr schlecht als recht verteilt worden, was später zu einem unangenehm scharfen Wortwechsel zwischen Christoph und den Frauen führt. Wir können nichts mehr ertragen; die kleinlichen Bosheiten der einen wie der anderen reichen heute, um das Faß zum Überlaufen zu bringen.

Jetzt habe ich schon vier Wochen Fieber. Was tun? Jane horcht mich ab und verschreibt mir noch einmal sieben Tage Antibiotika. Ich lese wieder einmal die Geschichte von Derge, dessen erste Tempel Bön-Tempel waren, dann aber sehr schnell Nyingmapa-Tempel wurden, ehe sie sich letztlich den Sakyapa und den Kagyapa anschlossen. Das große Kloster von Derge war wegen seiner 1729 gegründeten Druckerei berühmt, die die Texte der verschiedenen Schulen redigierte. In dieser Epoche zählte man dort etwa tausend Mönche. Heute sind es noch rund hundert. Beim Regenfest, das zwei Tage lang dauert, wird genau das Ende einer Meditationsperiode von einem Monat geliefert, zu der sich die Mönche seit den Zeiten von Sakyamuni während der Erntezeit zurückziehen.

Kham

1. September

Ich gehe zu Fuß einen kleinen Feldweg entlang, der zu den Zelten führt. Es herrscht dichter Nebel. Die Aussicht, an einem bescheideneren und weniger manipulierten Fest als dem von Jyekundo teilzunehmen, gefällt mir durchaus. Ein paar Festteilnehmer sind schon da, gehen umher, haben freudige, offene Gesichter; nach und nach, so wie sich der Nebel lichtet, kommen immer mehr. Weihrauch und Wacholder brennen an verschiedenen Stellen des kleinen Feldes, ihr Rauch spielt mit der aufgehenden Sonne. Alle haben sich festlich gekleidet. Die Frauen sind mit Ketten aus Türkisen geschmückt, die sie um ihre langen Zöpfe gewunden haben, ihre Hände sind von Ringen bedeckt. Die Männer, mit neuen Stiefeln, haben Zöpfe aus roter Seide um den Kopf gewunden. Jeanne hat mich eingeholt; sie wird, wenn es nötig ist, ihre Handelskünste unter Beweis stellen.

Ein großes Festzelt taucht auf, weiß, mit Glückssymbolen aus blauem Stoff geschmückt. In seinem Innern haben die Mönche sehr schöne Thangkas aufgehängt und Altäre bereitet, auf denen prächtige Tormas liegen – Opfergaben, modelliert aus einem Teig von Tsampa, Gerstenmehl und gefärbter Butter. Wenn sie sehr groß sind, wie diese hier, werden die Tormas um Holzbeschläge herum modelliert, damit sie nicht zusammenfallen.

Es sind mindestens fünfzig Mönche anwesend. Sie haben Teppiche und niedrige rechteckige Tische mitgebracht, auf denen sie ihre rituellen Geräte und ihre Gebetsbücher niederlegen. Ein wenig später psalmodieren sie, unter dem Zelt sitzend, im Chor heilige Texte, die von dem heiseren Ton der Dongchen, der Langhörner, begleitet werden. Währenddessen nehmen draußen zwei ihrer Gefährten die rituelle Reinigung der Tenne vor, wo am Nachmittag die Tänze stattfinden werden. Sie tragen einen weißen Schal über Mund und Nase, um die Stätte nicht zu verunreinigen. Es herrscht eine ländliche, fröhliche Stimmung. Die alten Frauen setzen sich in den ersten Reihen auf kleinen Bänken nieder. Die Kaufleute haben ihre Stände entlang des Flußufers aufgeschlagen, an einem Weg, den die Dorfbewohner benutzen. Ganze Nomadenfamilien haben sich am Berghang niedergelassen, wo man über der Versammlung thront.

Wir drehen von 10 bis 18 Uhr. Nach der Prozession der mit ihren schönsten Gewändern bekleideten Mönche finden Tänze statt. Sie ähneln sehr denen, die wir in Jyekundo gesehen haben, werden teilweise jedoch mit noch mehr Schwung und Konzentration ausgeführt. Gyurme erklärt uns, daß die Tänze zwei besondere Episoden aus den früheren Leben des Buddha Sakyamuni illustrieren. Nurith filmt vom Dach des Wagens aus. Jane, Snafu, Alice und ich schützen ihn vor dem Gedränge der Massen, die ihn beim Herumbummeln gar nicht umgehen können, so klein ist das Feld. Es ist langweilig, da so herumzustehen und den Gendarmen zu spielen; es tut mir nicht leid, ins Hotel zurückzukehren.

Die tibetische Stadt breitet sich an einem Abhang des Gebirges aus, zu Füßen der Tempel und der Druckerei des Klosters. Tief unten, entlang des Flusses, dessen tobende Strömung von zwei Steindeichen gezähmt wird, hat man das chinesische Viertel gebaut, das sich immer noch weiter ausdehnt. Der Kontrast zwischen den hübschen, geschmackvoll dekorierten tibetischen Häusern und diesen abscheulichen Betonkästen, die so aussehen, als seien sie eine ewige Baustelle, sticht ins Auge. Dort befinden sich das Kino, die Kaufhäuser und die Büros der Regierung. Die Hauptstraße der Unterstadt ist voller Läden und Restaurants, deren Hinterräume auf Pfählen über dem Fluß schweben. Eines von ihnen wird unsere „Kantine". Während des Abendessens lausche ich dem Rauschen des Wassers, was mich schließlich ruhig macht und es mir ermöglicht, das lärmende Chinesenteam, das ein Glas Reiswein nach dem anderen herunterkippt, zu ignorieren.

2. September

Noch immer Fieber, 38 °C heute morgen. Kein Frühstück, ich habe keinen Hunger. Gut für die Linie!

Der Tempel von Derge, den wir filmen werden, befindet sich seit drei Jahren im Wiederaufbau. Es ist tatsächlich eine Restaurierung des alten Tempels, der Lhundrupteng hieß. Die große Versammlungshalle ist eine Baustelle, die Allee in der Mitte führt zum Thron von Sakya Trizin, dem Oberhaupt des Geschlechts der Sakyapa. Etwas seitlich davon stehen auf einer Liste die Namen der Spender, die das Wiederaufbauprogramm finanziert haben. Im Allerheiligsten, dessen Eingang sich hinter dem Thron befindet, steht ein Gerüst vor drei großen Rohentwürfen von Skulpturen. Gehilfen sind dabei, ein Baugerüst, eine Art Mannequin aus Metallstäben, mit eingegipsten Stoffstreifen und Stroh auszufüllen; das Ganze wird zum Schluß mit Töpfererde bedeckt. Dort, wo sich der Künstler aufhält, auf einer mehrere Meter hohen Plattform, steht ein kleiner eiserner Kohleofen, der die Tonerde schneller trocknen läßt. Unglücklicherweise ist das Licht heute morgen grau.

Das Dorf hat trotz der scheußlichen, heruntergekommenen chinesischen Bauten viel Charme; die Tibeter haben Blumen auf den Terrassen ihrer Wohnungen, blaue Sakya-Häuser oder Häuser aus rotem Rundholz mit Fenstern, deren Rahmen in lebhaften Farben bemalt sind. Früher wurden alle Häuser ockerfarbig angestrichen, mit langen waagerechten Streifen in Weiß, Rot oder Nachtblau, da das Dorf ein Sakya-Dorf war. Heute gibt es sie nicht mehr, mit Ausnahme von einigen wenigen, die erhalten werden konnten; die meisten sind von den Chinesen abgerissen oder mit anderen Farben überstrichen worden.

Was aber noch mehr ins Auge fällt als der Kontrast zwischen diesen richtigen Häusern und den chinesischen Karnickelställen, ist die Fröhlichkeit und Offenheit der Tibeter im Vergleich zu den Chinesen. Während die einen niedergedrückt sind durch eine finstere Kasernenatmosphäre, scheinen die anderen von etwas getragen zu werden, das über sie hinausreicht: vom Buddhismus, einer Religion, die ohne Zwangsausübung den Respekt vor dem Nächsten weckt und das Mitleiden mit allen Wesen fordert.

Nachdem wir den Haupttempel von Lhundrupteng von außen gefilmt haben, dazu noch einige Gäßchen des Dorfes, werden wir den kleinen Tempel erkunden, der Thantong Gyelpo – dem berühmten heiligen Brückenbauer – geweiht ist und der die aufeinanderfolgenden Kriege überstanden zu haben scheint. Wir beobachten die Pilger, die ihn unermüdlich umschreiten. Wir beschließen, ihn morgen früh zu filmen, und kehren wieder zum Festplatz zurück, um an der langen Zeremonie der Segnung, dem Wang, teilzunehmen.

Die Menge hat die Tenne in Besitz genommen und beobachtet aufmerksam, was die Mönche tun: Einige fahren mit den Rezitationen fort, andere werfen Gerstenkörner in die Menge, wieder andere gehen herum und sammeln Geldopfer ein. Die Atmosphäre läßt leidenschaftliche Begeisterung spüren, ist aber zugleich völlig entspannt. Kein Mensch kümmert sich viel um uns und unsere Kamera, wir sind mitten unter ihnen, und das scheint sie nicht weiter zu stören. Um dem Lama den Weg freizumachen, schwenken die „Polizisten-Mönche" große Stöcke über der Menge, die sich schnell zurückzieht... Es ist 12.30 Uhr; um 14 Uhr, als die gemeinsame Rezitation beendet ist, erscheint der Lama wieder. Er wird durch einen Schirm aus Pfauenfedern vor der Sonne geschützt. Die Gläubigen, die dicht gedrängt um das Zelt herumstanden, eilen zu ihm, um seinen Segen zu empfangen. Die Mönche haben große Schwierigkeiten, die ihren Lama umringende Menschenmenge in Zaum zu halten. Dieser hält ein Gefäß mit geweihtem Wasser in den Händen, und Hunderte von Köpfen verneigen sich im Vorbeigehen. Es herrscht so starkes Gedränge, daß wir uns schwertun, Nurith inmitten des Auflaufs zu schützen.

Die meisten Tibeter haben bereits eine tüchtige Menge chinesisches Bier, Chang und abscheulichen Schnaps zu sich genommen. Sie lachen, sind hinter den Frauen her und prügeln sich. Gyurme ist auch völlig hinüber und bezaubert die jungen Tibeterinnen, indem er Polaroidfotos von ihnen macht.

Ich lasse das Team allein, gehe ins Hotel zurück und schlafe eine Stunde lang. Es ist sehr heiß. Danach zurück an die Arbeit. Wir gehen in die Stadt und filmen das Leben auf der Straße. Die Bevölkerung ist wirklich ganz reizend zu uns. Danach geht das technische Team in Stellung, um die Schlußprozession der Mönche auf dem Weg, der vom Feld zur Stadt führt, zu filmen. Eine lange Prozession mit Langhörnern, Zimbeln und Fahnen.

Als ich wieder zum Feld hinuntergehe, um Christoph zu suchen, schnappt mich eine Art kleiner Feudalherr mit riesigem bhutanesischem Hut und bietet mir Chang in seinem Zelt an. Er ist von seiner ganzen Familie umgeben. Christoph spürt mich dort auf, wie, weiß ich auch nicht, und kauft ihm einen sehr schönen Ring ab: vier kleine Türkise in Silber gefaßt – fast wie ein vierblättriges Kleeblatt. Als wir ins Hotel zurückgehen, werde ich wieder von zwei Familien aufgehalten, die sich am Flußufer niedergelassen haben, und zwei kleine Mädchen bieten mir frischen Chang an. Ich mache dafür Polaroidfotos von allen, und wir tauschen, vom Alkohol befeuert, Bonbons und Gelächter aus.

Das Fest ist zu Ende. In der Unterstadt, an der Brücke, machen sich die Reiter fertig. Sie satteln ihre Pferde, die Kinder schlafen auf dem Rücken der Mutter, und dann machen sich alle auf den Heimweg.

Im Hotel wasche ich mich in dem prähistorischen Badezimmer, das zum Hotel gehört, immer noch nach der Methode, daß ich mir heißes Wasser aus der Thermosflasche über den Kopf gieße. Währenddessen kümmert sich Christoph um die Genehmigungen für morgen. Wir wollen die Druckerei filmen und das Innere des Tempels, den wir heute morgen besucht haben. Dann würden wir auch noch gerne nach Katok gehen, einem bedeutenden Kloster, mehrere Stunden Fußmarsch von Derge entfernt, wo Gyurme letztes Jahr gewesen ist. Diese Exkursion ist gar nicht nach dem Geschmack der Behörden, auch nicht nach dem unserer Begleiter!

Später komme ich zufällig dazu, wie Jane Alice gerade eine Geschwulst unter dem Arm wegoperiert. Operationsbesteck, Blut, ich stelle mir bereits die Infektion vor, noch verschlimmert durch die Höhe und die hygienischen Bedingungen. Da steht sie und operiert, da, auf einem schmutzigen, staubigen Bett in einem Zimmer, das von einer düsteren Glühbirne beleuchtet wird. Wenn sie Lust hat, ihre Instrumente zu benutzen, soll sie sie doch an ein paar Baumstämmen ausprobieren oder Haare schneiden... Ich bin so entnervt, daß ich nicht zu Abend essen kann. Ich fange mich erst wieder, als Jane zu mir kommt, um mich zu beruhigen. Es endet damit, daß Jane, Alice und ich einen hysterischen Lachanfall haben.

3. September

Wir filmen das Innere des kleinen Tempels von Derge. Zwei Stunden Arbeit, um die Beleuchtung zu installieren; wie man uns sagt, ist die Elektrizität nämlich rationiert und funktioniert nur abends. Wir haben einen Generator von einem Kilowatt aufgetrieben. Mit dem Strom, den er mühsam produziert, können wir bestenfalls die Statue von Thangtong Gyelpo, dem Gründer, ausleuchten. Täglich verrichten Mönche ihre Rituale in diesem Tempel, der sehr hübsche Fresken und Bilder hat. Er liegt mitten in einem Labyrinth von tibetischen Häusern. Wir versuchen, in eines hineinzugelangen, um vom Dach aus zu filmen und so eine Vogelschau-Perspektive auf das Gebäude zu haben. Es gelingt beim ersten Anlauf, und wir sind wieder einmal überrascht von der Gastfreundschaft und Liebenswürdigkeit der Menschen, die uns die Tür öffnen. Über eine Leiter kann man auf die Terrasse steigen, von wo aus wir einen bemerkenswerten Ausblick, nicht nur auf den Tempel, sondern auf die ganze Stadt haben. Auf der anderen Seite, auf halber Höhe des Hangs, flattern Gebetsfahnen im Wind. Sie markieren den Ort, wo sich die Grotte befindet, in die sich der heilige Thangtong Gyelpo zur Meditation zurückzog, nachdem der König ihm aufgetragen hatte, einen geeigneten Ort für den Bau eines Tempels auszuwählen.

Der Nachmittag ist schwierig. Wir haben beschlossen, noch einige Aufnahmen von Fahrzeugen auf der Straße zu machen, die zum Tro-la-Paß auf fünftausend Meter Höhe führt. Das ist kein Vergnügen. Nurith stellt sich an verschiedenen Stellen der Straße auf, und, mit unseren Walkie-talkies bewaffnet, filmen wir fünfzehnmal die Sequenz mit den Fahrzeugen, die einander folgen, hinauf- oder herunterfahren. Das ist langweilig, und es ist kalt, man kann aber im Film nicht darauf verzichten, wenn man die Reisebewegungen zeigen will, die wechselnde Szenerie, wie sich Tal und Landschaft verändern sowie den weiteren Fortgang der Expedition.

Anderthalb Stunden hin, zwei Stunden zurück. Jeanne erzählt mir aus ihrem Leben; sie sollte ein Buch daraus machen. Danach sprechen wir über Filme, über die Empfindsamkeit und die künstlerische Frische, die von einem Erstlingswerk ausgehen können . . . Wir fahren bei Nacht durch diese Schlucht, die kein Ende nehmen will und die wir langsam sehr gut kennen. Wir sind erschöpft von der vielen Arbeit, und wir müssen uns den Kopf freimachen, da tut es gut, an etwas anderes zu denken, ein bißchen zu träumen . . . Die Atmosphäre ist dazu sehr angetan, Jeanne hat schon immer gern Geschichten erzählt. Um 22.30 Uhr sind wir in Derge. Die Besitzer des Restaurants am Flußufer sind auf dem Boden eingeschlafen, sie stehen aber ohne Murren auf und machen unser Abendessen.

4. September

Herr Liu, „der Belgier", macht heute Geschichten. Er unterzieht uns alle einer Befragung, um herauszufinden, ob wir mehrere Filme drehen. Er hat darüber mit seinem Team gesprochen und auch mit der Polizei von Derge. Wir hätten aber von Anfang an gesagt, daß wir nur einen Film drehen. Ich glaube, daß seine Beunruhigung daher kommt, daß ich gestern Gyurme gerüffelt habe, weil er, als wir das Kloster filmten, nichts getan hat, uns weder beim Dolmetschen der Gespräche mit den Mönchen noch bei den Aufnahmen geholfen hat. Als ich zu ihm sagte: „Schließlich ist das auch dein Film, Gyurme, beweg' dich also ein bißchen", hat „der Belgier", der in diesem Moment neben mir stand, sich gleich eingebildet, daß die Aufnahmen, die wir in Derge gedreht haben, für einen Film Gyurmes bestimmt seien, und daß wir, da wir ja nur die Genehmigungen für einen Film bezahlt hatten, sie betrügen wollten ... Er hat Sybille auch gefragt, ob der Dalai-Lama unseren Film finanziere!

Selbstverständlich sind wir berechtigt, unsere fünfunddreißig Drehstunden so aufzuteilen, wie wir es für richtig halten. Wir können daraus alles Mögliche machen, zum Beispiel einen 52-Minuten-Film auf den Spuren von Alexandra David-Néel, dazu etwa 26 Minuten über Jyekundo, Amnye Machen, Derge und vielleicht über die Renaissance des Buddhismus, oder aber einen langen Film, in dem alle unsere schönsten Aufnahmen in einer einzigen Kinomontage zusammengefaßt sind, wer weiß?

Das geht die Chinesen aber gar nichts an. Liu ist zur Polizei gegangen, um uns anzuzeigen, weil wir in Derge gedreht haben, ohne die nötige Erlaubnis einzuholen, die nur die örtlichen Behörden erteilen können. Christoph rast vor Wut. Wir haben die Genehmigung Pekings, aber, wie es scheint, ist das nicht ausreichend.

Es erscheint der Polizeichef von Derge, ein kleiner, fetter Chinese mit Ärmelschonern aus Glanzseide, damit seine Uniform auch ja lange hält ... Gyurme, Zhou und Christoph besprechen sich mit ihm. Wir schlagen dem Polizisten vor, uns heute beim Drehen zuzuschauen. Er nimmt an, ist es aber schon bald leid, da wir uns nicht um ihn kümmern. Was wir filmen, muß für ihn ohne jedes Interesse sein.

Christoph ist krank, er windet sich vor Schmerzen: der Bauch. Ich hoffe, daß er der einzige bleiben wird, aber Jeanne klagt bereits über die gleichen Beschwerden. Trotzdem werden wir einen Spaziergang durch das Dorf machen und etwas bei den Tibetern kaufen; sie zeigen uns Ringe, silberne Reliquienbehälter und Dolche für den Gürtel, die in ganz Kham berühmt sind und in Derge hergestellt werden. Ich stöbere eine Satteldecke für Jeanne auf, die so etwas sammelt und sie begeistert erwirbt. Als wir zum Hotel zurückkommen, warten dort etwa ein Dutzend Tibeter auf uns, die sich untereinander abgesprochen haben, um uns etwas zu verkaufen: bemalte Holzplättchen, in die die Gebetsbücher eingebunden werden, versilberte Schüsseln oder Türkise. Einer bietet uns heimlich aus seinem Gürtel Moschus an, was ausdrücklich verboten ist. Moschus ist eine vier bis fünf Zentimeter große Drüse, die nahe an den Geschlechtsorganen des Moschushirsches sitzt; man gewinnt sie, indem man das Tier während der Zeit der Brunst jagt. Man muß es töten, um die Drüse herauszunehmen. Daraus gewinnt man ein braunes Sekret, den Moschus, der dazu dient, bei einer Parfümkomposition die anderen Inhaltsstoffe zu fixieren. In der Pharmazie dient er als Stimulans oder Antispasmolytikum, aber auch um Krämpfe oder Delirien zu heilen. Moschus ist sehr teuer, und die Tibeter bieten uns zwei Drüsen für 6000 Yuan an!

Es ist für sie eine Methode, zu Bargeld zu kommen, damit sie in der Stadt das kaufen können, was ihnen für das tägliche Leben fehlt, statt Tauschhandel treiben zu müssen. Ich muß sagen, daß sie ausgezeichnete Händler sind und sich nicht übers Ohr hauen lassen. Es macht Spaß, mit ihnen zu handeln, da sie Sinn für Humor haben und viel lachen.

Gegen fünf Uhr nachmittags entdecken wir über dem Kloster die verschiedenen Säle der provisorischen Druckerei; die alte Druckerei, ein schönes, dreigeschossiges Gebäude, das sehr alte Fresken enthält, wird gerade restauriert, und alle Geräte sind an einen anderen Ort gebracht worden.

Vor der Druckerei werden wir in einem tibetischen Zelt empfangen, das in einem Garten steht. Es ist heiß, und man serviert uns Tee, Äpfel und Bonbons. Die Druckerei war während der letzten Tage wegen des Regenfests geschlossen. Unseretwegen hat der Werksleiter aber seine Arbeiter, die hier wohnen, gebeten, die Arbeit einen Nachmittag früher wiederaufzunehmen, um das Einweichen des Papiers vorzuführen; wir werden diesen Vorgang bei Sonnenuntergang filmen.

Draußen vor der Werkstatt arbeiten die Männer zu zweit, ihre

Bewegungen sind schön und voller Harmonie. Sie füllen große Aluminiumwannen mit Wasser. Aus dem Raum, in dem das Papier geschnitten wird, holen sie die Bögen im Format der Gebetsbücher, das heißt schmal und lang; auf kleinen Holzbänken sitzend, tauchen sie dann die Blätter, nicht einzeln, sondern in Paketen von etwa 500 Bögen mit einer schnellen Bewegung ins Wasser. Danach stapeln sie sie auf einer Holzplanke, die an der Außenmauer des Gebäudes angebracht ist. Dieser Vorgang dient dazu, das Papier weicher zu machen. Wenn die Stapel hoch genug sind, wickeln sie sie in Tücher ein, auf die dann wieder eine Holzplanke gelegt wird. Zum Schluß kommen darauf drei große Steine zum Pressen. Sie bringen die Wannen zurück und gehen nach innen, um die nächsten Arbeitsgänge vorzunehmen. Morgen werden wir weiterdrehen.

Rückkehr ins Hotel gegen 21 Uhr. Der Chef des Restaurants hat ein Geburtstags-Fest für Liu oder „Prinz", den Chauffeur des Gouverneurs, vorbereitet. Wir tanzen alle nach der Musik von Alice' Kassetten, die Atmosphäre ist äußerst locker. Nurith legt eine tolle, wilde Tanznummer aufs Parkett, alle applaudieren; wir amüsieren uns wirklich alle miteinander, ein seltener Moment. Auf dem Höhepunkt des Fests kommen zwei Tibeter in den Saal und weisen unseren Verbindungsmann Gao Che darauf hin, daß keine Fotos gemacht werden dürfen. Sie haben getrunken und hassen ganz offensichtlich die Chinesen. Einer von ihnen versetzt Gao Che einen Faustschlag ins Gesicht und zerbricht dabei seinen Fotoapparat. Auf Bitten der Chinesen steht Gyurme auf und versucht zu vermitteln, was ihm den zweiten Faustschlag ins Gesicht einbringt. Die beiden Tibeter packen ihn an der Gurgel und versuchen ihn zu erwürgen. Der Restaurantchef greift zusammen mit der Polizei von Derge ein, die uns ständig von draußen überwacht hat, und trennt die Kontrahenten. Die beiden Männer kommen aus Dartsedo. Als sie, begleitet von Polizisten mit vorgehaltener Pistole, den Saal verlassen, spucken sie in Richtung der Chinesen auf den Boden. Wir sind alle ziemlich mitgenommen, beenden das Fest und gehen schlafen.

Dr. Migot ist in Derge gewesen, und ich lese im Bett noch einmal seine Beschreibung der Druckerei: „Die lamaistische Druckerei von Derge stellt keine Bücher auf Vorrat her, sondern druckt gewünschte Werke auf Anforderung. Es ist jedoch notwendig, bei einem großen Auftrag seine eigene Tinte und sein Papier mitzubringen. Während des Winters stellt die Druckerei ihre Arbeit wegen des Frostes in den nicht beheizten Werkstätten ein. Die Druckmethode unterscheidet sich sehr von der, die wir im Abendland kennen: Anstelle von austauschbaren und beweglichen Lettern aus Metall benutzt man Holzgravierungen auf langen, schmalen Holzbrettern, von denen das Buch recto et verso abgedruckt wird (ich überlasse es der Phantasie des Lesers, sich vorzustellen, wie groß eine Werkstatt sein muß, um die Abertausende von Holzbrettern und -planken zu stapeln, die für den Druck der großen kanonischen Sammlung und der ganz speziellen Werke der Sa-Kya-Pa-Sekte gebraucht werden). Alle Bretter und Planken, die die gleichen Ausmaße haben, werden numeriert, klassifiziert und nach einem System aufbewahrt, das es ermöglicht, jedes beliebige Werk der Sammlung schnell wieder aufzufinden. All dies wird in einem riesigen Gebäude mit mehreren Stockwerken, zahlreichen Zimmern, in Winkeln und Ecken voller numerierter Regale aufbewahrt. Die Arbeitsvorgänge werden schnell erledigt: Ein Gehilfe holt die Holzplanken eines bestimmten Ausmaßes und stellt sie neben die Drucker, die zu zweit, einander gegenübersitzend, zusammenarbeiten. Einer von ihnen nimmt eine gravierte Latte und stellt sie vor sich auf einer Stütze auf, der andere bestreicht die Latte mit einem in Tinte getränkten Filzbausch. Der erstere legt dann ein Papierblatt auf die Holzgravierung, während der zweite den Druck beendet, indem er mit einer schweren Lederrolle über die Rückseite des Blattes streicht. Danach werden die bedruckten Blätter sorgfältig aufeinander gestapelt und zu einer nahegelegenen Werkstatt gebracht, wo die Lamas sie vergleichen und nachprüfen. Die bedruckten Seiten werden niemals broschiert oder gebunden, sondern in Bündeln gestapelt, welche man dann sorgfältig in Seide einwickelt und zwischen zwei Holzplättchen legt, die oft bemalt oder graviert sind, ehe man sie in die Regale der Bibliothek zurückbringt . . ."[1]

5. September

Die Polizei von Derge kommt heute morgen um 8 Uhr, um uns mitzuteilen, daß wir nicht nach Katok, dem großartigen Kloster an der Grenze der Autonomen Region Tibet, fahren dürfen. Als wir in Chengdu waren, sind wir nämlich von dem berühmten Lama

---
1) Caravane vers Bouddha, édition Amiot-Dumont, S. 117

dieses Klosters, Drime Zhingkyong, eingeladen worden. Man nennt ihn den „Coca-Cola-Lama", weil er seinen Gästen Coca-Cola anstelle des traditionellen Tees anbietet, zumindest sagt er das. Ich glaube eher, daß er so genannt wird, weil er Geschäfte mit Coca-Cola macht . . .

Als Präsident der Buddhistischen Gesellschaft in Sichuan lebte er von 1959 bis 1985 in Indien im Exil, wo er Englisch gelernt hat. Seit seiner Rückkehr nach China ist er der tibetische Vertreter im chinesischen Komitee für die Provinzen. Gyurme kennt ihn gut und hat uns gesagt, daß er gegen einen Anschluß Ost-Tibets an die Autonome Region Tibet ist. Die alten Feindseligkeiten zwischen Kham und Lhasa kommen hier wieder hoch. Er würde die Autonomie der Provinzen Amdo und Kham vorziehen. Er ist in China und Tibet sehr bekannt wegen seines Einsatzes für die Tibeter und gilt als tüchtiger Geschäftsmann. Wir haben aber doch die offizielle Genehmigung, nach Katok zu fahren! Gyurme ist schrecklich traurig, weil dieses Kloster durch seinen Wiederaufbau beispielhaft ist für die Solidarität der tibetischen Buddhisten in Kham. Der Lama erwartet uns, und wie könnten wir ihm die Nachricht zukommen lassen, daß wir nicht kommen dürfen? Wir fahren um 9 Uhr, schlecht gelaunt, zur Druckerei des Klosters, wo man uns mit zeremonieller Musik und Khataks empfängt.

Wir haben das Glück, die wichtigsten Etappen in der Herstellung der beiden bedeutendsten Gebetsbücher, dem Kanjur und dem Tanjur, die die Lehren Buddhas und die Kommentare dazu enthalten, filmen zu können. Der Kanjur wird in Rot gedruckt, der Tanjur in Schwarz. Ersterer hat etwa hundert Bände, es können bis zu einhundertacht – eine heilige Zahl – werden, letzterer besteht aus zweihundertdreizehn Bänden. Eine Gesamtausgabe von Kanjur und Tanjur kostet siebentausend Yuan (etwa siebentausend Francs). Kunden sind im allgemeinen die Klöster aus der Umgebung von Lhasa oder sogar die anderer benachbarter oder weit entfernter Länder wie Nepal, Bhutan oder Japan. Es können aber auch gelehrte Lamas oder einfache Laien sein. Unter den weiteren Büchern befinden sich Lehrbücher der Medizin, Logik oder Astrologie, aber auch Biographien berühmter Persönlichkeiten, Heiliger oder Könige und Führer durch die Klöster oder Legenden.

Die verschiedenen Arbeitsstufen finden während der Renovierung der traditionellen Druckerei in mehreren Nebengebäuden statt, die Khaté, der Meister, und Hadja, der Direktor, uns nach und nach besichtigen lassen. In der Druckerei, die einem Bienenstock gleicht, sind zweihundertsechzig Arbeiter beschäftigt.

Dutzende von Arbeitspaaren sitzen sich gegenüber und halten mit gleichmäßigen Bewegungen den Arbeitsrhythmus ein: Einer tränkt die Matrize mit Tinte, der andere nimmt das Papierblatt und drückt es mit einem Tuch auf die Matrize. Sie haben die Bewegungen geschickter Handwerker, gleichmäßige Meditationsbewegungen. Das trockene Rascheln von Papier und Holz beherrscht den Raum. Am Vormittag erlaubt man ihnen eine Pause von zehn Minuten, die durch einen Gong angekündigt wird. Sie verdienen sechs Yuan pro Tag, arbeiten acht Stunden und müssen ihr Mittagessen selbst mitbringen. Die Werkstätten sind von April bis November in Betrieb, denn der Winter ist so hart, daß man unter diesen Bedingungen nicht arbeiten kann. Das Papier kommt aus Ya'an, zehn Tonnen pro Jahr braucht man. In zwei Stunden druckt ein Zweier-Team ungefähr vierhundert Seiten und stellt somit drei Bände pro Tag her. Sie anzuschauen macht mich fast schwindlig. Durch die Öffnungen im Dach und die Türen fällt sehr schönes Licht herein.

Gyurme geht auf unsere Bitte in die Stadt, um den Sekretär für tibetische Kultur aufzusuchen; normalerweise gibt es vor abends keinen Strom, die Säle sind aber ein bißchen zu dunkel für unser Filmmaterial. Er soll die Verantwortlichen bitten, für uns einmal eine Ausnahme zu machen und heute schon morgens den Strom anzustellen.

Während Gyurmes Abwesenheit filmen wir den Mann, der im Hof die schwarze Tinte in einem riesigen Kessel mit Wasser verdünnt. Der Knochenleim, den sie enthält, muß beseitigt werden, weil sonst die gravierten hölzernen Druckstöcke verschmiert werden könnten. Was die rote Tinte angeht, so besteht diese aus kleinen Kügelchen, die zuvor aus einem Mineral hergestellt wurden, das die Arbeiter in einem Holzmörser zerstampfen. Der ganze Saal, in dem sie arbeiten, ist mit feinem rotem Staub bedeckt. Wir machen eine Aufnahme von dem Mann, der das Papier sortiert, es faltet und zählt. Dann gehen wir in den großen Drucksaal oberhalb des Trockenraumes im ersten Stock. Dort gravieren die Arbeiter die Texte mit Hilfe kleiner Hohlmeißel auf Holzplatten. Ihre Arbeit verlangt ein hohes Maß an Geschicklichkeit. Andere bessern die alten Platten aus, die im Laufe der Jahre beschädigt worden sind. Alle diese holzgravierten Platten werden in einem dunklen Saal, eine hinter der anderen, auf Regalen aufbewahrt. Nur die Holzstiele stehen hervor. Daneben sind in der ganzen Länge des Saals Seile gespannt, auf die die Blätter zum Trocknen gehängt werden. In einer der Reihen sitzt ein Mann und zählt laufend die Blätter. Im letzten Saal lesen und überprüfen Mönche im Schneidersitz die Texte und kontrollieren die Qualität der bedruckten Blätter. In einem anschließenden weiteren Saal werden dann noch Gebetsfahnen bedruckt sowie Abbildungen der Gottheiten, die nach dem gleichen System auf riesige Holzplatten graviert worden sind.

Danach besichtige ich mit Kathé, dem Chef des Werkstattpersonals, weitere Gebäude. Dort werden Blätter zurechtgeschnitten, Buchdeckel bemalt, die Bücher zusammengeheftet und aufbewahrt. Weiter unten, zu ebener Erde, liegen die Gravur-Werkstatt und die Bibliothek, wo Gebetsbücher an die Dorfbewohner verkauft werden.

Sie ist von Montag bis Samstag den ganzen Tag geöffnet, und die Menschen strömen dorthin. Man sagt uns, daß allein dieser Bücherverkauf ausreichend ist, um den Wiederaufbau der Druckerei zu finanzieren; das heißt also, daß die chinesische Regierung sich nicht daran beteiligt.

Am Fuße des Klosters befinden sich das Hospital und die Apotheke. Ich bitte den Arzt, dem die Apotheke untersteht, mich abzuhorchen. Er gibt mir drei Sorten von Pillen, die einen würzigen, sehr orientalischen Geruch ausströmen. Er sagt mir, daß ich eine Bronchitis habe, daß ich in fünf Tagen nicht mehr husten werde und daß das Fieber keinerlei Bedeutung hat: Mein Körper muß wärmer werden . . .

Wir machen uns um 15.15 Uhr auf den Weg nach Manigango in Richtung Dzokchen. Bei der Ausfahrt aus der Stadt gibt uns die Polizei ein Zeichen zum Anhalten. Der Oberkommandierende kommt, um Gyurme die Hand zu schütteln, und übermittelt seine besten Wünsche für unsere weitere Reise . . . Bei der Gelegenheit fragt er auch, wohin wir jetzt fahren. Wird Gyurme ihm sagen, daß wir nach Dzokchen fahren, oder nicht? Später, als wir halt an dem kleinen heiligen See von Yilhun Lhatso machen, den wir auch filmen, versichert er Christoph, daß er es ihm nicht gesagt hat. Ich glaube, daß unsere chinesischen Begleiter all das ausgelöst haben, denn sie waren es ja, die behauptet hatten, daß man, um nach Dzokchen, einer verbotenen Region, zu reisen, eine Spezialgenehmigung braucht.

Das Kloster Dzokchen war einmal eines der größten Nyingmapa-Klöster im Kham. Es liegt auf viertausend Meter Höhe in einem verborgenen Tal. Um es zu erreichen, muß man von der größten Straße, die von Manigango nach Jyekundo führt, links abbiegen und einen schmalen Weg einschlagen, der zum Dorf und danach zum Kloster führt. Dieses Kloster war bis 1950 für seine Philosophie-Schule berühmt, aber auch für seine Meditationsgrotten, die noch höher liegen und wohin sich die großen Frommen der Nyingmapa-Schule mehrere Jahre lang zurückgezogen haben.

Gyurme, der die Mönche kennt, hat ihnen unsere Ankunft mitteilen lassen, damit sie für unsere Unterbringung sorgen können. Aus Derge haben wir übrigens die Nichte eines Mönchs aus Dzokchen mitgenommen, die uns den Weg zeigen und sich ein bißchen um uns kümmern soll.

Auf der von CITS und der chinesischen Regierung genehmigten Route ist dieser Ort als eine unserer Rast-Stationen aufgezeichnet ... Es kann einem nicht verborgen bleiben, daß unsere Chinesen die Nase voll davon haben, immer wieder Klöster zu besichtigen, und noch mehr davon, sich mehrere Tage lang in als gefährlich bekannten Gegenden aufzuhalten. Sie haben auch keine große Lust mehr, wieder einmal im Zelt zu schlafen und vielleicht sogar bei drohendem Unwetter draußen hocken zu müssen.

Christoph ist uns vorausgefahren. Später erklärt er uns, daß die Polizei ihn auf dem Tro-la-Paß angehalten und uns verboten hat, nach Dzokchen zu fahren. Sie hätten einen Anruf aus Derge erhalten ... All das ist nicht sehr einleuchtend. Gyurme ist tief enttäuscht. Wir sind es auch, besonders nach den Erläuterungen, die er uns im Wagen zur Geschichte des Klosters gegeben hat. Wir filmen von der Straße aus den See ohne besonderen Enthusiasmus.

Am Nachmittag fragen uns Zhou und Shao Lin, weshalb wir so viele Klöster filmen. Wir antworten, daß es historische Monumente seien und die Mittelpunkte des Lebens des tibetischen Volkes. Wir erklären ihnen auch, daß, wenn man einen Film machen will, der für den internationalen Tourismus interessant sein soll, diese Klöster der ganze Reichtum dieser Region seien und man sie filmen müsse, um auch weiterhin Reisende anzulokken. Tatsächlich filmen wir die im Wiederaufbau befindlichen Klöster, um ein Zeugnis dafür mit nach Hause zu nehmen, daß der Buddhismus nicht tot ist und daß die Tibeter das, was die Chinesen während der Kulturrevolution zerstört haben, nur um so schneller wiederaufbauen, und zwar mit einem unwahrscheinlichen Mut, indem sie sich an die ins Ausland geflüchteten tibetischen Gemeinschaften in Taiwan oder Hongkong wenden. In den Klöstern versammeln sich die in alle Himmelsrichtungen verstreuten Tibeter; hier wird ihnen geholfen, eine Identität wiederzufinden, die die Chinesen ihnen gestohlen haben. Die Chinesen erlauben diesen Wiederaufbau. Begreifen sie auch, was er alles mit sich bringt? Schämen sie sich für den Ruf, den sie sich in der ganzen Welt erworben haben, indem sie mehr als sechstausend wunderschöne Klöster geplündert und ausgeraubt haben?

Die junge Tibeterin von 19 Jahren, die wir mitgenommen haben, trägt Jeans unter ihrem traditionellen Gewand, und Gyurme verschlingt sie im Wagen mit den Augen. Sie ist aber traurig, weil man uns die Fahrt nach Dzokchen verboten hat. Sie spricht nicht mehr und lächelt nicht mehr.

Zum Abendessen halten wir an dem hübschen kleinen Restaurant von Manigango. Als wir aussteigen, erwarten uns Tausende von Sternen. Junge Tibeter sitzen auf einer Böschung. Sie singen ... Warme und zugleich scharfe Stimmen. Die roten Pünktchen ihrer Zigaretten glimmen in der Nacht. Wir setzen uns etwas weiter entfernt nieder ... Lao Wang fängt auch an zu singen. Die Stimmen antworten einander. Chinesische Schatten. Die Verschiedenheiten verwischen sich, und die Menschenwesen sprechen zueinander ... über alle Sprachen hinaus.

6. September

Heute morgen beschließen wir, trotz des nicht bestätigten Verbots nach Dzokchen zu fahren, zumindest so zu tun, als ob wir dorthin führen. Das versetzt die Chinesen in Wut, und sie versichern uns, daß die Polizei uns, wenn wir hinfahren, ins Gefängnis werfen wird. Nach einer Diskussion im Team beschließen wir endgültig, aufzugeben. Das junge tibetische Mädchen muß sich allein auf den Weg machen und einen Wagen nehmen, um zu ihrer Familie zu kommen. Gyurme ist traurig. Als wir zwei Mönchen begegnen, die vom Regenfest in Derge zurückkommen, bittet Gyurme sie, das Mädchen während der Reise zu beschützen. Wir winken ihr nach, als der Wagen losfährt. Es ist eine Stunde der Melancholie und der Entmutigung. Auch wir fahren wieder los, Richtung Daktse mani, genau am Fuße des Gebirges.

Das Eigen- und Einzigartige an dieser langen Mani-Mauer sind die Opfergaben, die dort niedergelegt werden: kleine Hügelchen von Gegenständen unterschiedlichster Art, wie leere Flaschen, Porzellanscherben, Nägel, Yak-Zähne, Bindfadenreste, die einen wunderbar geformten Stein umgeben. Wenn man diese Stätte betrachtet, hat man nicht das Gefühl, vor einer „Müllkippe" zu stehen, sondern empfindet sehr tief, daß hier etwas ganz Besonderes stattfindet. Von der Straße aus können wir eine rosa- und ockerfarbene Fläche erkennen. Mit Hilfe der Ferngläser stellen wir fest, daß es sich um ein riesiges Gebetsfahnenfeld handelt. Gyurme sagt uns, daß es ein Meditationszentrum ist, das Nya Dukar heißt und zu Dzokchen, dem Nyingmapa-Kloster, gehört. Es könnte eine der zwanzig heiligen und geheimen Stätten vom Kham sein, wo nach der Nyingmapa-Tradition die „Terma" oder Schätze versteckt liegen. Diese Terma sind heilige Texte, die der große Lehrer Padmasambhava dort versteckt haben soll, damit sie erst im Verlauf der Jahrhunderte offenbart werden, durch die „Tertons", die Entdecker der Terma. Aus Gründen, die sich dem gewöhnlichen menschlichen Verständnis entziehen, konnten diese Lehren nicht zu Zeiten Padmasambhavas übermittelt werden, sondern müssen so lange aufbewahrt werden, bis die menschliche Fähigkeit, sie zu verstehen, herangereift ist.

Nachdem wir zwei Stunden lang im Regen gedreht haben und unsere zugeteilten Rationen zu uns genommen haben – für einige eine Handvoll Erdnüsse, für andere eine heiße Suppe –, machen wir uns wieder auf den Weg. Nurith hält kurz danach an, um einen am Straßenrand aufgestellten großen, bemalten Gebetsstein zu filmen, der die heilige Anrufungsformel „Om mani padme hum" trägt. Gleich hinter dem Paß, der zu dem Tal von Kanze führt und auch in etwa die Grenze markiert, lassen gewaltige Ruinen darauf schließen, daß hier einmal ein Nyingmapa-Tempel gestanden haben muß. Am Fuß eines riesigen Felsens fließen die beiden Flußarme zu einem einzigen Wasserlauf zusammen. Der Pilgerpfad, der um den Felsen herumführt, wird ab und zu von gelben und grünen Gebetsfahnen gesäumt, die im Licht der untergehenden Sonne leuchten. Jenseits des Flusses kann man noch die Spuren des Feuers sehen, die ein von den Chinesen geplündertes Kloster hinterlassen hat. Es muß sehr ärgerlich für die Zerstörer sein, festzustellen, daß man damit gar nichts bewirkt. Der Glaube ist stärker als alles andere.

Nachdem wir in Kanze (Garze auf chinesisch) angekommen sind, werden wir endlich diese Stadt besichtigen und filmen können: Wir sind ja schon zum dritten Mal hier, und sie hat wirklich

Sieben Frauen in Tibet

ihre Reize. Auch sie ist in zwei Sektoren aufgeteilt. Der untere Teil ist moderner, chinesischer und hat mehr Geschäfte. Der obere Teil besteht aus traditionellen Häusern, die sich um das Kloster, welches das Tal beherrscht, wie Küken um ihre Mutter scharen. Auf 3600 Meter Höhe gelegen war die Stadt eine der bedeutendsten der Region, und das Kloster, das etwa tausend Mönche beherbergte, eines der größten von Kham. Oberhalb des Klosters liegen die Ruinen eines Schlosses. Während des chinesisch-tibetischen Krieges von 1909 bis 1918 war es von chinesischen Garnisonen besetzt. Seit 1981 ist das Kloster wieder völlig aufgebaut worden. Es gehört den Gelukpa, und es leben dort, wie man uns sagt, mehr als sechshundert Mönche.

Snafu und Gyurme, die uns vorausgefahren sind, um die Unterbringung zu regeln, haben den Lama von Katok getroffen, der sehr traurig ist, daß wir nicht kommen konnten. Er reist viel, begleitet von seiner Frau und jungen Tibetern, die perfekt Englisch sprechen, weil sie in Indien aufgewachsen sind. Er hatte in Katok 19 Zimmer für uns bereitgestellt und kann nicht glauben, daß man uns auch verboten hat, nach Dzokchen zu gehen. Er sagt, daß er morgen den Polizeichef der Region zu sich bestellen und Erklärungen von ihm verlangen wird. Er schläft im selben Hotel wie wir, und das aus gutem Grund: es ist das einzige.

Wir essen in einer ausgesprochenen Geschäftsstraße zu Abend. Unsere Chinesen fühlen sich ganz offensichtlich nicht wohl in unserer Gesellschaft. Sie haben sich heimlich davongemacht und alle Wagen mitgenommen, bis auf einen, so daß wir gezwungen sind, uns zu acht in den Wagen des Chauffeurs Liu zu quetschen, um zum Restaurant zu kommen. Dieses füllt sich nach und nach mit Tibetern und Bettlern, die gekommen sind, um uns anzuschauen. Wir kehren zu Fuß ins Hotel zurück, flanieren vor den noch geöffneten Läden, gefolgt von schönen, sehr jungen Tibetern, die uns in ein Gespräch verwickeln. Sie verlassen uns kurz vor dem Hotel.

Wir nehmen noch einige letzte Drinks im Zimmer von Jeanne ein: Snafu, Jane, Gyurme und Alice, der ich die Füße massiere. Wir müssen derartig lachen, als wir die Chinesen und den Charakter jedes einzelnen Mitglieds des Teams karikieren, daß es uns für einen Augenblick den ganzen Groll gegen sie vergessen läßt. Snafu und Alice karikieren mit großer Begeisterung weiter. Währenddessen wäscht Jane die ganze Zeit, auch das, was sie bereits vor dem Essen gewaschen hat . . . sie ist wirklich ein Anblick für sich.

Nachdem sie das Zimmer in ein richtiges Schwimmbad verwandelt hat, schwimmen wir zu unseren Betten.

Morgen werden wir in Kanze bleiben. Wir haben in der Stadt einen Lama aus Dzokchen getroffen und zu unserem Entsetzen erfahren, daß die ganze Gemeinschaft auf uns gewartet hat. Sie haben für uns ein riesiges Zelt mit Teppichen und Tischen aufgeschlagen, damit wir dort die Nacht verbringen könnten. Dies macht uns unsere Machtlosigkeit noch einmal verstärkt bewußt, und wir versuchen, ihm die Situation zu erklären. Er hatte aber bereits erraten, wie alles gelaufen war.

7. September

Heute morgen lädt uns Drime Zhingkyong Rinpoche in sein Zimmer ein, wo sich bereits der Polizeichef befindet, den er mit heftigen Schmähungen belegt. Er muß etwa 40 Jahre alt sein und ist sehr dick. Er geht am Stock: Folgen eines Autounfalls vor zehn Jahren. Er ist einen Abgrund heruntergestürzt, alle seine Begleiter sind dabei umgekommen. Er strahlt Macht, Autorität und Gerissenheit aus. Der Polizeichef versichert uns, daß wir jetzt nach Katok und sogar nach Dzokchen fahren können. Zu spät. Wir würden zuviel Zeit verlieren, wenn wir wieder zurückfahren würden. Der Lama ist sehr enttäuscht, wir sind es auch. Er erzählt uns von einem Kloster, das fünfzig Kilometer von hier entfernt ist, aber leider abseits der Straße liegt. Man braucht einen ganzen Tag, um dorthin zu kommen. Augenblicklich findet dort eine ganz besondere Zeremonie statt, und mehr als 3000 Mönche aus allen Klöstern Khams werden dort zusammenkommen. Wie schade, daß wir nicht einfach nach unserem Geschmack herumfahren können. Wir werden bis zum Ende der Reise traurig darüber sein.

Claire verlangt einen Ruhetag, was uns allen recht ist; wir sind erschöpft. Ich nutze ihn, um mit Jeanne und Nurith auf Entdeckungsreise zu gehen. Wir hätten während unserer Expedition noch mehr solche Mußestunden gebraucht. Wir bummeln in den belebten Straßen der modernen unteren Stadt, dann in den Gäßchen, die zum Kloster hinaufführen. Wir sind nur zu dritt, die Atmosphäre ist entspannt, wir tauschen Beobachtungen aus, auch Fotos, begegnen einigen Menschen, die – so meint die vielgereiste Nurith – die „aufregendsten" sind, die sie bisher getroffen hat. Neugierige und stolze Persönlichkeiten nähern sich uns ohne Scheu: Mönche, Frauen oder Kinder.

Danach zieht uns Jeanne in ein Labyrinth von Gäßchen, um uns einen kleinen Tempel zu zeigen, den sie im vorigen Jahr besichtigt hat und der hinter neuen Bauwerken eingeklemmt ist. Vor dem Eingang dient ein großer Hof als Dreschtenne für den frischgeernteten Weizen. Es ist ein großartiges Bild. Der Tempel nennt sich Da Gompa und soll von dem König Song-tsen Gampo und seiner Gemahlin Wenchen gebaut worden sein. Es ist ein Bild voller Leben und Dynamik: der Klosterhof voller Stroh, Kinder, die sich darin herumwälzen, Frauen, die das Korn sieben; wir beschließen, morgen abend bei Sonnenuntergang in Da Gompa zu drehen.

Herrliches Wetter, da und dort am Himmel seltsame Wolken. Das Licht Tibets ist das schönste auf der ganzen Welt. Strahlend, rein, unter ihm wird alles zum Edelstein. Ein berauschendes Licht, in dem man sich plötzlich stolz und glücklich fühlt, hier zu sein. Wir klettern, nachdem wir durch das Klassenzimmer gegangen sind, in dem die Mönche ihre Gebete lernen, auf das Dach des Klosters. Über Leitern erreichen wir Innenhöfe aus festgestampftem Lehm, gehen durch ovale Portale und begegnen dem Meister, der die Gebete eingraviert und einem jungen Mönch sein Handwerk lehrt. Das Kloster enthält übrigens eine schöne Sammlung von alten Holzgravierungen, darunter ohne Zweifel auch äußerst seltene Texte... Das Lachen der Mönche, ihr Psalmodieren, die Jungen, die sich jagen und Grimassen schneiden, die Innenhöfe mit den verschiedenen Trägern und Balken, die Fresken mit den lebhaften Farben, all das gibt mir ein Gefühl des Friedens, der Einfachheit, und die Seele wird leicht. Von der Höhe des Dachs aus können wir zehn Kilometer weit in die Umgebung mit ihren riesigen Ebenen, Flüssen und Dörfern schauen... Aber immer wieder diese Lautsprecher in der Stadt! Heute machen sie Propaganda für Empfängnisverhütung, wobei sie wahrscheinlich der Ansicht sind, daß es noch immer zu viele Tibeter und nicht genügend Han-Chinesen gibt...

Um 2 Uhr mittags geben uns unsere Chinesen zehn Yuan, damit wir essen gehen können. Wir finden das komisch. Sie haben keine Lust, sich darum zu kümmern, und meinen vielleicht, daß alle dann um so freier seien. Weshalb nicht? Um unsere Einkäufe machen zu können, versuchen wir, Dollars bei einem tibetischen Händler zu wechseln, dessen nepalesische Frau sehr gut Englisch spricht. Es ist ein kleiner Straßenladen voller tibetischer Kultgegenstände und Teppiche. Ich finde sehr hübsche Sachen zum Verschenken. Aber die Tibeter sind gerissene Händler, besonders die, denen dieser Laden gehört. Sie haben noch einen anderen in Nepal, in Katmandu. Sie sind also durchaus auf dem laufenden über die gängigen Touristenpreise! Sie wollen unser Geld nicht wechseln, es sei denn, wir kaufen den ganzen Laden auf, dessen Waren alle fünf Minuten einen anderen Preis haben.

Dieser Ruhetag hat mich hundemüde gemacht. Wie gestern abend vor dem Schlafengehen trinken wir wieder zuckrigen Wein in einem der Zimmer. Anwesend sind Jane, Alice, Jeanne, Snafu und Gyurme. Wir schlürfen den Wein, quasseln und rauchen diese verflixten chinesischen Zigaretten, die die Zähne so gelb machen, daß man sich das Lächeln abgewöhnen könnte. Ich ziehe mich schließlich ziemlich beschwipst in meine Höhle zurück.

8. September

Heute morgen sind wir das Tal in nördlicher Richtung hochgefahren, um verschiedene Dörfer und Klöster entlang der Straße zu fotografieren, darunter auch Beri, das auf einem Felsenvorsprung liegt, den man schon von weitem sieht. Umgeben von einem schimmernden Wolkenkranz wirkt es sehr beeindruckend. Der Ruhetag hat allen sehr gut getan, außer Alice: sie hat beschlossen, mit dem Rauchen aufzuhören und ist ganz übel gelaunt.

Zunächst machen wir Außenaufnahmen von einer Klosteranlage, die wir schon beim früheren Vorbeifahren bewundert hatten. Es ist Dargye Gompa, eines der ältesten Klöster im Horpa-Land; es gehört den Gelukpa. Seine Lage und seine Architektur sind absolut einmalig. Es liegt nicht, wie die Klöster meistens, auf einem Hügel, sondern in einer Prärie am Straßenrand. Die Mönchszellen kleben noch enger als anderswo aneinander und müssen das Kloster zum Ersticken eng machen. Eine Umfassungsmauer verstärkt noch diesen Eindruck. Das Kloster, obwohl sehr viel bescheideneren Ausmaßes als das von Kanze, hat eine große Tradition. Augenblicklich wird es wiederaufgebaut. Zimmerleute und Tischler arbeiten freiwillig und ohne Bezahlung an der Wiederherstellung der hundert Säulen des riesigen Versammlungssaals.

Weiterfahrt zu einem kleinen Kagyu-Kloster, das Pengen Gompa heißt und einige Kilometer von dem Städtchen Rongpatsa entfernt liegt, in dem sich der Großmarkt der Region befindet. Wir wollen unbedingt dorthin, denn in dem Dorf wurde Kalou Rinpoche geboren, der in westlichen buddhistischen Kreisen sehr bekannt ist, weil er seit 1970 in diesen Kreisen lehrte. Er wird als einer der großen tibetischen Meister der Gegenwart angesehen. Kurz vor unserer Abreise ist er in Sonada, dem von ihm gegründeten Kloster in Darjeeling, das auf den grünen, fruchtbaren Hängen der ersten Ausläufer des Himalaya liegt, sanft entschlafen. Snafu hat ihn 1975 kennengelernt und war sehr berührt von seinem Charisma; danach hat er beim Bau des Klosters in Morvan mitgeholfen, und Kalou Rinpoche führte ihn in die ersten Grundlehren des Buddhismus ein. Wir besuchen den Tempel, der von einigen Mönchen sehr gut instand gehalten wird; sie zeigen uns außerhalb der Mauer die Ruinen des alten Heiligtums. Snafu nimmt voll innerer Sammlung eine Handvoll Erde auf, die er im Oktober, wenn er nach Darjeeling geht, im Kloster Sonada niederlegen wird.

Danach werden wir vom Abt des Klosters und seinen Kindern eingeladen. Eine seiner Töchter, etwa 30 Jahre alt, ist Dolmetscherin für Tibetisch und Chinesisch. Sie ist jedoch nach den jüngsten Ereignissen aus Peking geflohen und wohnt jetzt bei ihrer Familie. Sie wird erst zurückkehren, wenn feststeht, daß man ihr nichts antun wird. Wir filmen sie alle, während sie ein Gebet für ein langes Leben des Dalai-Lama sprechen. Danach geben sie auf einer der Terrassen des Hauses ein Essen für uns. Wir helfen alle mit, die Frauen des Hauses und die Frauen des Teams, holen einen Teppich, Teller mit Yakfleisch, Fettgebackenes mit Fleischfüllung und Bonbons. Die Frauen setzen sich im Lotos-Sitz zu uns und gießen den Tee ein. Kleine Kinder beobachten uns von einer höher gelegenen Terrasse aus. Ich werfe ihnen Bonbons zu. Wir unterhalten uns mehr mit den Händen als mit Worten und lachen viel. Die Häuser hier erinnern an die von Ngawa, auch wenn sie weniger hoch sind. Sie sind aus Blöcken gestampfter Lehmerde gebaut und haben außer dem Eingangsportal, das immer nach Osten liegt, keinerlei Öffnung nach draußen. Drinnen führt eine Leiter zum ersten Stock, der Wohnung der Familie mit einer großen Terrasse unter freiem Himmel, von der ein direkter Zugang durch eine Glastür zum großen Wohnraum führt. Hier befindet sich auch der Familienaltar. Einen Augenblick lang filmen wir unsere Gastgeber und das gesamte Team zusammen, indem wir die Kamera auf Automatik stellen. Es herrscht eine sehr lockere und warmherzige

Atmosphäre. Überall wachsen Blumen, Dahlien und Astern, in Holz- oder Tontöpfen. Eine leichte Brise weht, die Sonne ist rot.

Wir machen uns auf den Weg nach Beri, dessen von einer alten Festung gekrönter Felsen das Tal zu verschließen scheint, und filmen das sehr heruntergekommene Kloster – sein Abt beklagt sich darüber, daß er kein Geld hat, um es zu restaurieren. Beri war jahrhundertelang die Hauptstadt eines mächtigen Bön-Königreiches. Als die mongolischen Armeen dort einfielen, wurde das Kloster ein Gelukpa-Kloster. Heute beherbergt ein Nyingmapa-Tempel etwa fünfzig Mönche, die ohne jegliche finanzielle Mittel versuchen, den Versammlungssaal zu restaurieren, der wunderbare Fresken enthält.

Nachdem wir Aufnahmen vom Yalung-Tal gemacht haben, dessen silbriger Fluß sich durch eine flache Ebene schlängelt, kommen wir wieder nach Kanze zurück. Wir filmen das hübsche Kloster, dessen Hof zur Getreidetenne geworden ist. Die Mönche und die Bauern sortieren die Körner, Jane spielt mit den Kindern, die im Stroh herumtollen. Männer tragen die Getreidebündel auf dem Rücken über eine Leiter zur Galerie der Gebetsmühlen, die den Tempel umgeben.

Rückkehr zum Hotel. Folkloristische Dusche bei zerschlagenen Fensterscheiben und recht unfreiwilligem Exhibitionismus. Jeanne und Gyurme rechnen noch einmal nach, wieviel Kilometer wir auf unserer Expedition bisher zurückgelegt haben, denn die Chinesen verlangen zwanzig Prozent mehr als im Vertrag vorgesehen. Die Chinesen kommen auf eine Zahl von achttausend Kilometern, indem sie großzügigerweise einige Hin- und Herfahrten unterschlagen, an denen sie ganz allein schuld sind, wie zum Beispiel die Episode mit der Krankheit Nr. 5, und behaupten, daß wir nur für fünftausend Kilometer bezahlt hätten. Unsere Route war jedoch genau die im Vertrag vorgesehene und wurde auch von ihnen und uns entsprechend per Unterschrift bestätigt . . .

Morgens Aufstehen um 7.30 Uhr, um letzte Außenaufnahmen vom großen Kloster zu machen, danach Aufbruch zur Rückfahrt. Das chinesische Fernsehen erwartet uns am 10. abends in Ya'an, unserer letzten Station vor Chengdu. So wie sie uns bei unserer Ankunft im Juli gefilmt haben, uns, die großen Heroinen des „Weiber-Teams aus Frankreich", wollen sie der chinesischen Öffentlichkeit die Ausländerinnen bei der Arbeit zeigen!

9. September

Heute morgen klappt alles wie am Schnürchen. Viele Wolken, ein recht interessantes Licht für die Außenaufnahmen des Klosters von Kanze mit den sich terrassenförmig am Hügel hinaufziehenden Häusern und den Gäßchen des Dorfes. Es ist interessant festzustellen, daß in dieser Region die religiösen Gebäude weniger der klassischen klösterlichen Architektur folgen, als vielmehr dem traditionellen, örtlichen Baustil. Ins Auge fällt auch, daß trotz der Modernisierung der Bautechnik und der Materialien die architektonische Tradition erhalten bleibt. Um besser filmen zu können, erbitten wir die Gastfreundschaft einer Familie, deren Haus sich an einem idealen Drehort befindet. Wieder einmal wird, gleich nachdem die Kinder verstanden haben, worum es uns geht, das Portal begeistert geöffnet. Nach den Regenfällen der letzten Tage ist der Hof ein einziger Morast. Der scharfe Wachhund, der ihn hütet, scheint sich von seiner Kette losreißen zu wollen, um uns an die Gurgel zu springen. Die Menschen bewohnen, wie überall, das Zwischenstockwerk, das von unten durch die Tiere und von oben durch das Heu und die Getreideernte erwärmt wird. Im ersten Stock können wir auf der Terrasse aus gestampftem Lehm die Kamera aufstellen und haben einen guten Ausblick auf alle umliegenden Häuser. Es ist schon nach 9 Uhr, aber das Dorf fängt gerade erst an aufzuwachen. Es fällt schwer, früher aufzustehen, da es sehr kalt ist. Eine Frau kämmt sich auf einer Terrasse, zwei Männer führen die Tiere zur Weide, ein kleines Mädchen kommt herauf, den Rücken gebeugt unter der Last des Wassereimers. Der Kopf eines Esels lugt aus einem riesigen Heubündel hervor, das sich von ganz allein vorwärts zu bewegen scheint. Das Leben geht nach einem ewigen Rhythmus, als ob es keinerlei Veränderungen gebe. Ein Augenblick ausgesprochener Harmonie.

Um 11 Uhr sind wir, wie vorgesehen, fertig und machen uns auf den Weg nach Dartsedo (12 Stunden Fahrt), weil die Chinesen heute morgen beschlossen haben, die kürzeste Route zu nehmen und so schnell wie möglich nach Chengdu zurückzukehren. Ein Gewitterhimmel mit schönen Lichteffekten. Mein einziger Wunsch an diesem Tag ist, so früh wie möglich in Minyak anzukommen, um dort die schönen Steinhäuser dieses Tals zu fotografieren — und eine Landschaft zum Gedenken an meinen Großvater, Guy de Miniac. Mittagessen in Trango in dem kleinen Bistro, wo wir schon einmal eine köstliche Suppe gegessen haben. Fleischgefüllte

Momos (Ravioli). Dann wieder Straße, Straße, Straße, Gewitter und Schlamm.

Hinter Dawu bleiben wir für längere Zeit stecken. Der Wagen von Snafu, der mit der chinesischen Eskorte reist, hat eine Panne. Wir können nicht weiterfahren. Der Himmel ist tintenschwarz. Wir lassen zwei Chinesen zurück, drängen uns enger in den anderen Fahrzeugen zusammen und fahren weiter. Wir haben noch eine lange Strecke vor uns. Gegen 18 Uhr erreichen wir das Kloster von Lhagong, das auf der Herfahrt unser erster wirklicher Kontakt mit Tibet war. Es befand sich damals im Wiederaufbau, und während der zwei Monate ist das Dach schon fertig geworden. Die geschickt gelegten Dachziegeln aus Schiefer leuchten unter dem Eisregen, der plötzlich hereinbricht. Welche Hingabe an die Arbeit! Wir bewundern die Tibeter sehr.

Um 19 Uhr sind wir in Minyak. Mein Wunsch ist in Erfüllung gegangen: Wir filmen.

Um 20 Uhr packen wir die Kamera wieder ein und erklimmen den Jeto-la-Paß auf 4500 Meter Höhe bei Nacht und dichtem Nebel. Die Abfahrt ist langsam und schwer und erfüllt uns mit Nostalgie. Wir haben die tibetische Hochebene verlassen... Wir kommen abends in Dartsedo an. Es ist schönes Wetter, und wir kommen im gleichen Hotel wie auf der Herfahrt unter. Plötzlich wieder eine Krise. Shao Fen hat für alle, außer für Nurith und Gyurme, Zimmer ohne Bad genommen, was wahrscheinlich billiger für die CITS ist, die seit einigen Tagen mit allen Mitteln versucht, die Ausgaben zu reduzieren, hauptsächlich beim Essen. Christoph kriegt einen Wutanfall und schnauzt Snafu schrecklich an. Er wirft ihm vor, die Zimmer nicht selbst ausgesucht zu haben. Jeanne und ich mischen uns ein und bitten ihn, sich zu beruhigen: Snafu kann nichts dafür. Plötzlich ergreifen alle Chinesen Partei gegen Snafu. Die Hysterie steigert sich noch um eine Stufe, als bekannt wird, daß alle Straßen nach Chengdu blockiert und für unbestimmbare Zeit unpassierbar sind. Ein gewaltiger Erdrutsch ging auf die Hauptverkehrsachse nieder, die von Chakzamka nach Ya'an führt, genau die Route, die wir nehmen wollten. Eine andere Route, die südlicher über Hanyuan führt, ist auch seit drei Wochen wegen der wolkenbruchartigen Regenfälle geschlossen, die ohne Unterbrechung herunterkommen. Jeanne ist letztes Jahr auf ihr gefahren. Wir hören, daß es noch einen anderen „Notausgang" gibt, durch ein Tal, das sehr viel weiter nördlich liegt, aber angeblich soll auch dieses mittlerweile geschlossen sein...

Ganze Lastwagen-Konvois fahren in die Stadt und die umliegenden Dörfer. Die für Dartsedo verantwortlichen Behörden sind sehr pessimistisch hinsichtlich einer schnellen Wiedereröffnung der Straßen. Es hört nicht auf zu regnen. Das Gebirge rutscht noch immer ab. Außerdem gibt es weder genügend Arbeiter noch Bulldozer, um die Straße innerhalb weniger Tage wieder instand zu setzen.

Wir gehen zum Abendessen in das einzige geöffnete Bistro der Stadt. Zhou und Shao Fen fangen schon wieder an, Snafu zu attackieren. Das chinesische Team solidarisiert sich und kann sich an Beleidigungen nicht genugtun. Der Chef des Restaurants blickt nicht mehr durch. Alice bittet um Ruhe, ich auch. Jetzt kriegen wir das Gebrüll ab. Jane kommt ins Restaurant und nimmt Alice in Schutz, woraufhin nun sie angebrüllt wird. Zhou betitulert sie sogar mit „Scheize" und sagt ihr, sie sei eine Rassistin und eine schlechte Ärztin, weil sie sich um das chinesische Team weniger als um unser eigenes gekümmert habe. Das einzige Medikament, das sie anwenden könne, sei Aspirin. Jane wird ganz rot und geht, indem sie die Tür des Restaurants hinter sich zuknallt. Ich kann meinen Ohren und Augen nicht mehr trauen. Zhou bricht in Weinkrämpfe aus. Er ist wirklich völlig aus dem Häuschen. Wir versuchen, uns zu beruhigen. Nurith und Alice verwickeln sich in eine Diskussion in Französisch über die chinesische Mentalität. Sie beschimpfen sich gegenseitig. Jetzt verläßt Alice das Restaurant.

Ich werde innerlich von einem schrecklichen Lachkrampf geschüttelt. Es ist wirklich wie das Hochgehen einer Bombe, wie eine Explosion. Alles, was seit Beginn der Expedition tief innen vergraben wurde, kommt heute hoch, schamlos und ohne jede Zurückhaltung. Zhou benimmt sich wie ein Kind, weint, zittert und gibt sich seinen Genossen gegenüber zutiefst deprimiert. Sie beeilen sich, ihn zu trösten. Der Chef weiß nicht mehr ein noch aus. Der Fahrer des roten Wagens nimmt die Zügel der Gruppe wieder in die Hand und hält eine Rede, die uns Liu, „der Belgier", übersetzt: „Er ist stolz auf sein Team. Zhou hat sich während der ganzen Expedition großartig benommen", usw. Kein Mensch hört zu. Jeanne und ich nehmen beim Verlassen des Restaurants Zhou und Shao Fen zur Seite und bitten sie, sich zu beherrschen. Wir versuchen ihnen zu erklären, daß so etwas immer am Ende einer so schwierigen Expedition vorkommt. Alle sind bis zum Zerreißen angespannt. Weil man übermüdet ist, fällt man Urteile, die nichts mit der Realität zu tun haben. Keiner von uns ist ein Scheusal. Und morgen wird alles besser werden, und wir werden gemeinsam darüber nachdenken, wie wir am besten nach Chengdu zurückkommen können... Aber wirklich, wie viele Tage werden wir hier noch festsitzen?

10. September

Wir sitzen in Dartsedo fest. Christoph und unsere Verbindungsoffiziere werden den Tag damit zubringen, einen Ausweg aus diesem Engpaß zu finden. Wir haben es inzwischen sehr eilig, nach Chengdu zurückzukehren. Unser Flug nach Hongkong ist für den 16. September vorgesehen. Nurith und Sybille müssen sogar schon am 13. zurückfliegen.

Heute morgen sind alle noch ein bißchen verstimmt, aber die Atmosphäre entspannt sich, wird friedlicher. Heute haben wir frei und gehen zum Bummeln in die Stadt. Seit wir Mitte Juli zum letzten Mal hier durchkamen, ist die Reparatur des Dachs des neben dem Hotel gelegenen Klosters Ngachu auch fertig geworden. Wir sind voller Bewunderung für die Schnelligkeit, mit der der Wiederaufbau überall vonstatten geht. Dieses hier ist ein großes Gelukpa-Zentrum; die Versammlungshalle ist vollständig wiederhergestellt. Zwei Mönche sind gerade dabei, die Bemalung des Eingangsportals in lebhaften Farben, blau, rot und gelb, zu vollenden. Andere tragen auf dem Kopf ganz neue Möbel herein.

Abends gehen wir uns einen Film über Kung-Fu ansehen, der im Kumbum-Kloster Premiere hat (wenn Alexandra das hätte sehen können!), mit chinesischen Akrobaten vor dem Chörten und einer Mischung aus Buddhismus und Muskelkraft, die schon ziemlich unglaublich ist. Die große Gerichtsherrin wechselt ihre Abendrobe nach jeder Szene, ebenso wie die kunstvollen Frisuren, eine absonderlicher als die andere. Der Saal kann sich vor Lachen nicht mehr halten. Die Chinesen sind verrückt nach Kino und ein sehr dankbares Publikum. Die Sitze sind numeriert. Neben mir spuckt ein Mann ausgiebig und mit großem Schwung in den Mittelgang. Die Holzsitze quietschen. Der Saal ist äußerst baufällig, aber zum Brechen voll. Die Leute spucken, rülpsen und furzen; es ist schon eine merkwürdige Symphonie von Geräuschen und Gerüchen. Wir essen im selben Restaurant wie gestern zu Abend. Unsere Chinesen sind gleichgültig, fast gut gelaunt. Alle scheinen ausgeruhter zu sein. Aber wann werden wir abfahren können?

11. September

Heute morgen auch keine ermutigenderen Nachrichten. Nichts zu machen. Auf der Höhe des Passes, wo der Erdrutsch stattfand, regnet es immer noch. Nurith und Sybille gewöhnen sich langsam an den Gedanken, daß sie ihr Flugzeug verpassen werden. Wir sind in Telefonkontakt mit dem Fernsehteam, das uns immer noch in Ya'an erwartet. Jeanne, Gyurme und ich fahren ein bißchen aus der Stadt raus, um das Kloster Dodrak Gompa zu besichtigen, das zu dem Nyingmapa-Kloster gleichen Namens in Zentraltibet gehört. Es ist wieder völlig restauriert. Wir kommen zur gleichen Zeit in den Hof wie die Mönche, die soeben eine Zeremonie zu Ehren Padmasambhavas, ihres Schutzpatrons, gefeiert haben. Das Innere der großen Versammlungshalle ist sehr interessant; eine riesige Statue von Padmasambhava wird gerade aufgestellt.

Danach gehen Jeanne und ich in der Stadt bummeln. Ich kaufe Suppenkellen aus gehämmertem Kupfer und rote Spielkarten bei einem alten Mann, der auch Wurzeln, verschiedene Pulver und die getrockneten Häute von Ratten und anderen Tieren verkauft; sie dienen zur Herstellung von Medikamenten! Der Gemüsemarkt ist reich bestückt. Sojabohnen, Salate, Auberginen, kleine Zwiebeln, große Rettiche, Feigen, Körbe (Dolcos genannt), die auf dem Rücken getragen und mit einem Riemen um die Stirn befestigt werden, Birnen, Äpfel, Trauben, rosa Tomaten, Kohl, Yak- und Schweinefleisch, riesige Steinpilze, Morcheln, Wiesenchampignons und die berühmten tibetischen Champignons, die wie braune Algen aussehen und auf den Hochmooren wachsen . . .

Christoph begibt sich auf Erkundungsfahrt, um festzustellen, wie es mit den Erdrutschen aussieht. Er kommt mit sehr negativen Nachrichten zurück. Nach drei Stunden Fahrt auf der Strecke soll der Berg um etwa 1000 Meter abgerutscht sein. Die Route wird mindestens fünf oder sechs Tage lang nicht passierbar sein! So haben wir also Zeit, das Nyingmapa-Kloster zu filmen, das wir heute morgen erkundet haben. Wir haben kaum angefangen, die Kameras aufzustellen, als ein tibetischer Offizier kommt und uns erklärt, wir brauchten eine Sondergenehmigung Pekings, um in Dartsedo zu filmen, da dies eine für Ausländer verbotene Stadt sei. Es hat keinen Zweck zu diskutieren, er will nichts hören. Wir müssen also die Kameras wieder abbauen. Gyurme und ich fahren mit ihm ins Büro der Verwaltung. Er ist so beunruhigt bei dem Gedanken, daß wir ohne Genehmigung filmen könnten, daß er zweifellos genaue Anweisungen von einem strengen Vorgesetzten erhalten haben muß. Tatsächlich macht er uns mit diesem Vorgesetzten bekannt, einem sehr leutseligen Herrn, der unsere Generalgenehmigung aus Peking sehen möchte. Wir zeigen sie ihm. Er ist Tibeter, trägt eine Schirmmütze, die er bis zu den Ohren heruntergezogen hat, und spielt sich ein bißchen als Chef auf. Sein Büro ist von peinlicher Ordnung. Er bietet uns eine Tasse Tee an und erlaubt uns nach einer Stunde, wieder zum Kloster zurückzukehren. Wir filmen in einem Nebengebäude des Klosters eine Werkstatt, wo mehrere Arbeiter unter Anleitung eines Mönchs Holzreliefs und Tonskulpturen herstellen. Die hölzernen Türstürze dienen zur Ausschmückung der Säulen und Türen des Tempels.

Wir drehen eine Szene im Innenhof, wo die Pilger und die Dorfbevölkerung an einer Feier zum Geburtstag Padmasambhavas teilnehmen.

Am Abend nehmen wir ein Bad in den heißen Quellen, zwei Frauen pro Becken. Ich höre Jane und Alice im Nebenbecken herumplanschen. Sie können gar nicht mehr aufhören zu lachen. Sie kommen als letzte heraus mit hitzegeröteten Wangen.

12. September

In Begleitung von Christoph und Liu, dem Chauffeur, fahre ich zum Khakha-Buddha-Paß. Nach einer Stunde Fahrt stoßen wir auf lange Schlangen von Lastwagen, die mit Baumstämmen beladen sind. Der Paß ist immer noch nicht offen. Zum ersten Mal seit drei Tagen regnet es nicht mehr, und man kann die Sonne hinter dem dichten weißen Wolkenteppich erahnen. Ich hoffe, daß wir den Paß heute überqueren können. Die Landrover sind ja berühmt dafür, daß sie über jedes beliebige Gelände fahren können, oder? Wir fahren bis zu dem Erdrutsch hinunter. Es ist eindrucksvoll. Man sieht ein riesiges Stück Gebirge, wie mit dem Messer abgeschnitten, Felsgeröll, etwa einen Kilometer lang und genauso tief, bis zum Boden der Schlucht. Im Augenblick, als wir aus den Wagen steigen, rennen die Männer in alle Richtungen davon, um sich in Sicherheit zu bringen. Einer, der mich kopflos und wie festgewurzelt dastehen sieht, holt mich und stößt mich unter einen Lastwagen. Die Minen explodieren über unseren Köpfen. Steine fallen auf das Dach der Fahrerkabine. Mein Herz schlägt wie wild, und ich zittere am ganzen Körper. Ich weiß nicht, wo Christoph ist, wahrscheinlich etwas weiter weg mit Liu. Menschen rennen in dem durchgeschüttelten Gebirge mit ihren Bündeln auf dem Rücken umher. Es sind die Passagiere der blockierten Busse, die ihren Weg fortsetzen in der Hoffnung, irgendein Transportmittel in dem Dorf auf der anderen Seite des Erdrutsches zu finden. Ihre verstörten Augen suchen den Himmel ab, voller Furcht, daß es noch mehr Steine regnet. Ich schaue in die gleiche Richtung wie sie, und auch ich sehe die Felsen, die riesigen Erdflächen, die kurz vor dem Abstürzen sind. Es wird noch Tage dauern, bis wir weiterfahren können. Christoph will ein Foto machen und geht auf die Erdmassen zu, indem er den Männern folgt, die sie durchqueren wollen. Ich gehe nicht mit. Ich habe zuviel Angst. Ich sehe einen großen Felsen über seinem Kopf, der jeden Moment herunterfallen kann. Ich rufe ihm zu, er soll zurückkommen. Er gehorcht mir und macht sich über mich lustig. Wir kehren nach Dartsedo zurück. Wir müssen einen Ausweg finden, sonst werden wir noch unser Flugzeug am 16. September in Chengdu verpassen.

Abends Krisensitzung. Die beiden Routen sind immer noch offiziell blockiert, doch eine soll seit heute abend wenigstens für Lastwagen wieder offen sein. Es ist die unasphaltierte Nebenstraße, die dem Rongtrak-(Danba-)Fluß nach Norden folgt und dann durch den Nationalen Naturschutzpark für die Pandabären führt. Wir beschließen, mit unseren Wagen morgen um 7 Uhr abzufahren, um noch Zeit zu haben, nach Dartsedo zurückzukehren, falls die Straße doch zu schlecht sein sollte. Die Fahrer sind heftig dagegen. Sie sagen, daß wir unser Leben aufs Spiel setzen. Wir lassen jedoch nicht mit uns reden: Wer nichts wagt, gewinnt nichts!

Am Abend führt uns das chinesische Team in einen Film, der vor zwei Jahren gedreht wurde und der eine wahre Geschichte erzählt: den Diebstahl des Kronschatzes der letzten Kaiserin von China durch einen Kuomintang-General und die Flucht der Madame Tchang Kai Chek nach Taiwan – mitsamt der Juwelen natürlich. Es ist ein langer, langweiliger Film. Danach sind die nationalen und kommunistischen Gefühle der Chinesen hochgradig aufgeputscht. Sie halten uns Rechtfertigungsreden, besonders Liu, „der Belgier", wieviel Gutes die kommunistische Partei für China getan hat, indem sie ihr Land von den diebischen Kapitalisten reinigte.

13. September

Die Fahrer weigern sich, loszufahren. Der Fluß soll angeblich die unasphaltierte Straße, die keine Stützmauer hatte, hinweggeschwemmt haben! Sie haben Angst. Zwei Stunden Verhandlungen, um sie zu überzeugen. Sie machen ein schiefes Gesicht, und Liu, der Chauffeur, den Alice „Prinz" getauft hat, hört nicht auf zu brüllen und uns zu beleidigen, aber auf chinesisch. Das läßt uns jedoch kalt. Wir haben Glück, es ist schönes Wetter, und es gelingt uns, sie zu überzeugen, daß sie es wenigstens einmal versuchen könnten, so weit wie möglich zu fahren. Es wird noch immer Zeit bleiben, zurückzufahren, wenn die Straße abgeschnitten ist.

Das chinesische Fernsehen, das noch immer in Ya'an, auf der anderen Seite des Erdrutsches, auf uns wartet, ist durch Radiotelefon über die Änderung unserer Route unterrichtet worden und fährt auf der anderen Seite des Passes zum Panda-Park. Dreißig Kilometer hinter Dartsedo zweigen wir nach Norden ab. Es ist eine schöne Wegstrecke, entlang des aufgewühlten, entfesselten Flusses, dessen schäumende, tobende Wasser mehrere Meter hoch gehen; sie haben bereits die Höhe der Straße erreicht . . . Wie wir hören, haben sie weiter oben die Straße schon überschwemmt.

Wir waren bereits im Begriff, Tibet zu verlassen, und jetzt sind wir doch wieder gezwungen, dorthin zurückzukehren, weil die Straße mit einer Länge von über 300 Kilometern durch das Tal führt, das sich bis nach Rongtrak in der Provinz Gyarong hinaufzieht. Mir ist es eigentlich nur recht, und die Landschaft ist märchenhaft schön. In dem Tal, das immer enger wird, sehen wir wieder Tannenwälder und Wacholdersträuche und die für Gyarong charakteristischen Siedlungen. In einigen Dörfern treten die „Türme der neun Stockwerke" zu Dutzenden auf, fast jedes Haus hat einen. Sie sollen aus Anlaß der Geburt eines Sohnes gebaut worden sein. Es gibt monumentale Dzongs wie im Tal von Barkam. In weißer Farbe gemalte Glückszeichen umrahmen die vielen Fenster, ebenso große Hakenkreuze, Symbole der Kraft und des Wohlstands. Unser Fahrer Wang zeigt mit dem Finger auf sie und sagt stolz: „Hitler"!

Wir sind um 10.30 Uhr losgefahren und passieren den Paß um 20 Uhr! Ohne anzuhalten, nicht einmal zum Mittagessen. Nach Überqueren des Passes regnet es so stark und der Nebel ist so dicht, daß ich den Eindruck habe, wir werden niemals ankommen. Es ist schrecklich rutschig. Die Abwärtsfahrt ist ein Alptraum. Wir haben nun endgültig die tibetische Erde nach zwei Monaten Forschungsreise verlassen, und das macht uns traurig. Wir werden wieder in die erstickende Hitze von Chengdu kommen, in die Ausdünstungen der Ebenen, den Ameisenhaufen, nach China. Hinter uns liegen die weiten Räume, die freien Menschen zu Pferd, die reine Luft, die Gebirge, die der Sitz der Götter sind!

Wir fahren auf einer Straße, die nur noch ein Schlammfluß ist, an Lastwagen vorbei, die nicht mehr weiterkommen, entweder wegen des Nebels oder weil die Straße zu glitschig für sie ist, um höher hinauf zu kommen. Die Fahrer können nicht mehr. Ich halte meine Augen weit offen, zünde Wang Zigaretten an und zwinge ihn, heißen Tee zu trinken. Er scheint seine Reflexe nicht mehr ganz zu beherrschen. Während der kurzen Pausen überzeuge ich mich, daß es den Insassen der anderen Wagen auch nicht besser geht. Der Wagen von Jane und Alice gibt immer wieder auf, sie steigen trotz des Regens aus, um ihn anzuschieben. Als wir endlich unten auf der Paßstraße angekommen sind, vergewissert sich unser Chauffeur, daß wir nur noch eine halbe Stunde Wegstrecke vor uns haben. Es ist 22 Uhr. Wir sterben vor Hunger. Um Mitternacht kommen wir erschöpft im Hotel an, das im Naturschutzpark der Pandas liegt.

Die CITS-Leute von Chengdu erwarten uns. Das Hotel hat Ähnlichkeit mit einem indischen Gästehaus. Gärten, dahinter Zimmer, an denen entlang eine mit Steinplatten belegte Galerie verläuft, von der die Zimmer ausgehen. Drinnen sind die Wände mit Holzpaneelen bedeckt. Unter der Decke hängt ein elektrischer Ventilator mit Holzflügeln im Kolonialstil. Die Badezimmer sind riesig, blau- und weißgekachelt. Flauschige Handtücher mit Blumenmustern geben uns ein Gefühl von Komfort und Sauberkeit, das wir sehr brauchen . . .

Man serviert uns eine Mahlzeit in einem sehr geräumigen Speisesaal mit großen Glastüren, die an ein Gewächshaus erinnern und zum Garten führen. Es regnet derartig, daß die Glasscheiben mit Dunst beschlagen sind. Die Verantwortlichen von CITS sitzen zusammen mit unseren Verbindungsoffizieren an einem Tisch, wir an einem anderen. Eine ganze Stunde lang hält jeder von uns eine kleine Rede, um der CITS-Agentur dafür zu danken, daß sie uns so gut umsorgt und begleitet hat. Im Gegenzug beglückwünscht man uns für unseren Mut . . . Zwischen den Zähnen murmeln wir diskret einige kleine ironische Beleidigungen. Kampé!

Gegen zwei Uhr morgens gehen wir schlafen. Es ist Jeannes

Geburtstag. Sie ist siebenunddreißig Jahre alt geworden. Heute abend werden wir kein Fest mehr für sie ausrichten können!

14. September

Wir stehen nach einer ruhigen Nacht und gründlichen Waschungen sehr erfrischt auf. Wir holen unser Gepäck aus dem Hotel, und das chinesische Fernsehen filmt uns, während wir die Wagen beladen. Ich zeige der Kamera sogar den Buchdeckel des ‚Journal de Voyage' von Alexandra David-Néel und ziehe mich aus der Affäre, indem ich ein bißchen über sie plaudere.

Wir fahren ab. Alice sitzt in meinem Wagen, ebenso Jeanne und Gyurme; Jane steigt in Christophs Wagen. Das Fernsehen will uns auf der Straße filmen und danach das Team bei der Arbeit. Wir halten nahe am Fluß an und stellen die Kamera auf einen Geröllhaufen. Die Fernsehleute interviewen uns, zunächst mich, dann Christoph. Ich erzähle, daß Alexandra David-Néel 1918 bis in diese Regionen vorgedrungen ist und sie zu Fuß durchstreift hat. In China scheint sie kein Mensch zu kennen. Die Journalisten sind jedenfalls daran interessiert, daß sie diese Regionen zum ersten Mal von 1918–1923 durchwandert hat und dann noch einmal von 1938–1944.

Wir filmen das Gebirge. Ich würde so gern einen Panda sehen, es sind aber sehr scheue Tiere, die sich verstecken, um die jungen Bambus-Sprößlinge zu fressen, die sie über alles lieben. Um überleben zu können, müssen sie jeden Tag das Doppelte ihres Körpergewichts davon zu sich nehmen. Sie führen sie sich zu, indem sie sich auf den Rücken legen und sie mit den Füßen in ihr Mäulchen stopfen.

Um 14 Uhr essen wir am Staudamm von Guanxian zu Mittag, den einige von uns schon während ihres ersten Aufenthalts in Chengdu besichtigt hatten. Um 17 Uhr kommen wir dann in Chengdu an. Wir sind wieder in China. Die große asphaltierte Straße ist gesäumt von bereits abgeernteten Feldern, auf denen die Weizenbündel aufgeschichtet sind. Tausende von Radfahrern transportieren mit Stricken gefesselte Schweine, deren weitgeöffnete Augen ihre Verzweiflung herausschreien, auf ihren Gepäckträgern. Heute ist Schlachttag. Überall eine klebrige, schmierige Hitze. Ein paar Kilometer vor Chengdu halten wir in einem Bambuswäldchen an, um ein letztes Foto des gesamten und vereinten sino-europäischen Teams zu machen. Das chinesische Fernsehen ist vorausgefahren, um unsere Ankunft im Hotel Jin Jiang zu filmen. Junge Mädchen mit Blumensträußen im Arm empfangen uns mit begeistertem Applaus. Morgen um 19.30 Uhr werden wir das alles auf unseren Fernsehgeräten sehen können. Jeanne und ich helfen beim Abladen des Lastwagens und beim Herauftragen des Gepäcks.

Wir richten uns ein und waschen uns. Ich möchte am liebsten gar nicht daran denken, daß dies nun das Ende der Expedition ist. Als hätten wir einen Pakt darüber abgeschlossen, spricht auch sonst keiner davon. Dusche. Ein schnelles Abendessen in dem für Regierungsmitglieder reservierten Speisesaal des Hotels. Heute abend findet in Chengdu das Mondfest statt. Dieses Fest wurde auf den fünfzehnten Tag des achten Mondmonats gelegt und markiert den Herbstanfang. An diesem Tag labt sich die gesamte Bevölkerung an den köstlichen „Mondkuchen". Wir nehmen wieder den Kontakt mit der „Zivilisation" auf. Die Chinesen haben sich in Gala geworfen, ein richtiges Fest, fast wie Weihnachten. Wir trinken Weißwein auf der Terrasse des 9. Stocks und tanzen auf der Tanzfläche des „Garden Restaurant". Ich versuche, meine Eltern anzurufen. Sie müssen bereits nach New York abgeflogen sein. Wenn alles normal verläuft, werde ich noch vor ihnen wieder in Paris sein.

Die Rückreise

15. September

Ich glaube, ich werde mit Christoph noch einige Tage länger als vorgesehen in Chengdu bleiben. Es scheint so, als ob wir noch mit der CITS wegen einer Budgetüberschreitung von mindestens hunderttausend Francs verhandeln müßten. Es kann uns noch zwei oder drei zusätzliche Tage kosten, bis das Geld von F. Productions überwiesen wird. Der Rest des Teams reist morgen mit der Ausrüstung und den Filmrollen ab. Einhundertfünfzig Kilo.

Alice und Jane werden so lange in Hongkong bleiben, bis sie ihr Visum für Delhi erhalten haben. Danach werden sie eine Woche in Dharamsala, im Himachal Pradesh, verbringen, um eine Reportage über die tibetische Medizin zu machen. Dort hat sich eine große Gemeinde von Exiltibetern um den Dalai-Lama geschart. Er hat ein tibetisches Studienzentrum gegründet, in dem die traditionelle Medizin eine wichtige Rolle spielt.

Die Video-Kamera wird in Hongkong repariert werden. Während der Expedition war an ihr herumgepfuscht worden: Die Batterie wurde aufgebrochen und falsch herum wiedereingesetzt. Heute ist Zhous Frau mit uns in einer Rikscha durch die Stadt gefahren, um chinesische Haarpinsel, Tinte und Hefte einzukaufen. Danach hat sie uns zu einer Seidenfabrik geführt. Alles ist schlecht gemacht, viel falscher Glanz und geschmacklos. Es ist alles so häßlich, daß ich außer einem Seiden-„Kimono" für Alice nichts kaufen kann. Die Rikscha-Fahrt ist aber sehr amüsant. Wir fahren am Fluß entlang, an den Vogel-Cafés vorbei und kommen durch Straßen mit Holzhäusern, in denen Handwerker Bambusstühle und Körbe machen. Verkäufer sitzen auf dem Boden, und Frauen kochen für die Passanten. Das ist alles, was von der Altstadt übriggeblieben ist, der Chengdu seinen Ruf verdankt, eine der schönsten Städte Chinas zu sein. Die malerischsten Viertel sind nach und nach abgerissen worden, um Platz für die Betontürme zu machen.

Während wir uns für das offizielle Essen mit den Repräsentanten des Tourismus, des Nachrichtenwesens, der CITS und dem Sekretär der Kommunistischen Partei zurechtmachen, können wir uns selbst in der Nachrichtensendung des Fernsehens betrachten. Der Kameramann hat nicht gerade meine fotogenste Seite erwischt, und der Ton ist nicht synchron.

Wir werden während der Toasts vor dem Diner noch einmal vom chinesischen Fernsehen gefilmt. Dieser ganze Zirkus ist konventionell, langweilig und sehr heuchlerisch. In einer langen Rede an den Sekretär der kommunistischen Partei bedanke ich mich wärmstens bei der örtlichen Bevölkerung für ihre Gastfreundschaft und Großzügigkeit. Dann danke ich dem chinesischen Team und meinem „Frauen-Team" für ihren Mut, ihre Loyalität und ihr „professionelles" Können. Man hat keine solchen Anstrengungen gemacht wie beim Festbankett am ersten Tag, und die ganze Aufmachung mag vielleicht sorgfältig vorbereitet worden sein, ist aber alles andere als taufrisch. Wir haben wieder drei Gläser vor uns: eins für diese nicht trinkbare einheimische Orangeade, eins für die süßen, gezuckerten, sirupartigen Weine, das dritte für den fürchterlichen chinesischen Schnaps, der aus Sorghum, einer Moorhirse, gemacht wird. Beim Verlassen des Bankett-Saals erhält jeder von uns ein großartiges Geschenk: ein Täschchen aus geflochtenem Stroh, auf dem der Name CITS steht, in einer Schachtel, die hübscher als der Gegenstand selbst ist, und ein Buch über die Provinz mit altmodischen Fotos.

Nach dem Diner laden wir alle Ehefrauen des chinesischen Teams zu einem Drink im gegenüberliegenden Minshan-Hotel ein. Die Versammlung ist sehenswert. Die Paare passen wirklich perfekt zusammen! Die Sympathischsten aus unserem Team haben kleine Frauen mit freundlichen, lächelnden Gesichtern. Die anderen sind streng und stocksteif. Wieder eine Rede. Ich wende mich an die Frauen und sage: „Bei der nächsten Expedition werde ich Sie statt Ihrer Männer mitnehmen. Das, was ein Mann kann, kann eine Frau noch besser!" Die Männer grinsen gequält, die Frauen brechen in Gelächter aus und applaudieren wie wild. Der Feminismus lebt noch . . . selbst in China.

Wir gehen um 1 Uhr morgens auf unsere Zimmer, und ich packe die Koffer, die morgen als Frachtgepäck mit dem Flugzeug abgehen.

16. September

Wir fahren mit dem Minibus zum Flughafen. Alice hält mir die Hand. Es ist noch nicht ganz sicher, ob sie mit Jane nach Indien fahren wird. Sie wird darüber mit Jeanne und Snafu entscheiden, wenn sie erst einmal in Hongkong ist. Das Abenteuer ist zu Ende. Wir sind alle traurig, daß wir uns verabschieden müssen. Beim Einchecken des Gepäcks und des Frachtguts fehlt ein Stempel auf den Paketen, in denen die Filmrollen sind. Ich verstehe sofort: Die Offiziere der Armee, dieselben, die uns gestern abend mit einem Abschieds-Bankett feierten, geben unseren Begleitern von CITS ein diskretes Zeichen, indem sie auf die Filmdosen zeigen, was bedeutet: „Stellt sie zur Seite", während der Rest des Materials ohne Probleme durch den Zoll geht. Ich merke sofort an ihrem Getuschel, daß dieses Verbot, die Filmrollen durchzulassen, nicht erst von heute stammt. Es sieht alles wie vorher abgesprochen aus. Für uns stürzt eine Welt ein. Alle Geschichten, die man über das Festhalten oder die Vernichtung von Filmen erzählt hat, springen mir wieder ins Gedächtnis. Werden wir in die gleiche Situation kommen? Zhou kommt zu mir und versucht, mich zu beruhigen. Der Offizier, der die Stempel aufdrückt, war gestern abend nicht in seinem Büro, und wir haben noch den ganzen morgigen Tag vor uns. Christoph und ich können also unser Flugzeug in zwei Tagen nehmen, und zwar mit den Filmrollen, wenn das Geld von F. Productions überwiesen ist, das die CITS-Leute noch von uns verlangen.

Als Alice mit dem Team verschwindet, weine ich bittere Tränen. Ich fühle mich schrecklich leer und deprimiert. Ich wäre so gern mit meinem Team zurückgeflogen, um mit ihnen gemeinsam dieses herrliche Abenteuer zu beenden. Plötzlich ist alles zu Ende, die Dinge lösen sich auf, die Menschen trennen sich.

Ich schlafe praktisch den ganzen Nachmittag. Am Abend kommt Gyurme mich in meinem Zimmer im Jin Jiang zum Diner abholen. Im Restaurant, im 9. Stock des Hotels, stellt er mir eine junge und sehr sympathische Tibeterin vor, Tsering Lamo. Sie betreibt einen Import-Export-Handel mit Kunstgegenständen. Eine junge Harfenspielerin, halb-tibetisch, halb-chinesisch, auch sehr charmant, ist in ihrer Begleitung. Sie kümmern sich um mich, bringen mich dazu, zu tanzen und zu trinken ... Es läßt mich ein bißchen die Traurigkeit des Abschieds vergessen. Wie lange werden sie den Film festhalten? Ich habe nur noch diesen einen Gedanken im Kopf. Ich spreche mit Christoph darüber, wütend über meinen Pessimismus. Ich weiß nicht, weshalb ich alles so schwarzsehe ...

17. September

Sonntag. Das Aufwachen fällt schwer, nachdem ich gestern abend soviel Alkohol getrunken habe. Lunch bei Zhou und seiner Frau in einem dieser großen kommunistischen Wohnblöcke aus grauem Beton. Der Eingang ist schmutzig, voller Unrat. Wir fahren zum 6. Stock hinauf. Die Wohnung ist eher hübsch, drei kleine Zimmer mit weißen Plastikmöbeln. Im größten Zimmer steht ein Doppelbett, über dem ein billiger Kaufhaus-Spiegel hängt. Die Überdecke ist aus Acrylfaser. Das Kinderzimmer voller Plüsch ist so gut aufgeräumt, daß man das Gefühl hat, das Kind spielt hier nie. Der dritte Raum dient als Eßzimmer. Ein Sofa aus weißem Skai-Leder und ein Bücherschrank, der einige deutsche Romane enthält, weil Zhou Deutsch studiert hat, und einige französische, weil seine Frau, die übersetzt „Regenbogen" heißt, bald als Französischlehrerin an der Universität Chengdu unterrichten wird. Eine junge „gute Fee des Hauses", wie „Regenbogen" sie nennt, ist in der Küche und bereitet das Mittagessen zu. Sie kommt vom Land und kümmert sich auch um das Kind. Zhou und seine Frau gehören zu den oberen Zehntausend der chinesischen Gesellschaft und können sich eine Haushaltshilfe erlauben. Sie sind sehr stolz darauf.

Das kleine Mädchen ist niedlich, aber zu verzogen, wie alle chinesischen Einzelkinder. Sie wird einmal zur Rasse der arroganten Monster gehören. Ich erinnere mich an einen kleinen Jungen im Restaurant in Xining, umgeben von seinen Eltern, seinem Onkel und seinen Großeltern. Er spielte den Star, schnitt den anderen das Wort ab, und stopfte, bereits sehr fett, das Essen nur so in sich hinein – ein richtiges Ohrfeigengesicht. Gestern abend noch ein kleines, mit Bändern geschmücktes Mädchen, als Erwachsene verkleidet, das auf der Tanzfläche des Hotels Jin Jiang tanzte und sich vor den bewundernden Blicken seiner Eltern in Positur stellte. Oder dieser kleine brüllende Junge, der seine Mutter ohrfeigte, weil sie ihren Mann ansprach: Die Mutter, von dem Kind beherrscht, gehorchte ihm respektvoll, und der Vater fand das ganz normal.

Zhou spricht mit Christoph auf der Terrasse des Mietshauses über die Probleme, die mit der Ausfuhrgenehmigung für den Film zusammenhängen. In Wirklichkeit versucht Christoph, die Wahrheit aus Zhou herauszukriegen. Was weiß er ganz genau und wie lange schon? Währenddessen erklären mir „Regenbogen" und unser Ex-Fotograf und Sicherheitsoffizier Lao Wang, daß wir mit großen Schwierigkeiten rechnen müßten, weil die Angelegenheit bis nach Peking weitergeleitet worden sei. Der Assistent von Herrn Lou, dem Direktor der CITS, hat mit General Miao in Chengdu telefoniert, der den besagten Stempel auf unsere Filme drücken muß. Da der General nicht da war, hat sein Mitarbeiter den Anruf entgegengenommen und sich sofort mit den Militärbehörden in Peking in Verbindung gesetzt, um ihnen mitzuteilen, daß wir morgen einhundertfünfzig Filmrollen aus China ausführen müßten. Die Militärbehörden in Peking sollen sehr erstaunt gewesen sein und geantwortet haben, sie wüßten gar nichts von der Existenz eines solchen Films! Was wird da gespielt?

Ich fange an, mich sehr schlecht zu fühlen. Es wird mir klar, daß wir Gefahr laufen, als Geiseln zu dienen. Hat „Regenbogen" mir nicht erzählt, daß China in den letzten Wochen vierzehn offizielle Protestnoten an Frankreich überreicht hat? Zhou hat Christoph sicher nicht die ganze Wahrheit gesagt. Als wir ins Hotel zurückgehen, erzähle ich ihm von meiner Unterhaltung mit „Regenbogen" und sehe, wie er ganz bleich wird. Er reagiert merkwürdig: Er will nichts von dem glauben, was ich ihm erzählt habe, solange es nicht Zhou ist, der es ihm selbst sagt. Das versetzt mich in eine große innere Wut, und ich falle auf mein Bett, um einzuschlafen und an nichts mehr denken zu müssen. Christoph verläßt das Zimmer.

Als ich aufwache, schreibe ich ihm einen Brief, in dem ich ihm erkläre, daß wir noch große Probleme mit den Chinesen haben werden und besser daran täten, zusammenzuhalten und einander gegenseitig zu vertrauen. Ich bringe diesen Brief zu Gyurme, der noch einige Tage vor seiner Abreise nach Lhasa hiergeblieben ist, und bitte ihn, Christoph ausfindig zu machen, der an der Bar sitzen muß. Gyurme meint, daß die Reaktion Christophs völlig verständlich sei, auch, wenn man das so nicht durchgehen lassen könne. Es sei sehr schwierig für einen Produzenten, plötzlich vor einem solch wirren Durcheinander zu stehen und sich vorzustellen, daß der Film vielleicht niemals aus China herausgelassen wird.

Gegen 7 Uhr kommt Gyurme völlig ratlos und fassungslos zurück: Christoph hat sich bereit erklärt, meine Abreise nach Hongkong mit CITS in die Wege zu leiten. Ich sage ihm, daß ich das Land nicht ohne meinen Film verlassen werde. Eine Stunde später kommt Gyurme, der Unterhändler, wieder und bittet mich, auf die Terrasse des Hotels zu kommen. Dort wartet Christoph auf mich, um mir einen Wodka anzubieten. Ich komme lachend und ganz locker dorthin, sanft wie ein Engel, und tue so, als ob nichts weiter vorgefallen wäre. Die Atmosphäre entspannt sich; endlich können wir an die Probleme herangehen, ohne daß er sich verletzt fühlt. Ich glaube wirklich, daß er meine Informationen nur deshalb so schlecht aufgenommen hat, weil er sich schuldig fühlt. Wo könnte er schlecht verhandelt haben? Und wann? Hätte sich diese Katastrophe vermeiden lassen? Wir hätten ganz sicher den Chinesen weniger Vertrauen entgegenbringen und nicht ganz so leicht nachgeben sollen, als sie in ihren Büros unsere Abreise organisierten.

Wir essen im gegenüberliegenden Restaurant des Hotels Min Shan mit zwei Amerikanern zu Abend. Einer ist im Antiquitätenhandel tätig, der andere, ein dicker, ist Fotograf. Wir hatten beide schon in der Eingangshalle unseres Hotels getroffen, wo sie sich aufhielten... Hier sprechen alle Ausländer miteinander, das ist recht amüsant und ermöglicht es einem, in ganz verschiedene Welten einzudringen. Überhaupt ist es die einzige Abwechslung im Tagesablauf. Chengdu bietet außer seinen Tempeln und den Vierteln der Altstadt, die ich bereits eingehend studiert habe, nur wenig Interessantes. Nach dem Abendessen gehen wir über die Straße zurück, um auf der Terrasse des Jin-Jiang-Hotels noch einen letzten Wodka zu uns zu nehmen.

Während ich mit Gyurme (Christoph ist schon lange schlafen gegangen) in mein Zimmer hinuntergehe, werde ich von zwei Indern angesprochen, der eine bereits in einem gewissen Alter, der andere jünger. Sie laden Gyurme und mich in ihr Zimmer ein, wo sie ihr ganzes Leben vor uns ausbreiten. Es sind zwei Männer (Vater und Neffe) aus der Familie Patel, die steinreich ist und ihr Vermögen in der Textil- und Filmbranche gemacht hat. Kurz, nach einer halben Stunde Selbstporträt (eher schmeichelhaft) schlägt der Vater mir vor, mich als Manager der chinesischen Filialen für

Kosmetikprodukte und Textilien, die er hier einrichten will, einzustellen. Mit Gyurme leeren wir eine Flasche Whisky. Wir stellen fest, daß wir eine Menge gemeinsamer Bekannter in Indien haben. Nach so viel Alkohol muß ich ins Badezimmer gehen; der alte Herr steht auf und versucht mich zu küssen. Gyurme und ich lachen uns halb tot, und während er ihn in seinem Zimmer festhält, suche ich das Weite.

18. September

Katok Lama (Drime Zhingkyong Rinpoche) ist nach Chengdu gekommen. Er lädt uns ein, heute morgen mit ihm zu frühstücken. Sein Haus ist komfortabel, vier oder fünf Zimmer, Tonbandgerät, Fernsehen, Gebetsaltäre, große Küche, schöne Teppiche und dienende Mönche, die ihn voller Ehrerbietung umsorgen. Viele Leute befinden sich in seiner Nähe. Er scheint mir noch dicker zu sein als in Kanze, weil er nicht sein Mönchshabit trägt, sondern ein himmelblaues Polohemd, das seinen Bauch gut herausmodelliert. Er sieht in Zivil jünger aus. Er ist drollig, erzählt überall, daß die Chinesen „small-minded" sind; er ist aber sehr gerissen und scheint gut mit ihnen verhandeln zu können.

Er ist der Meinung, daß die Tibeter, anstatt auf der Straße zu randalieren, besser daran täten, ihre Sprache und Kultur zu retten und sich zu bemühen, ihre Königreiche nach und nach wieder aufzubauen. Die beiden traditionellen Provinzen Kham und Amdo sind gegenwärtig zerstückelt und auf fünf Provinzen der Volksrepublik China aufgeteilt worden: Amdo auf Qinghai, Gansu und Sichuan; Kham auf Sichuan, Qinghai, die Autonome Region Tibet und Yunnan. Ihre Geschichte ist jedoch eine sehr bewegte: Seit dem 10. Jahrhundert war Amdo ein Asylland, das Gruppen wie die Bön-Anhänger und die Jonangpa aufnahm, die die Regierung von Lhasa verschwinden lassen wollte. Was Kham angeht, so hat auch dieses eine sehr wechselvolle Geschichte durch die jahrhundertelangen Stammesfehden zwischen den verschiedenen Königreichen hinter sich. Wie dem auch sei, die beiden Provinzen wurden durch die Verwüstungen der Kulturrevolution schwer heimgesucht. Dank der chinesischen Annalen und der Berichte der wenigen ausländischen Reisenden kann man sich aber doch ein Bild des Lebens vor 1950 machen. So erfährt man, daß die Konflikte zwischen Tibetern und Chinesen oder selbst der Tibeter unter sich seit einem Jahrhundert stattfinden und somit bereits einen Prozeß von Zerstörung und Wiederaufbau eingeleitet haben, von dem man sich wünschen möchte, daß er bald ein Ende findet.

Seit 1979 gibt es ohne jeden Zweifel eine Renaissance der beiden Provinzen, und der Wiederaufbau der Häuser wie der Klöster befindet sich in vollem Gang. Gyurme und ich schlagen dem Lama vor, sich mit den Indern von gestern abend zu treffen, um ins Geschäft zu kommen. Er willigt ein und wird sie heute nachmittag längere Zeit sehen. Er liebt es, „Geld zu machen", und benutzt es auch, da er sehr großzügig ist, zum Wiederaufbau der zerstörten Klöster.

Nach dem Mittagessen gehe ich mit Zhous Frau schwarze Seide in einem der großen Kaufhäuser einkaufen, das sich am Ende der Renminnanlu-Avenue hinter einer monumentalen Mao-Statue befindet. Die Statue ist eine der ganz wenigen, die noch in China aufgestellt sind; sie wird von den Chinesen zum Nationalfeiertag am 1. Oktober von Kopf bis Fuß mit Blumen geschmückt, seltsam. Das große Warenhaus riecht nach Naphthalin. Die Verkäuferinnen sind langsam und unfreundlich. Das alte Volkschina und der Haß auf die Ausländer dringt immer noch durch. Die Aufzüge haben noch nie funktioniert. Das Kaufhaus hat sechs fast leere Stockwerke, deren Waren wie bereits gebraucht aussehen. Die Mäntel wirken abgeschabt, und die Pullover aus Acrylfaser sind voller Staub.

„Regenbogen" erzählt mir, daß das Kaufhaus während der letzten zwei Jahre aufgefüllt worden ist und daß man früher dort gar nichts kaufen konnte. Die Ladentische waren praktisch leer. Die Mode stammt aus den siebziger Jahren: Schuhe mit Keilsohlen und formlose Kleider aus bedruckten Stoffen. Nur die Stoffabteilung ist von einem gewissen Interesse. Nachdem ich mir einige dünne Seidenrollen ausbreiten ließ, finde ich etwas Passendes. Es ist ganz und gar nicht nach dem Geschmack von „Regenbogen", die der echten schwarzen Brokatseide einen Nylonstoff mit sehr auffälligem Blumenmuster vorgezogen hätte.

Danach führt sie mich zu ihrer Schwiegermutter, der Mutter von Zhou, die uns mit einer ihrer Freundinnen, die Schneiderin ist, bekannt machen wird. Das Mietshaus, in dem sie wohnt, ist grau, trist und schmutzig, trotz der Balkone voller Pflanzen und der zum Trocknen aufgehängten Wäsche. Der Boden der Wohnung ist aus rohem Zement. Obwohl alles sehr sauber ist, riecht es nach Urin. Sie hat ein Hausmädchen, das sich um die kleine Wohnung mit den

Die Rückreise

durchgesessenen Sesseln kümmert. Sie macht jeden Morgen Tai Chi mit ihrem Mann und spielt abends bis Mitternacht oder länger Karten mit Freundinnen aus ihrer Arbeitsbrigade. Sie ist Lehrerin. Sie mustert mich sehr genau mit leicht belustigtem Blick. Wir gehen zu Fuß zu der Freundin, die Schneiderin ist. Diese hat eine sehr hübsche Wohnung in demselben Gebäudetyp. Die Nähmaschine thront in der Mitte des großen Zimmers. Kleine Vorhänge mit Rüschen. Modernes chinesisches Porzellan auf einem Büffet im Stil der fünfziger Jahre. Die Wohnung hat noch zwei weitere, gut aufgeräumte Zimmer mit Möbeln aus poliertem Holz. Ihr Mann ist Bauingenieur. Sie hat eine Tochter von 16 Jahren, die Malerei studiert. Die Frau sieht wie eine Ratte aus, während der Mann eher groß und gepflegt ist. Die Kleider, die sie macht, sind sehr häßlich, aber zweifelsohne kann sie nähen.

Sie will mir ein rosa Sommerkleid mit Rüschen verkaufen, dessen Anblick allein mich schon deprimiert. Sie läßt „Regenbogen" ein graues Kostüm mit einer Art großer Passe aus schwarzem Kunsttaft anprobieren. Es ist abscheulich. Sie geraten aber beide ganz außer sich vor Begeisterung. Sie nimmt meine genauen Maße vor den versammelten Anwesenden, die lachen, denn im Vergleich zu ihnen finden sie mich sehr groß und sehr dick. Die Schneiderin steht auch nicht zurück, macht sich auf chinesisch über mich lustig, faßt mich wieder an und wirft „Regenbogen" und ihrer Schwiegermutter bedeutungsvolle Blicke zu. Diese lachen sich halb tot. Sie geht mir auf die Nerven. Das Kleid wird frühestens in einer Woche fertig sein. Wenn ich das gewußt hätte, hätte ich mir selbst einen Schneider gesucht.

Ich fahre mit Zhous Frau in der Rikscha zurück und laufe mindestens fünf Kilometer bei sinkendem Nebel durch die Stadt. Zu Abend esse ich ohne Christoph, mit dem Amerikaner Bob, dem Kunsthändler, den ich gestern abend getroffen habe. Später kommt Christoph dazu. Ich fange an, mich gräßlich zu langweilen. Um mich abzulenken, nehme ich das Skript-Heft zur Hand und fange bereits im Kopf mit der Montage des Films an.

19. September

Heute morgen ist Christoph charmant.

Wir gehen mit Shao Fens Frau in eine Bambusfabrik, wo man abscheulich überladene und verschnörkelte Sachen herstellt, danach in eine Lackfabrik, wo es noch schlimmer ist. Wir wollen allen, die uns irgendwie geholfen haben, die Expedition durchzuführen, Geschenke machen. Wir rechnen mit hundertzehn Geschenken.

Als wir ins Hotel zurückkommen, erfahren wir, daß Peking beschlossen hat, den Film auf unbestimmte Zeit zurückzuhalten, ohne einen Grund dafür anzugeben. Das Geld, das CITS über das vertraglich festgelegte hinaus noch von uns verlangt, ist erst heute morgen von F. Productions überwiesen worden und wird nicht vor Freitag ankommen. Also werden wir nicht vor Samstag, dem Tag, an dem das Flugzeug von Chengdu nach Hongkong fliegt, abreisen können, danach Flug Hongkong–Paris. Die Verantwortlichen von CITS scheinen die Lage nicht mehr unter Kontrolle zu haben und auch nicht den Stempel besorgen zu können, den wir für die Freigabe unseres Films brauchen. Was sollen wir machen?

Christoph wird zum Konkurrenzunternehmen von CITS, Golden Bridge, gehen, das angeblich zum Verkehrsministerium in Peking einen „direkten Draht" hat und uns vielleicht helfen könnte, an den Stempel zu gelangen. Sie wollen aber, daß Herr Lou, der Direktor von CITS, sie selbst um diesen Dienst bittet. Herr Lou lehnt ab – wer hätte das gedacht!

Wir müssen unbedingt Katok Lama, mit dem wir heute zu Abend essen, um Rat fragen. Wenn wir wenigstens wüßten, wer uns in Peking verbietet, den Film auszuführen, und warum die CITS-Leute uns diese Frage nicht beantworten, sondern bloß sagen, sie hätten kein Recht, uns Erklärungen abzugeben . . . Ich fühle mich hundeelend, werde von Bauchkrämpfen geschüttelt und verbringe den Nachmittag in meinem Zimmer vor dem Fernseher liegend, indem ich mir ausländische Piratenfilme anschaue. Es ist eine Spezialität der Chinesen, die Rechte für ausländische Filme zu erlangen, ohne dafür zu bezahlen, und sie dann in ihrem Fernsehen zu zeigen, Werbespots inklusive. Die Synchronisation ist abscheulich schlecht, und man hört den Originalton gleichzeitig.

Der Sekretär und der Chauffeur von Katok Lama holen uns ab. Eine Stunde lang irren wir in Chengdu herum. Der Sekretär hat auf seine Hand geschrieben: Sichul Hotel. Unmöglich, es zu finden. Nach einigem Nachdenken begreifen wir, daß es sich um das Sichuan-Hotel handeln muß. Wir kommen an – Christoph, Gyurme und ich – am Sichuan-Hotel, einem fürstlichen Bau. Katok Lama hat einen privaten Salon reservieren lassen und bewirtet uns mit den köstlichsten Gerichten. An seinem Tisch sitzen sein Sekretär, der Loga Tulku, und die beiden jungen Mädchen, die ich vor ein paar Tagen kennengelernt habe, die mich zum Tanzen brachten. Jede Menge Whisky, scharfe chinesische Getränke, endlich entspannen wir uns, und er verspricht, daß er uns helfen wird, und zwar mit Hilfe der in China sehr mächtigen Buddhistischen Gesellschaft, deren Präsident für die Provinz Sichuan er ist. Ich verstehe mich sehr gut mit ihm, er lacht Tränen, als ich mich über die Chinesen mokiere, die uns an der Nase herumführen, und über die Naivität von Christoph, der immer noch nicht ganz begriffen hat, daß wir dick in der Tinte sitzen. Ich schenke ihm eine Medikamenten-Tasche, die Jane zurückgelassen hat und die ihm für das Hospital seines Klosters nützlich sein kann.

20. September

Ein düsterer, trübsinniger Morgen. Morgens und nachmittags Besprechungen bei CITS mit Herrn Lou, der mir nicht in die Augen zu schauen wagt. Zhou, Gao Che und Shao Fen sind sehr nervös. Nichts zu machen, wir kriegen den Film nicht raus; sie verlangen, daß wir selbst nach Peking fahren, um dort zu verhandeln. Wie es scheint, sind wir nicht von den Militärs abhängig, sondern vom Verkehrsministerium, das der Meinung ist, daß wir nicht genügend Geld für unsere fünfunddreißig Drehstunden bezahlt haben. Es endet damit, daß wir beschließen, den kleinen Shao Fen, dessen Vater einen hochrangigen Posten innehat, loszuschicken, um endlich den Stempel aus Peking zu kriegen. Sie geben zu, daß Ausländer nicht das Recht haben, chinesische Ministerien zu betreten.

Dann teilen sie uns mit, daß ihrer Ansicht nach die Volksrepublik China uns dazu benutzen will, Frankreich zu bestrafen, weil es sich in die inneren Angelegenheiten Chinas eingemischt und es beleidigt habe. Nun ja, so ist das halt ... Der Film aber ist eine historische und dokumentarische Ko-Produktion mit drei europäischen Ländern: Frankreich, ganz gewiß, aber auch Deutschland und Großbritannien, und dazu kommt auch noch Amerika. Wenn sie Frankreich bestrafen wollen, bestrafen sie auch die drei anderen ...

Jetzt wollen sie den Film an Ort und Stelle entwickeln, um festzustellen, ob wir auch nichts Verbotenes aufgenommen haben in diesen geheimen und den Ausländern normalerweise verschlossenen Regionen. Wir weigern uns ganz energisch. Um sie davon abzubringen, stellen wir ihnen eine Rechnung auf, was sie das Entwickeln kosten würde, zum Beispiel in Hongkong mit einem Team, das aus Frankreich eingeflogen werden müßte, um die Beschaffenheit der Entwicklungsbäder zu überwachen.

Es hat sich alles sehr schlecht angelassen. Und da auch der Nationalfeiertag immer näher rückt, bricht eine Art Verfolgungswahn aus. Sie haben Angst vor neuen inneren Unruhen und einem Abbruch der wirtschaftlichen und politischen Beziehungen zu gewissen anderen Ländern. Wollen sie uns wirklich als Geiseln behalten? . . . Gegen vier Uhr nachmittags führt uns Zhou in ein Kaufkaus, das Tinte und Pinsel aus Bambusstäben mit Seidenhaaren verkauft. Wir kaufen etwa vierzig kleine Geschenke ein.

Heute morgen beim Frühstück habe ich ein Mitglied der „Médecins sans Frontières" kennengelernt: erste Katastrophenhilfe bei Überschwemmungen in Sichuan und dem Erdbeben im vergangenen Monat, Decken, Medikamente, Nahrungsmittel, gemeinsam mit UNICEF und dem Roten Kreuz. Achthunderttausend Obdachlose, mehr als tausend Tote. Sie ist erschüttert von der Einstellung der Chinesen, die die Hilfsoperationen überwachen sollen. Sie haben sie zu erpressen versucht, verlangten einen Anteil von den Hilfsgütern der ausländischen Organisationen, auch Geld. Sie weigerten sich, beim Bau der Notunterkünfte mitzuarbeiten, und überließen alles den Ausländern. Die Opfer waren für sie nicht viel mehr als arme Vagabunden. Auch sie hatte endlose Schwierigkeiten mit der Verwaltung. Ehe man die Hilfsgüter in die Katastrophengebiete weiterleiten konnte, fehlte immer ein Stempel. Das erinnert mich doch an etwas!

Ich weiß, daß es bei den ältesten Chinesen – denen, die sechzig oder siebzig Jahre alt sind – noch eine Erinnerung an etwas Menschliches, an eine Kultur gibt. Im Gegensatz dazu sind selbst die „liberalen" Chinesen der Generation zwischen 30 und 35 Jahren noch so weit entfernt von dem, was man Freiheit des Geistes nennt, und haben so wenig Beziehungen zu kulturellen, historischen und politischen Werten, daß man sich wirklich fragt, ob die Kulturrevolution nicht alles Geistige ausgelöscht hat und ob nicht alle tief verankerten Wurzeln endgültig ausgerissen sind.

21. September

Spaziergang mit Gyurme und Christoph in Chengdu. Wir kaufen beim Tibetischen Verlag im gelben Gebäude hinter dem Hotel Minshan im 8. Stock herrliche Poster, die verschiedene schöne oder furchterregende Gottheiten darstellen. Dann kaufe ich noch ein Buch über tibetischen Schmuck für Naïla und eins über die moderne Kunst der Thangkas für Heather Karmay, eine Freundin, die Tibetologin und Professorin am Institut für Orientalische Sprachen ist. Sie hat *Le mendiant de L'Amdo* geschrieben.[1]

Mittagessen im Garten des Hotels Jin Jiang mit dem gesamten chinesischen Team, Chauffeure eingeschlossen. Auf dem Speisezettel: Frösche, Aal, Lotus und alle möglichen Innereien. Alles wahnsinnig gewürzt und äußerst schweißtreibend! Alle chinesischen Mitglieder der Expedition haben ein Papier unterzeichnet, auf dem steht, daß wir keine Spione sind und daß sie bei ihrer Ehre schwören, daß wir nichts Kompromittierendes gefilmt haben. Am schwersten zum Unterzeichnen zu bewegen waren, wie Zhou mir leise sagt, Wang, der Fahrer des roten Wagens, und Liu, „der Belgier", sowie der nervöse Fahrer, der in Xining entlassen wurde. Sie hatten vor, einen Bericht zu machen, in dem sie sich über unsere Einstellung den Tibetern gegenüber beschweren. Zhou ist sehr stolz darauf, daß er sie schließlich überzeugen konnte. Ist es aber auch wahr? Wir bitten, das Papier sehen zu dürfen. Sie haben nicht das Recht, es uns zu zeigen!

Nach dem Mittagessen bittet mich Shao Fen, ihm das Montage-Heft zu geben. Er fährt morgen nach Peking und wird es den zuständigen Behörden dort zeigen, ebenso die Fotos, die der Sicherheitsoffizier Lao Wang während der Expedition gemacht hat. Mit diesen Dokumenten hofft er, dem Ministerium für das Nachrichtenwesen beweisen zu können, daß wir keinerlei militärische Anlagen fotografiert haben und daß wir so schnell wie möglich mit unseren Filmrollen nach Frankreich zurückreisen müssen. Im Montage-Heft hat Alice jede Aufnahme sorgfältig eingetragen und mit einer detaillierten Beschreibung versehen. Wenn sie bei ihrer Weigerung bleiben, wäre das ein schlechtes Zeichen. Was wollen sie eigentlich genau von uns?

Christoph gibt Shao Fen 1000 FEC (2000 Francs) für seine Ausgaben... Das ärgert mich schrecklich, denn wenn wir in der

---
[1] Société d'ethnographie, 1985.

Sch... stecken, so sind schließlich nur die CITS-Leute daran schuld, weil sie nicht rechtzeitig die nötigen Papiere für unsere Abreise nach Frankreich besorgt haben.

Ich vertreibe mir die Zeit, indem ich meine Hemden und Socken stopfe. Ich träume davon, daß dieser Alptraum ein Ende hat. Zhou und seine Frau fahren mit uns, das heißt mit meiner Freundin von den „Médecins sans Frontières", Christoph und mir, mit der Rikscha zu einem ihrer Maler-Freunde. Er ist nicht zu Hause. Wir finden ein kleines Restaurant am Ende der Straße und essen zu fünft zu Abend. „Regenbogen" hält ihre eingeschlafene kleine Tochter in den Armen. Wir gehen wieder zu dem Maler hinauf, dessen Frau, nachdem sie die kleine, von uns hinterlassene Notiz gelesen hat, kam und uns abholte. Ihr Mann ist in Peking. Sie ist allein. Die Wohnung ist winzig, ein Zimmer ist als Atelier eingerichtet. Falsche tibetische Kunstgegenstände, hyperrealistische Bilder mit tibetischen Themen, seine Malereien sind äußerst trist und talentlos. Er hat das Recht, an Privatpersonen zu verkaufen, muß aber den Erlös seiner Arbeitseinheit übergeben...

Er ist ein in China sehr bekannter Maler; ich frage die Frau nach dem Preis eines Bildes: 30 000 Yuan (30 000 Francs). Ist das der richtige Preis, oder glaubt sie, daß ich eines kaufen will und erhöht die Preise, weil ich eine Ausländerin bin? Um seinen Lebensunterhalt zu bestreiten, wird er bei der Armee als Bühnenmaler beschäftigt. Seine Malerei muß dabei zurückstehen. Seine Frau ist Tänzerin bei der Armee. Sie zeigt uns ihre Fotoalben, Träume aus Plastikblumen und Militäruniformen. Wir fahren mit der Rikscha nach Hause und tauschen unsere Erfahrungen mit den Chinesen aus.

22. September

Eine unruhige Nacht. Zahlreiche Moskitos. Eine anomale, schmierige Hitze. Frühstück um 9.30 Uhr im 9. Stock des Hotels. Plötzlich bewegt sich der Boden, die Theke mit der Kasse tanzt Walzer. Die Kassiererin, vor der ich stehe, schaut mich seltsam an. Sie glaubt, daß ich es bin, die die Theke in Bewegung gesetzt hat. Ich versichere ihr, daß ich es nicht war. Daraufhin sagt sie: „Dann ist es jemand, der mit dem Staubsauger durchgeht." Ich drehe mich um und sehe, wie der grüne Teppichboden Wellen schlägt und die Säulen des Restaurants fast weich werden, so sehr bewegen sie

Die Rückreise

sich. Die Gäste dagegen sind wie versteinert und lassen sich von ihren Sitzbänken und den herumrutschenden Tischen hin- und herwiegen. Ich begreife endlich, daß es ein Erdbeben ist. Der Erdstoß dauert ungefähr eine Minute. Ich renne wie eine Verrückte die neun Stockwerke hinunter, mit völlig verkrampften Muskeln und rasendem Herzen.

Nachdem ich zehn Minuten im Hof des Hotels mit anderen sprachlosen Gästen gewartet habe, die Augen fest auf das Gebäude gerichtet, falls es zusammenstürzen sollte, beruhige ich mich wieder etwas und kehre in die Halle zurück. Ich gehe zum Empfang und frage, ob ich wieder in mein Zimmer hinaufgehen könne. Sie bejahren meine Frage vor dem Hintergrund einer himmlischen Musik: Sie kommt von den Kristalleuchtern, die sich nach den Erdstößen wieder langsam beruhigen. Christoph und Zhou kommen zu Fuß vom CITS-Büro zurück. Sie haben nichts gespürt. Zhou sagt, ich hätte nicht die Treppen hinuntergehen dürfen, sie geben als erstes nach, wenn ein Gebäude wackelt. Man sollte unter einer Tür oder einem Fenster stehenbleiben, weil die Rahmen nur selten zusammenstürzen . . . Wir warten noch ein bißchen und gehen dann ins Zimmer hinauf. Der Sicherheitsoffizier Lao Wang im Zimmer neben mir, wo er mit der Bewachung unserer Filmrollen betraut ist, hat völlig den Kopf verloren. Die Kassetten mit den Filmen sind durchs Zimmer getanzt, die Fenstergriffe haben sich ineinander verheddert. Ein tränenreicher Anruf von Zhous Frau, weil sie keine Nachricht von ihrer kleinen Tochter aus der Schule hat. Sie wollte gerade ihre Vorlesung an der Universität halten, als die ersten Erdstöße zu spüren waren: Ihre Studenten sind aus dem Hörsaal hinausgerannt, alle Vorlesungen wurden abgesagt. Gyurme erzählt uns, daß er fast von der Klima-Anlage erschlagen worden wäre, die, als er seine Zimmertür öffnete, auf ihn herunterfiel . . .

Ich irre in der Stadt umher, ich möchte mich nicht mehr in der Nähe hoher Gebäude aufhalten. Ich kaufe Ginseng und eine Wunderdroge, die den Haarwuchs fördert und notfalls immer noch einer meiner Freundinnen zugute kommen kann, die über Haarausfall klagen. Mittagessen bei Lao Shen, dem Ex-Assistenten von Sybille, und dessen Braut, die mir eine lange, breite Stola aus braun- und gelbgestreifter Rohseide schenkt. Sie arbeitet beim Regionalfernsehen. Sie scheint hinsichtlich unserer Filmrollen pessimistisch zu sein. Wenn die Pekinger Behörden erst einmal eingeschaltet sind, sagt sie, wird es sehr lange dauern und sehr schwierig werden. Höchst ermutigend! Ständiger Durchfall. Siesta, danach ein Telex von Pascal Bensoussan, dem Partner von Christoph: „Wann kommt ihr zurück?" Er kennt noch nicht die ganze Wahrheit. Wir haben zwar das Geld erhalten, aber die Bank ist bis Montag mit „politischer Umerziehung" beschäftigt, wir können es also nicht abheben. Wir schicken ihm am Nachmittag ein Telex, daß das nächste Flugzeug nach Paris am Mittwoch fliegt. Wir sagen ihm aber noch immer nichts davon, daß der Film zurückgehalten wird. Wir wollen ihn nicht beunruhigen. Wir haben immer noch Hoffnung.

23. September

Das Erdbeben hatte nach der Richter-Skala eine Stärke zwischen 6 und 7, uns hat aber nur ein Ausläufer davon erwischt. Das Fernsehen kann noch immer nichts darüber sagen, weder über die materiellen Schäden, noch über die Anzahl der Todesopfer. Die Chinesen hassen es einfach, ihre Naturkatastrophen „offiziell zu machen". Wir beschließen, mit Zhou, seiner Frau, seiner kleinen Tochter und dem jungen Chauffeur zum Emei zu fahren. Dieser Berg ist eines der größten buddhistischen Heiligtümer Chinas. Alexandra machte 1923 eine Pilgerfahrt dorthin. Es kommen immer noch Pilger, um den Ort zu besichtigen und den Gipfel des Berges auf 3000 Meter Höhe zu besteigen. Die Schönheit der Landschaft zieht selbst Nicht-Buddhisten an. Ein Wochenende außerhalb Chengdus wird uns auf andere Gedanken bringen. Ich habe so hohes Fieber, daß mir mein Gleichgewichtssinn abhanden gekommen zu sein scheint.

165 Kilometer von Chengdu entfernt halten wir in Leshan an, um dort zu übernachten, aber vor allem, um den höchsten Buddha der Welt zu besichtigen. Wir haben ein sehr schönes, modernes Hotel, das Jiazhou-Hotel. Es liegt am Zusammenfluß von drei Flüssen: Daduhe, Qingyi und Minjiang. Die Stadt erstreckt sich an einem Ufer des Flusses, auf der anderen Seite erheben sich die Berge Lingyun und Wuyon. Auf dem Berg Lingyun wurde ein riesengroßer Buddha „im europäischen Sitz" aus den roten Felsen gehauen. Zehn Jahre hat man dafür während der Tang-Epoche im 8. Jahrhundert gebraucht. Er ist noch immer die höchste Skulptur der Welt. Ich steige die in den Felsen gehauenen Stufen hinunter und setze mich auf einen seiner Fußnägel. Ich fühle mich ganz

klein und rufe mir das Gedicht Rainer Maria Rilkes ins Gedächtnis zurück, das ich dann in Paris ganz genau in mein Tagebuch übertragen werde.

BUDDHA

Als ob er horchte. Stille: eine Ferne . . .
Wir halten ein und hören sie nicht mehr.
Und er ist Stern. Und andere große Sterne,
die wir nicht sehen, stehen um ihn her.

O er ist Alles. Wirklich, warten wir,
daß er uns sähe? Sollte er bedürfen?
Und wenn wir hier uns vor ihm niederwürfen,
er bliebe tief und träge wie ein Tier.

Denn das, was uns zu seinen Füßen reißt,
das kreist in ihm seit Millionen Jahren.
Er, der vergißt, was wir erfahren
und der erfährt, was uns verweist.

Wir essen in einem kleinen Restaurant nahe am Fluß zu Abend. Es ist feucht und heiß. Die Stadt ist belebt, Menschen gehen spazieren, junge Paare halten sich an den Händen, Verkaufsstände bieten gegrillte Momos, Nudel- und Zwiebelsuppe an. Es gibt viele Läden, die rosa oder apfelgrüne, perlenbestickte Glitzer-Pullover sowie Badehandtücher mit sehr auffälligen Blumenmustern verkaufen. Die Möbel sind verschnörkelt und von sehr schlechter Qualität. Alles verbreitet jedoch einen Eindruck von großer freiheitlicher Geschäftigkeit.

24. September

Wir fahren in Richtung Emei ab, dem heiligen Gebirge der chinesischen Buddhisten. Wir lassen unser Gepäck in der Villa von Madame Tchang Kai Chek bzw. von Madame Mao, aus der man ein Hotel gemacht hat. Die Zimmer sind luxuriös, sehr viel Mahagoni im Stil der dreißiger Jahre; ein diffuses, graues Licht läßt eine Stimmung wie in „Traum aus einer anderen Epoche" aufkommen. Ein großer Lärchen- und Bambuswald umgibt das Hotel.

Der Berg ist etwa zwei Stunden Fahrt von der Villa entfernt. Auf der unasphaltierten Straße werden wir kräftig durchgeschüttelt. Nebel. Wir kommen an einem großen, terrassenartig angelegten Platz an, wo wir unseren schlammbespritzten Wagen parken. Träger stürzen auf uns zu, um uns auf den Armen zu Bambussesseln zu tragen, über denen blaue Zeltplanen vor dem Regen schützen. „Regenbogen" und ich können nicht ablehnen, da sie ihre kleine Tochter bei sich hat. Ich sehe in dem gelben Anorak, den man mir geliehen hat, wie ein Riesenküken aus. Zwei Männer rennen im Laufschritt, ohne anzuhalten, drei Kilometer weit durch den feuchten und rutschigen Tropenwald. Schließlich kommen wir an der Drahtseilbahn an, auf die die Chinesen so stolz sind, und werden von ihr bis zum Gipfel hinaufgetragen. Drahtseilbahnen verbreiten in der ganzen Welt eine düstere Atmosphäre um sich. Warum nur?

Hier oben ist der Himmel blau, wir sind oberhalb des Wolkenmeers. Die buddhistischen Gläubigen beugen sich von der Höhe des Berges über eine Balustrade und blicken in das Wolkenmeer, um herauszufinden, ob sie dort den berühmten gelben Kreis sehen können, das Zeichen, daß die Götter sie zu sich rufen. Wenn dem so ist, stürzen sie sich in die Leere, auf den göttlichen Kreis zu – das soll alle drei oder vier Jahre einmal vorkommen. Der Gipfel ist mit Beton verunstaltet, verschandelt durch die Touristen-Kioske, beladen mit Rosenkränzen, warmem Flaschenbier und Plastiknachbildungen des Heiligen Berges. Ein sehr schöner Tempel, etwas abseits gelegen, wird gerade restauriert. Man kann ihn noch nicht besichtigen, nur gerade seine Pagodendächer und das lakkierte Holz seiner Außenportale erkennen.

Wir steigen wieder hinunter, Zhous Frau, die kleine Tochter und ich mit der Drahtseilbahn und danach mit Tragstühlen, während Christoph und Zhou den Abstieg im Laufschritt bewältigen, über Tausende von kleinen Stufen, die von den Pilgern im Laufe der Jahrhunderte gebaut worden sind. Wir essen in einem Restaurant der Stadt zu Abend, wo die Besitzer so glücklich sind, überhaupt Gäste zu haben, daß sie uns wie Fürsten bedienen. Ein verliebtes Paar, die Frau zwischen fünfunddreißig und vierzig, der Mann in den Fünfzigern, essen, indem sie sich bei der Hand halten und sich tief in die Augen schauen. Sie hat sich sicher gerade die Haare gewaschen, denn sie sind noch ganz naß. Vielleicht haben sie sich gerade geliebt. Sicher sind beide verwitwet. Während ich sie anschaue, versuche ich mir ihr Leben vorzustellen. Es ist in China

Die Rückreise

so selten, auf glückliche und freie Menschen zu treffen. Sie lächeln mir zu, und es kommt ein Gefühl des Einverständnisses und der Zusammengehörigkeit zwischen uns auf.

Als wir rausgehen, lasse ich mir von unserem jungen Chauffeur die Autoschlüssel geben und fahre selbst. Zuerst will Zhous Frau nicht einsteigen; Zhou glaubt nicht, daß ich fahren kann. Ich tue so, als bemerkte ich ihr Zögern nicht. Die Chinesen können noch so sehr behaupten, die Frauen Chinas seien stark, es sind nur hohle Worte. Ich parke vor dem Hotel und gebe dem Chauffeur die Schlüssel zurück. Ich muß über ihren bewundernden Gesichtsausdruck lächeln.

Wir nehmen noch einen letzten Drink in Zhous Zimmer. „Regenbogen" eilt mit ihrer Tochter in die Badewanne. Sie hat sich seit heute morgen schon zweimal von Kopf bis Fuß gewaschen. Ein eigenes Badezimmer zu haben, ist ihr Traum. Ich gehe ins Bad und halte die Dusche über ihren Kopf, während sie sich die Haare spült. Die Kleine spritzt den ganzen Raum voll und stößt Freudenschreie aus. Es ist ein wahres Fest für die beiden. Zuerst war es „Regenbogen" peinlich, nackt vor mir zu stehen, sie entspannt sich aber schnell beim Anblick ihrer kleinen Tochter, die zum ersten Mal in ihrem Leben ein Bad nimmt und ohne jede Furcht den Kopf ins Wasser taucht.

Danach setzt sich das kleine Mädchen vor den Fernseher und bemüht sich, auf der Matratze so hoch wie möglich zu springen, während Zhou, „Regenbogen", Christoph und ich eine Unterhaltung über den Einfluß der Frauen in der Gesellschaft beginnen. „Regenbogen" fragt als erste nach den französischen Frauen. Wieviel verdienen sie? Wie viele Kinder dürfen sie haben? Sie ist verblüfft zu hören, daß man in Frankreich wegen der Familienzulagen um so mehr verdient, je mehr Kinder man hat, während es in China genau umgekehrt ist. Sie verteidigt die Rolle der chinesischen Frauen und sagt, daß die Frauen nicht nur begabter für ein Studium seien, sondern auch das Haus führen und das Leben weitergeben. Indem sie frei spricht, entdeckt sie sozusagen das, was sie sagt. Es bringt sie direkt zum Schwärmen. Und ich denke bei mir, daß alles, was sie uns sagt, von uns in den westlichen Ländern schon seit langem gesagt worden ist, bin aber glücklich zu sehen, wie sie ihre Flügel erprobt.

Zhou hört aufmerksam zu und scheint völlig einig mit ihr zu sein. Christoph dagegen ist davon völlig entnervt. Wegen seiner Macho-Neigungen war er bereits von den sieben Frauen während der

Expedition ziemlich attackiert worden. Jetzt fängt auch noch eine Chinesin damit an! Zhou beendet die Unterhaltung, indem er sagt, daß die Ära der Frauen angebrochen ist: Da die Männer jahrhundertelang die Macht hatten, haben sie ihren Geist verbraucht und ihre Intelligenz geschwächt . . . Nach dieser letzten Behauptung geht Christoph ganz und gar verzweifelt schlafen. Und ich — es ist komisch — ich fühle mich eigentlich sehr viel besser!

25. September

Wir besuchen ein sehr schönes buddhistisches Kloster, nicht weit von der Villa entfernt, wo wir die Nacht verbracht haben. Während wir die Stufen hinaufsteigen und durch die Höfe gehen, die die Tempel mit den Pagodendächern voneinander trennen, höre ich Stimmen, die mich an die der jungen tibetischen Mönche, die ihre Gebete psalmodieren, erinnern. Ich klettere auf eine Balustrade und entdecke eine Schulklasse von Mönchen, die nicht älter als vierzehn oder fünfzehn Jahre zu sein scheinen. Sie tragen schwarze chinesische Käppchen aus feingeflochtener Wolle und marineblaue Roben mit Stehkragen. Zwei sehr alte Mönche von achtzig oder neunzig Jahren stehen, mit der gleichen Uniform bekleidet, vor ihnen und helfen ihnen, ihre Texte auswendig zu lernen.

Es ist eine Vision wie aus einem alten Stich aus dem alten China und zugleich ein Beweis dafür, daß der Buddhismus überall im Land wieder auflebt, trotz aller Schärfe, mit der die Regierung dagegen vorgeht. Der Tempel ist erhalten geblieben, obwohl er jahrelang keine religiösen Funktionen mehr übernommen hat. Danach wurde — wegen des Tourismus — die Genehmigung erteilt, wieder ein religiöses Leben in ihm auszuüben (ein sehr eingeschränktes, freilich — fünfundzwanzig Mönchsschüler). Deshalb sind auch die Mönche so jung oder so alt. So wie in Tibet, wo die chinesische Invasion von 1959 fast eine ganze Generation von Mönchen ausmerzte, findet man auch hier keine Vierzig- bis Sechzigjährigen mehr — sie sind die Opfer der Kulturrevolution.

In ein großes, mit Sand gefülltes Bronzebecken hat man große Weihrauchstäbe gepflanzt, die einen starken Duft ausströmen. Der blaue Rauch breitet sich über den mit roten Begonien bepflanzten Gärten aus. Ich beobachte lange die Menschen, die kommen, um Weihrauch und lange rote Kerzen niederzulegen. Es sind sehr alte

Gebetsfahnen-Feld im Kham. *(Jeanne Mascolo de Filippis)*

Der „neunstöckige Turm" des Gyarong-Klosters. *(Jeanne Mascolo de Filippis)*

Traditionelles Wohnhaus von Derge. *(Jeanne Mascolo de Filippis)*

Detail eines Hauses von Kanze. *(Jeanne Mascolo de Filippis)*

Fest in Derge: Der Lama tritt aus dem Zeremonialzelt. *(Franz Christoph Giercke)*

Die junge Nichte des Abtes von Dzokchen. *(Franz Christioph Giercke)*

Die religiöse Zeremonie beim Fest in Derge. *(Jeanne Mascolo de Filippis)*

In der Druckerei von Derge. *(Jeanne Mascolo de Filippis)*

Traditionelle Haartracht der Khampas.
(Jeanne Mascolo de Filippis)

Votivstele an der Straße nach Kanze.
(Jeanne Mascolo de Filippis)

Ein Dorfweiler auf dem Ngawa-Plateau. *(Jeanne Mascolo de Filippis)*

Kloster in der Unterstadt von Kanze. *(Jeanne Mascolo de Filippis)*

Von links: Jeanne, Jane, Alice, Nurith, Marie, Sybille und Claire.
(Franz Christoph Giercke)

Die Rückreise

Chinesen, Männer und Frauen, nach der alten Mode in blauen oder schwarzen Samt gekleidet. Plötzlich kommt eine junge Fremdenführerin mit ihrer Touristenherde an und brüllt in ein Mikrophon Informationen über die Geschichte des Tempels. Die kleinen Chinesen rennen überall herum und lachen jedesmal, wenn sie einem Mönch begegnen. Keinerlei Respekt, sie benehmen sich wie neugierige, aufgescheuchte Hühner. Für sie ist es wie im Zirkus. So schnell, wie sie gekommen sind, gehen sie auch, und es kehrt wieder Ruhe ein. Die runden Türen, die Konturen, die roten und orangefarbenen Lacke vermitteln eine glückliche und ruhige Stimmung. Nachdem wir uns am Ausgang mit einem kleinen Affen an der Leine fotografieren ließen und die Milch einer Kokosnuß getrunken haben, fahren wir wieder nach Chengdu zurück.

Ein Halt auf der Straße: Ich entdecke jenseits eines Feldes ein kleines Dorf mit Strohdächern. Ich gehe gleich über das Feld, Zhou folgt mir, dann „Regenbogen" und ihre kleine Tochter. Ein ruhiger kleiner Weiler inmitten eines Bambuswäldchens. Eine alte Frau flicht einen Strohzopf im Hof ihrer Bauernkate. Apfel- und Granatapfelbäume. Innerhalb von fünf Minuten sind wir von den Einwohnern umringt, die uns zu sich einladen wollen. Die kleine Tochter von „Regenbogen" will mit den Ferkeln spielen; sie heult vor Verzweiflung, als wir wieder abfahren müssen. Ein Kind ihres Alters hält sie fest an der Hand, damit sie dableibt. Ein alter Mann schenkt mir einen Apfel, Aprikosen und Pfefferschoten. Was für ein Kontrast zu den Städten, welche Freundlichkeit! Nachdem wir durch die Teehügel gefahren sind und dort einige Blätter und Blüten gepflückt haben, essen wir in einem Dorf an der Straße zu Mittag. Das Restaurant ist eigentlich der größte Raum einer großen Genossenschaftsfarm; Tiere rennen im dahinterliegenden Hof herum, und Arbeiter schichten das Heu zu Schobern auf. Der Sohn des Hauses kocht, der Vater spült das Geschirr, die Tochter sitzt hinter der Kasse, und die Mutter ist auf den Feldern ...

Wir fahren weiter. Die Lastwagen fahren mitten auf der Straße, überholen in den Dörfern und machen Slalomlauf zwischen den Dutzenden von Radfahrern und Karren, denen sie auf ihrer Route begegnen. Der Asphaltbelag ist glitschig, von der Hitze geschmolzen. Auf den Fahrrädern sind Bambusrohre angebracht, Schweine liegen auf den Gepäckträgern. Mit Paketen und Bündeln beladene Fußgänger springen aus dem Weg. Wir sehen drei schreckliche Unfälle zwischen Jeeps und Radfahrern; die Radfahrer liegen zerquetscht in einem Blutmeer.

Endlich kommen wir an, voller Hoffnung, Neuigkeiten von Shao Fen zu erfahren, der von seiner Mission nach Peking zurückgekehrt ist. Wir können uns aber nicht mit ihm treffen. Er hat keinerlei Nachricht im CITS-Büro in Chengdu hinterlassen. Enttäuscht fahren wir in den 9. Stock des Jin Jiang und essen mit den beiden chinesisch-tibetischen Mädchen, die wir mit Gyurme und Katok Lama getroffen haben, zu Abend. Meiner Meinung nach sind sie entweder Callgirls oder Geheimagentinnen der Polizei. Wir beschließen, unseren Ärger und unsere Sorgen herunterzuspülen.

26. September

Gao Che und Shao Fen sind heute morgen zurückgekommen. Sie frühstücken mit uns und Zhou im „Garden Restaurant". Die Nachrichten aus Peking sind nicht gut. Die Behörden wollen Geld für die Freigabe unserer Filmrollen. Es ist völlig offen, ob es sich um zehntausend oder hunderttausend Dollar handelt ... Die Militärs sagen, daß das Gesetz geändert wurde; die Provinz Sichuan kann uns nicht die Erlaubnis erteilen, den Film auszuführen, ehe nicht die Militärbehörden in Peking ihn sich angesehen haben. Sie beschuldigen uns, in verbotenen Regionen gefilmt zu haben, obwohl uns alle dazu erforderlichen Genehmigungen doch ordnungsgemäß ausgestellt wurden. Kurz, man will uns ausnehmen.

Sie versprechen, uns die Genehmigung zu schicken, wenn wir den zusätzlichen Preis an das Filmbüro zahlen. Dieses Büro hatte uns aber bereits im Juni alle notwendigen Genehmigungen erteilt. Wir schulden ihnen nichts mehr. Als wir fragen, an wen wir uns wenden können, um weiter zu verhandeln, antwortet Shao Fen, daß wir kein Recht haben, mit irgendeiner offiziellen Persönlichkeit zu verhandeln, daß die „verschiedenen" Behörden von sich aus zu einem Beschluß kommen werden, den sie uns dann zu gegebener Zeit mitteilen ...

Wir werden niemals damit zu Rande kommen ... In meinen Augen sieht es ganz danach aus, als ob es zu einem diplomatischen Zwischenfall kommen könnte. Die chinesische Argumentation läßt sich nicht aufrechterhalten. Ich telefoniere mit der französischen Botschaft in Peking. Ich spreche mit dem Konsul und der Sekretärin des Botschafters; er selber ist heute nicht in seinem Büro. Wir

Die Rückreise

rufen F. Productions in Paris an, um ihnen anzukündigen, daß wir morgen nicht abreisen. Das nächste Flugzeug geht am kommenden Samstag. Ich bitte sie, Alice und meine Eltern über unsere Verspätung zu unterrichten. Ich könnte weinen, und das Sprechen fällt mir schwer. Die Beziehungen zwischen Frankreich und China sind sehr gespannt. Demonstrationen, angezündete Wagen. Die Militärbehörden von Chengdu, die Kommunistische Partei Sichuans und selbst die CITS-Leute werfen uns ständig die schlechten Beziehungen zwischen China und Frankreich vor – als ob wir etwas dafür könnten!

Wenn wir nur noch vor dem 1. Oktober, dem Geburtstag der Volksrepublik China, aus diesem Wespennest herauskommen! Denn dieser Tag könnte wieder neue Aufstände provozieren. Es ist nicht mehr lange bis dahin. Ich habe keine Lust, als Zielscheibe oder Geisel der Chinesen zu dienen.

Heute abend heulendes Elend. Abendessen in einem kleinen Restaurant am Fluß. Es regnet. Dumpfe und laute Explosionsgeräusche in der Stadt. Sie erinnern mich an das Erdbeben von neulich. Ich habe schon wieder Angst. Erdbeben, Überschwemmungen, Armeen drehen sich in meinem Kopf. Ich fühle mich bedroht.

27. September

Wartetag. Die Zusammenkunft zwischen dem Tourismusminister von Sichuan, den Militärbehörden, der Polizei und den CITS-Leuten soll heute um 14 Uhr stattfinden. Um 15 Uhr sind die Militärs immer noch nicht da. CITS und Zhou beschließen, sie mit dem Jeep in ihren Büros abzuholen. Schließlich stimmen sie zu, an dem Treffen teilzunehmen, aber nur unter Chinesen. Sie weigern sich, uns zu sehen.

Die Zusammenkunft findet von 18 bis 19.30 Uhr in Zimmer 615, das neben meinem liegt, statt. Es ist das Zimmer, in dem Lao Wang beauftragt ist, unsere kostbaren Filmrollen und uns zu bewachen. Wir warten in meinem Zimmer. Danach lädt CITS die Militärs zum Abendessen in den 9. Stock ein. Gegen 22 Uhr treffen wir auf Zhou, Gao Che und Shao Fen im Aufzug des Hotels. Sie kommen aus dem „Garden Restaurant" und wagen nicht, uns in die Augen zu schauen. Sie sagen, daß sie nicht das Recht haben, mit uns zu sprechen. Der Direktor von CITS, Herr Lou, wird uns morgen früh in seinem Büro empfangen, um uns das Ergebnis ihrer Zusammenkunft mitzuteilen. Was wird es jetzt wieder für Verwicklungen geben?

Um nicht den ganzen Nachmittag allein hier eingeschlossen zu sein, beschließe ich, ein Fahrrad zu mieten, und fahre in Gesellschaft einer europäischen Freundin los, die ich im „Garden Restaurant" kennengelernt habe. Wir werden den Tempel von Wen-Shu besichtigen. Er enthält eine berühmte Buddha-Statue, die in Tibet hergestellt wurde; der Tempel wird noch benutzt.

Ein junger Mann mit Brille folgt uns und fragt auf Englisch, was wir hier machen. Wir erklären ihm, daß wir Touristen sind. Daraufhin wird er meiner Freundin gegenüber ausfallend und sagt zu ihr, daß Leute, die sich für Religion interessieren, Geisteskranke seien, die von der Kommunistischen Partei umerzogen werden müßten. Ich entfernte mich schnell von diesem Individuum und überlasse es meiner Freundin, sich mit ihm auseinanderzusetzen. Schließlich sagt sie ihm, er solle sie in Frieden lassen. Er beschattet uns noch einen Augenblick; plötzlich ist eine Frau mit einem Kopf wie eine ausgetrocknete Maus an seiner Seite, dann verschwindet er.

Ich bin beeindruckt von der inneren Sammlung und der Würde der wenigen Mönche, denen ich begegne, aber irgend etwas gefällt mir hier nicht. Undefinierbar, was es ist. Das Gefühl, von Spionen umgeben zu sein. Ich setze mich in einen der Gärten innerhalb der Klostermauern. Alte Chinesen hören dem Gesang ihrer in Käfigen sitzenden Vögel zu.

Ein alter Mann setzt sich neben mich und beginnt eine Unterhaltung in perfektem literarischen Englisch. Er bittet mich, ihn nicht anzuschauen, während er spricht. Ich habe ihn kommen sehen. Er dürfte etwa siebzig bis fünfundsiebzig Jahre alt sein. Die Polizei hat ihn vor zwei Wochen schon einmal bedroht, weil er mit Ausländern sprach. Seine Frau hat ihn angefleht, es nicht wieder zu tun. Er kann aber nicht anders. Er sagt, daß das Regime seines Landes die Intelligenz getötet hat. Er war bis zu seiner Pensionierung Professor für englische Literatur und abendländische Geschichte. Er hat mehrere Bücher geschrieben und möchte mir ein Manuskript anvertrauen, das er gerade fertiggestellt hat und das ich in Europa zeigen könnte. Ich weigere mich, es hier in diesem Garten entgegenzunehmen. Ich bitte ihn, mir seine Adresse aufzuschreiben und das Manuskript für mich im Hotel Jin Jiang zu hinterlegen. Er hält das für eine gute Idee. Während ich mir die Adresse

Die Rückreise

betrachte (in Chinesisch und in Englisch geschrieben), fällt mir auf, daß er in der Universität Chengdu wohnt. Er sagt, daß er jeden Tag nach zwei Stunden Bahn- und Busfahrt hierher in diese Gärten kommt, um „intellektuelle" Ausländer zu treffen. Es bricht mir das Herz. Was ist bloß aus China geworden?

Als ich ihn verlasse, sehe ich eine Gruppe alter Damen, die wie kleine Mädchen tanzen und singen, dirigiert von einem sehr dynamischen „Kapo-Weib", das den Auftrag hat, die Frauen im Ruhestand körperlich fit zu halten. Ich gehe auf sie zu, und wir lachen zusammen. Ich mache ein Foto von ihnen, und sie geben mir eine großartige Vorführung. Das „Kapo-Weib" ruft sie aber schnell wieder zur Ordnung. Zahlreiche alte Männer, aber auch einige junge, machen im Garten mit den exotischen Bäumen Tai Chi.

Wir fahren auf unseren Rädern ins Hotel zurück. Ich fühle mich ganz klein in der radelnden Masse, verloren, aber doch als Einzelwesen. Ich bin Chinesin und kehre in meine Wohneinheit zurück . . .

Nach dem rituellen Abendessen im kleinen Restaurant am Fluß fahren wir noch auf ein Glas in den 9. Stock unseres Hotels. Wir machen die Bekanntschaft eines holländischen „Fliegenexperten". Er ist dick und sehr drollig. Seit vierzehn Jahren studiert er die Fliegen in China und in Indien. Dieses Mal reist er mit einem Freund, der im Fernmeldewesen arbeitet. Ich frage ihn, ob chinesische Fliegen Viren bis nach Frankreich übertragen können. Er sagt mir, daß die Fliege ein sehr mächtiges Tier sei, prähistorisch und gefährlich. Christoph, der sieht, wie der „Fliegenexperte" genüßlich eine Havannazigarre raucht, hat keine Hemmungen, ihn auch um eine zu bitten. Es ist ihm ein Vergnügen, seinen chinesischen Sklaven auf sein Zimmer zu schicken, um eine zu holen. Nur im Ausland trifft man Narren . . . Abgeschnitten von fast allem, wird man wirklich aufgeschlossen für jede Neuigkeit. Christoph verbringt noch die halbe Nacht mit ihnen, bis 4 Uhr morgens.

28. September

Herr Lou empfängt uns in seinem CITS-Büro. Gestern abend haben die Militärs ihm gesagt, daß es der Regierung von Sichuan obliegt, ein „Überwachungskomitee" für unseren Film zusammenzustellen. Man fragt sich, wer diesem Komitee angehören soll. Ob es nach Frankreich kommen wird, um bei der Entwicklung des

Films und der Montage anwesend zu sein? Sie wissen nicht, wann wir abreisen können, da es in Frankreich manchmal Monate dauert, bis offizielle chinesische Persönlichkeiten ein Visum erhalten, und es kommt überhaupt nicht in Frage, daß wir vor dem Komitee abreisen. Und überhaupt, sie sind sich noch gar nicht sicher, welche Schritte sie ergreifen werden, um die Militärbehörden in Peking zufriedenzustellen. Sie haben ihre Befehle . . .

Meiner Meinung nach wollen sie ganz einfach, daß wir bis zum Feiertag am 1. Oktober hierbleiben, um zu sehen, wie Frankreich sich gegenüber der chinesischen Regierung verhalten wird. Falls es Demonstrationen geben sollte, „unfreundliche" Erklärungen, wären wir gleich zur Hand, um den Franzosen eine „Antwort" zu erteilen . . .

Wir kehren verzweifelt in unser Hotel zurück. Nach dem Mittagessen rufen wir die französische Botschaft in Peking an. Schließlich gelingt es uns, Herrn Bourrel, den Vizekonsul, zu erreichen. Wir unterrichten ihn über die letzten Neuigkeiten und geben ihm auf seinen Wunsch die Namen der Verantwortlichen von Sichuan durch. Er verspricht, daß er versuchen wird, sie anzurufen, um Näheres zu erfahren.

Dann rufe ich meine Mutter in Paris an, die aus den Vereinigten Staaten zurückgekehrt ist. Es tut mir gut, ihre Stimme zu hören, am liebsten möchte ich ganz schrecklich weinen. Sie sagt mir aber, daß es allen gut geht, daß Alice entzückend ist und sich wohl fühlt.

Ich warte, etwas erleichtert, weil meine Mutter bestätigte, daß die, die uns nahestehen, uns nicht mit unseren Problemen allein lassen. Ich glaube, ich werde nach Frankreich abreisen und Christoph allein hierlassen, um selbst die Dinge ein bißchen in Bewegung zu bringen und die Leute, die uns aus dieser Klemme helfen könnten, zu motivieren. Ich werde ihnen erklären, daß die Chinesen durch das Zurückhalten der Filmrollen die Interessen Frankreichs beeinträchtigen, aber auch die Englands, Deutschlands und der Vereinigten Staaten, die alle an unserem Vorhaben interessiert sind.

Ich hoffe nur, daß während meiner Abwesenheit das Material im Zimmer 615 nicht von den Militärs beschlagnahmt wird. Dann wäre es undenkbar, es wieder zurückzuerhalten; falls sich die Fronten verhärten sollten, könnten sie es sogar mit Röntgenstrahlen überbelichten.

29. September

Heute morgen teilt uns CITS mit, daß die Angelegenheit sich auf dem Weg einer „schnellen Regelung" befindet. Die Regierung von Sichuan wird eine Gruppe von drei Chinesen benennen, die uns nach Paris begleiten wird. Die Visa könnten von Regierung zu Regierung schnell beschafft werden. Aber vor Montag kann nichts mehr geregelt werden, weil bis dahin alle Behörden wegen des Nationalfeiertags geschlossen sind. Ihre „Spezialkommission" wird also nicht vor dem 4. Oktober das Licht der Welt erblicken.

Sie, die den Tourismus entwickeln und Ausländer in ihre Provinzen locken wollen ... sind nicht auf dem rechten Weg dorthin! Wenn ich daran denke, daß sie uns geradezu anflehten, zu kommen – ob es nun in Berlin während der Touristik-Messe war oder als wir beschlossen hatten, unsere Reise wegen der Ereignisse vom Tiananmen-Platz zu annulieren – damals haben sie immer wieder betont, daß dieser Film ein wichtiger Beitrag zur Entwicklung ihres Tourismus sei. Man kann nicht sagen, daß sie das Nötige tun, um den Ausländern einen Anreiz zu geben, in ihr Land zu reisen. Sie brauchen das Geld. Dieses Jahr war eine Katastrophe für sie. Alle Gruppenreisen sind von den Reisebüros annuliert worden. Sie haben dadurch mehrere Millionen Dollar eingebüßt.

Das Komitee muß aufgestellt, die Visa für die Chinesen müssen beantragt werden – für uns bedeutet das noch weitere zwei Wochen Wartezeit ..., vorausgesetzt sie bleiben bei dieser Idee; aber wer sagt uns denn, daß sie nicht doch wieder ihre Meinung ändern? Am liebsten würde ich den Film an einem sicheren Ort verstecken. Unser Sicherheitsoffizier ist immer seltener in dem Zimmer anwesend, das an unsere anschließt. Eines Abends könnten wir vielleicht die Filmrollen rausholen und dafür Steine in die Koffer und Kartons legen, die sich von unten öffnen lassen, darauf eine Schicht unbelichteter Filmrollen, alles wieder sorgfältig verschließen ... und dann nichts wie raus damit aus dem Hotel ... All das geht mir in rasender Geschwindigkeit durch den Kopf.

Ich bin zu nichts mehr nütze. Ich beschließe, morgen abzureisen. Es tut mir leid, Christoph allein mit dieser widerlichen Geschichte zurückzulassen, aber ich muß die Gemüter in Paris beruhigen, unsere Geldgeber: Pascal Bensoussan, das Team, das die Montage macht, und vor allem mein Buch für Albin Michel schreiben, das das Reisetagebuch der Expedition sein wird. Ich teile Zhou mit, daß ich mit dem nächsten Flugzeug abreisen und die Tonspur mitnehmen werde. Soviel ich weiß, gibt es kein offizielles Ausfuhrverbot für den Ton. Zhou versucht, den Gouverneur anzurufen, um von ihm die Genehmigung zu erhalten. Es ist 17 Uhr. Alle Offiziellen besaufen sich bereits bei den Banketten: Es ist der Vorabend des Nationalfeiertages... Also ist er nicht an den Apparat zu kriegen, und Zhou kann mir kein vernünftiges Argument mehr entgegenhalten.

Ein Abend mit Katok Lama und den beiden Spioninnen, die sich als Tibeterinnen ausgeben, es aber nicht sind; Georges, ein Arzt, charmant, klein, sanftmütig und gewillt, die ganze Nacht zu trinken, Gyurme und zwei amerikanische Kunsthändler, die in Bangkok wohnen und Freunde von Katok Lama sind. Katok Lama versichert mir, daß er sich um unsere Angelegenheit kümmern wird, falls die Chinesen ihr Wort mit dem Überwachungskomitee für den Film, der nach Frankreich geschickt werden muß, nicht halten sollten. Er sagt, er habe Beziehungen zu sehr hochrangigen Militärs. Ich ziehe es vor, zu trinken statt zu glauben. Wir erklären ihm, daß die Chinesen fürchten, wir hätten strategische militärische Anlagen in den verbotenen Regionen gefilmt! Wir, die wir nur Pferde, Nomaden, Klöster, Mönche und Landschaften gefilmt haben. Wenn sie sich in Frankreich fünfunddreißig Stunden lang das Filmmaterial angesehen haben, werden sie erschöpft und mehr als gelangweilt zurückkommen. Der Lama gießt mir Whisky nach, und ich gehe völlig kaputt und beunruhigt schlafen.

30. September

Gyurme fliegt mit mir nach Hongkong. Das Flugzeug startet um 8.15 Uhr. Zhou, Gao Che, Shao Fen und Christoph begleiten uns im Minibus zum Flugplatz. Es regnet. Man kann keine zwei Meter weit sehen. Keiner sagt ein Wort.

Ich schleppe zwei riesige Koffer mit mir herum, einer davon ist ein roter, chinesischer, voller kleiner chinesischer Geschenke, Seidenpinsel, Tinte, Hefte. Am Zoll von Chengdu geht der Ton des Films ohne Problem als mein Handgepäck durch. Ich bin sicher, man hätte die Filmrollen auf dieselbe Art und Weise herausbringen können, wenn jeder von uns zehn Rollen, auf zwei Bordtaschen verteilt, mitgenommen hätte... Im Hotel Jin Jiang hat man mir mehrmals angeboten, mich der Kanäle des Schwarzmarktes zu bedienen. Christoph wollte aber nichts damit zu tun

Die Rückreise

haben. Zu gefährlich. Es werden hier allerlei undurchsichtige Geschäfte gemacht, per Bahn oder mit dem Flugzeug Chengdu–Kanton, danach per Schiff bis Hongkong. Wie die Ausländer erzählen, sind die Behörden hier so korrupt, daß die Funktionäre oder die Polizei die Augen verschließen, wenn man sie im Vorbeigehen „schmiert". Das ist hier so üblich. Die Peking-Chinesen nennen Chengdu „die Stadt der Mafia". Mir ist das Herz schwer, daß ich Christoph allein zurücklassen muß.

Ein turbulenter Flug. Es herrscht ein solcher Wind, ja ein Sturm, daß das Flugzeug gefährlich nahe an einen der Hügel herankommt. Die Ankunft in diesem schwarzen Unwetter, beleuchtet von Blitzen und den Lichtern der Wolkenkratzer, erinnert an einen Science-fiction-Film. Im letzten Augenblick erreichen wir die Landepiste und, voilà, ich habe China verlassen.

Hongkong. 30 °C. Schönes Wetter. Ich verabschiede mich von Gyurme, der noch einen Tag hierbleiben wird. Wir werden uns am 3. Oktober in Paris wiedertreffen. Ich habe 100 Kilo Gepäck. Ich weiß überhaupt nicht mehr, was los ist. Das Transit-Personal vergißt, mich für das Übergepäck zahlen zu lassen. Endlich einmal etwas Positives. Ich sehe wie eine richtige Vagabundin aus. Seit zwei Tagen schon trage ich die gleichen Sachen: nackte Füße in chinesischen Pantoffeln, meine violette Jacke, eine kastanienbraune tibetische Weste und einen langen beigen Rock, abscheuliche Farben.

Ich sitze den ganzen Tag in einer europäischen Cafeteria im Transitgebäude, warte auf den Abflug und lasse mich mit Kaffee vollaufen. Zur Mittagessenszeit schlinge ich ein abscheuliches Currygericht hinunter. Das Flugzeug startet erst um 18 Uhr. Ich lese die Zeitungen und weiß kaum noch, woher ich komme und wohin ich gehe. Ich verliere mich in mehr als vage Träume. Ich gehe zum Flugzeug und bin bereits beim Abheben eingeschlafen. Zwischenlandung in Karachi, ich schlafe wieder ein, ausgestreckt auf vier Sitzen, die bis Paris frei sind. Es ist 4.30 Uhr früh. Meine Eltern sind da, auch Jeanne und Snafu, mit einem Blumenstrauß, und Pascal Bensoussan. Es tut gut, wieder zurück zu sein. Ich werde bei meinen Eltern frühstücken. Die Worte purzeln von ganz allein aus meinem Mund. Meine Mutter, ganz trunken davon, nimmt mich an der Hand und legt mich schlafen. Ich lasse alles mit mir machen. Ich möchte Alice sehen.

Epilog

Vom 1. bis 14. Oktober: Paris

Ein Zeitraum von vierzehn Tagen, während derer ich in ständigem Kontakt mit Christoph in China bin. Unzählige Freunde in Paris sind mir behilflich, Lösungen auszudenken, wie wir unsere Filmrollen freikriegen könnten. Viele Briefe, viele Telefonate. Alles scheint aber komplizierter zu sein, als man glauben möchte. In China führen verschiedene Behörden Krieg gegeneinander.

Paris: Sonntag, den 15., und Montag, den 16. Oktober

Christoph weiß nicht mehr, was er machen soll und hat überhaupt keinen Mut mehr, weil nichts vorangeht. Ich beschließe, wieder nach Peking zu fliegen, um dort an Ort und Stelle rauszufinden, welche Bedingungen wir akzeptieren können, um unsere Filme nach Hause zu bringen.

Mariella, eine Freundin, Jeanne, Alice und Snafu sind bei mir. Sie packen meinen Koffer. Meine Eltern fahren mich zum Flugplatz. Ich bin ganz unruhig vor Angst. Das Flugzeug fliegt mit einer Stunde Verspätung ab. Zwischenlandung in Karachi; um 18 Uhr, Montag, komme ich in Peking an.

Christoph ist da, auch Gilles de Villepoix. Seine Lebensgefährtin, Catherine Morel, kommt mit demselben Flugzeug wie ich an, begleitet von einer Filmemacherin des Centre National de Recherche Scientifiques (CNRS). Der Chauffeur setzt sie in einer großen

Epilog

Wohnanlage ab, die sehr an Pariser Vororte erinnert und für das Botschaftspersonal reserviert ist, und fährt danach Christoph und mich zum Beijing Hotel Palace Tower. Ein unglaublicher Luxus: Marmor, Salons, Innengärten, gläserne Aufzüge in der Mitte, aus denen man das ganze Hotel überblicken kann.

Sehr zahlreiches und völlig inkompetentes Personal, das kein Wort Englisch, Französisch oder Deutsch versteht. Wir werden im Red Wall Café im Hotel zu Abend essen. Vier oder fünf junge Burschen und Mädchen umringen uns sofort, als wir uns hinsetzen. Sie wiederholen alles, was ich sage. Ein Beispiel, bei Tisch:
Ich: „Do you have some red wine?"
Sie: „Do you have some red wine?"
Wieder ich: „Listen, do you have some?"
Und sie: „Listen, do you have some?"

Nach einigen Minuten kommt der Chef des Restaurants und fragt mich, was ich wünsche. Er versteht mich und übersetzt ins Chinesische. Sie können sich vor Entschuldigungen nicht mehr einkriegen und kommen eine halbe Stunde später mit einer Flasche Weißwein an usw. Sie sind ungeheuer stolz darauf, eine Uniform zu tragen und Arbeit zu haben.

Christoph ist sehr müde. Er hat heute morgen das Flugzeug von Chengdu genommen, nachdem er die Filmrollen einem Freund anvertraut hatte. Er ist beunruhigt und hat nicht viel Hoffnung, daß alles ein gutes Ende nimmt. Er erzählt mir im einzelnen, was er während der letzten vierzehn Tage in Chengdu erlebt hat.

Ein sogenannter Unterhändler, der von den Militärbehörden von Peking nach Chengdu geschickt wurde, um eine Untersuchung unseres Falls durchzuführen, hatte versprochen, ihn Anfang letzter Woche über den Ausgang zu unterrichten. Seitdem ist nichts passiert. Zhou und Herr Lou, der Direktor von CITS in Chengdu, sind in Peking und hoffen, von den Militärs einige Auskünfte zu erhalten, man hat ihnen bisher aber nichts gesagt. Wir wissen nicht, wer die Filme zurückhält; Zhous Version der ganzen Geschichte lautet, daß eine konservative Militäreinheit in Peking gegen eine liberalere Militärgruppe in Chengdu kämpft. Zhou glaubt, daß Peking es vielleicht dem Gouverneur von Sichuan übelnimmt, daß er uns zu unserer Expedition ermutigt hat. Oder aber ihn bestrafen will, daß er nicht sofort die Befehle Pekings während der Ereignisse im Frühjahr befolgt hat. Er hat zu spät auf die aufständischen Massen schießen lassen. Allerdings müßten die dreihundert Toten genügen, um die Militärbehörden in Peking zufriedenzustellen. In der Armee bekämpfen sich zwei Fraktionen bis aufs Messer, und unsere Angelegenheit liegt jetzt in den Händen des Staatsrats . . .

Unmöglich zu sagen, was sie von uns wollen. Man könnte fast glauben, daß es sie gar nicht interessiert, ob unser Film entwickelt wird oder nicht. Und wenn wir bloß ein Vorwand wären, ihnen bloß die Handhabe gäben, Repressalien gegen Frankreich zu ergreifen? Oder wenn wir bloß die Opfer unbeglichener Rechnungen zwischen der Provinz Sichuan, die als das chinesische Mafia-Nest angesehen wird, und der Zentralregierung von Peking wären?

All dies haben wir bereits vor 14 Tagen in unsere Lage-Beurteilung einbezogen . . . So wird mir also klar, daß es nichts Neues gibt und daß, einmal abgesehen von den Filmrollen, die sich jetzt in guten Händen befinden, sich überhaupt nichts bewegt hat und alles nur noch schwieriger geworden ist. Ich lege mich schweigend und pessimistisch schlafen. Christoph warnt mich, daß unsere Telefone abgehört werden.

17. Oktober

Wir versuchen, Zhou und Herrn Lou in Peking ausfindig zu machen, mit Hilfe von Herrn Wuho, dem Repräsentanten des Tourismus-Ministeriums in Peking, dessen Telefonnummer man uns in Chengdu gegeben hat. Er hat keine Nachricht von ihnen. Die Nervosität macht uns schweigsam, und wir wissen, daß zuviel Gerede die Panik nur noch schlimmer macht.

Wir fahren mit der Rikscha zum Tiananmen. Der Platz ist leer. Bis zu den Zähnen bewaffnete Militärs versperren den Fußgängern den Zutritt. Nur Autos, Fahrräder und Rikschas werden durchgelassen, dürfen aber nicht anhalten. Einige Lastwagen mit Militärs beseitigen die Blumen, die zum 40. Geburtstag der Volksrepublik China dort niedergelegt wurden. Es herrscht eine so kalte Atmosphäre, daß man nur einen Wunsch hat: sich auf und davon zu machen. Wir begegnen nur im Gleichschritt exerzierenden Soldaten. Das Geschrei und das Umherfuchteln mit den Waffen macht Angst . . . denn wie schnell hat sich unversehens ein Schuß gelöst!

Zum Hotel zurückgekehrt, telefonieren wir mit Chengdu, um zu hören, ob CITS Nachrichten von unseren beiden Kameraden

Epilog

hat. Christoph brüllt in Deutsch und Englisch ins Telefon. Kein Mensch kann ihn verstehen. Shao Fen scheint nicht da zu sein. Verzweifelt schicken wir ihm ein Telex.

Ich lege mich bis zum Abendessen hin, das wir im Red Wall Café einnehmen werden. Eine junge Harfenspielerin und eine Geigerin geben klassische Musik zum besten, so falsch, daß einem die Ohren wehtun.

18. Oktober

Heute morgen gehen wir gut gelaunt aus. Wir kaufen einen Fotoapparat für 125 Yuan und werden die Verbotene Stadt besichtigen. Wir haben schönes Wetter, kalt und klar. Ich denke an Bertoluccis „Der letzte Kaiser von China". Die Architektur ist grandios und beeindruckend. Zum ersten Mal seit meiner Ankunft lachen Christoph und ich. Wir fotografieren uns gegenseitig. In diesem Augenblick amüsiert mich die ganze Situation. Schließlich habe ich immer davon geträumt, einmal nach Peking zu kommen und die Verbotene Stadt zu besichtigen.

Bei unserer Rückkehr finden wir eine Nachricht von Zhou auf meinem Bett vor. Das gefällt mir nicht. Wie ist er in mein Zimmer gekommen? Er wird um 14 Uhr noch mal anrufen . . . Immer ist das so, man wartet, wartet, und wenn man beschließt, nicht mehr zu warten, ist man im Unrecht . . .

Lunch bei Gilles de Villepoix. Um 14 Uhr wieder zurück ins Hotel; wir warten auf Zhous Anruf bis 17 Uhr. Noch ein verlorener Tag . . . Ich weine. Schließlich gelingt es uns, gegen Abend mit Zhou zu sprechen. Er kommt mit Herrn Lou auf einen Kaffee ins Hotel. Sie machen einen verärgerten Eindruck. Herr Lou windet sich in seinem Sessel und wiederholt mehrmals, die Armee habe uns am Vorabend unserer Abreise am 13. September während des Banketts vorgewarnt, daß sie den Film kontrollieren müsse. Eine unglaubliche Lüge. Christoph braust heftig auf, nennt ihn einen Lügner und Feigling. Herr Lou sagt, daß sie mit niemandem von den Militärbehörden, den Tourismusvertretern oder dem Nachrichtenwesen in Peking sprechen konnten, nicht einmal mit dem Hauptbüro von CITS, das mit der Angelegenheit nichts zu tun haben will. Sie müssen morgen abend nach Chengdu zurückkehren, weil man ihnen hat sagen lassen (man fragt sich, wer?), daß die Antwort an den Tourismus-Repräsentanten in Chengdu weitergeleitet würde. Sie hätten in Peking nichts zu suchen, könnten sich höchstens Unannehmlichkeiten einhandeln . . .

Wir sind ganz verzweifelt. Wir essen zu Abend und trinken drei Flaschen „Dynasty", den uns unsere Bedienung, wie üblich, mit lächerlichem Aufwand serviert. Sie behandeln ihn, als sei er ein kostbares Juwel oder eine Bombe kurz vor dem Explodieren. Ehe sie den Pfropfen springen lassen, lösen sie den Draht vom Flaschenhals und drehen ihn kunstvoll. Sie nehmen den Pfropfen mit einer Zange auf und legen ihn auf eine kleine Untertasse, die sie danach wie eine Kostbarkeit auf den Tisch stellen. Ich tue so, als ob ich ihn essen wolle. Sie stürzen auf mich zu, um mir zu erklären, daß man den Pfropfen nicht essen kann, und zeigen mir ganz beunruhigt die Flasche, um mir klarzumachen, woher er kommt. Sie haben wirklich Sinn für Humor! Völlig alkoholisiert lachen wir hysterisch und malen uns unzählige Methoden aus, wie wir unseren Film heimlich rausbringen könnten, ohne auf ihre Genehmigungen zu warten.

19. Oktober

Christophs Visum ist abgelaufen. Wir gehen zum Visa-Büro, wo uns die Funktionäre sagen, daß er keinen Verlängerungs-Antrag ohne den Stempel seiner gastgebenden chinesischen Behörde, das heißt ohne CITS, stellen könne. Christoph telefoniert also mit CITS in Peking. Niemand will die Verantwortung übernehmen, ihm diesen Stempel zu geben. Man hängt einfach ein. Wütend beschließt er, selbst zum CITS-Büro zu gehen; es liegt praktisch genau gegenüber vom Hotel. Dort sind die Leute ausgesprochen unfreundlich zu ihm und setzen ihn einfach vor die Tür. All das versetzt uns in eine köstliche Laune . . . Ich rufe Gilles de Villepoix an und bitte ihn, morgen um 8 Uhr mit uns zu frühstücken. Ich möchte den französischen Botschafter, Monsieur Charles Malo, sprechen.

20. Oktober

Ich beschließe mit Christoph zusammen, daß er noch einmal nach Chengdu fliegt und die Filme nach Peking bringt. Christoph kann aber heute nicht abfliegen, weil es keine Flugscheine mehr gibt.

Epilog

Wir dinieren mit den Villepoix und trinken vier Flaschen exzellenten Bordeaux. Da Gilles de Villepoix mich während der Abwesenheit von Christoph zu sich eingeladen hatte, sind wir jetzt ohne Hotel und schlafen in seinem Appartement mit einer Sammlung von Fröschen aus Keramik, Bronze und anderen Materialien.

21. Oktober

Christoph reist nach Chengdu ab. Ich gehe zur Botschaft, in die Kulturabteilung. Ich schreibe einen Brief an Madame Shen Muhua, die Präsidentin des chinesischen Frauenverbandes. Lunch bei Gilles de Villepoix. Wieder Kulturabteilung: Ich schicke ein Telex an Pascal Bensoussan, in dem ich ihn bitte, uns die vollständige Akte der Vereinbarungen zwischen CITS und F. Productions zu schicken.

Ich spiele mit Adrien, dem Kind von Catherine und Gilles. Nachdem ich mit den dreien zu Abend gegessen habe, gehe ich sehr früh schlafen. Es ist mir peinlich, sie mit meinen Problemen zu belästigen. Das Schreiben fällt mir schwer. Ich habe Angst.

22. Oktober

Ich passe auf den entzückenden kleinen Adrien auf, mit dem ich morgens im sonnigen Garten des Appartementhauses Spion spiele. Christoph hat noch immer nicht angerufen, und ich kann ihn nicht erreichen, weil das Telefon nicht an das internationale Netz angeschlossen ist. Das chinesische Telefonnetz ist die reinste Katastrophe. Man muß sich über eine Zentrale durch eine Telefonistin vermitteln lassen, die natürlich nur chinesisch spricht. Die Zentrale für Chengdu antwortet nicht. Nachmittags gehen wir mit Gilles de Villepoix in den Freundschafts-Kaufhäusern, die den Diplomaten vorbehalten sind, einkaufen. Abendessen. Ein verlorener Tag.

22. Oktober

Christoph ruft endlich an. Er hat dem Tourismus-Vertreter von Chengdu angeboten, sich drei Filmrollen zum Entwickeln auszusuchen. Ich gehe auf den freien Markt und kaufe einen seidenen

Morgenmantel für Alice und ein langes, weites Hemd für mich. Mittagessen mit dem Direktor von Adriens Schule, Hervé, dreißig Jahre alt, sehr sympathisch. Nachmittag mit Gilles und Adrien. Wir gehen zur Großen Mauer. Adrien wird auf ein Maultier gesetzt. Er ist stolz, hat auf dem Rückweg aber Schwierigkeiten mit seinem kranken Fuß. Abendessen mit Hervé, der noch immer da ist, um mit Catherine die Buchhaltung der Schule zu machen. Christoph hat während unseres Spaziergangs wieder angerufen. Was soll ich machen? Morgen offizielle Intervention der französischen, englischen und deutschen Botschaft, die eine offizielle Erklärung des Außenministeriums der chinesischen Regierung verlangen werden.

23. Oktober

Die Intervention der Botschaften wird nicht vor morgen, 15 Uhr, stattfinden. Ich bin den ganzen Tag allein in Gilles Wohnung. Ich fühle mich abscheulich schlecht.

Niemand kommt zum Mittagessen nach Hause, und um 15 Uhr nehme ich das Telefon, um Gilles anzurufen. Weshalb bin ich bloß nach Peking gekommen? Gilles hat mir nicht erklärt, wie sein schnurloses Telefon im Haus funktioniert. Er hat mir nur gesagt, daß man den Knopf auf „stand-by" lassen muß, um Anrufe entgegennehmen zu können. Er rät mir, im Postamt zu telefonieren und sein Fahrrad zu nehmen. Ich spreche aber kein Wort chinesisch ... Es ist alles so furchtbar praktisch! Die Telefonistin in der internationalen Zentrale versteht nichts, und ich möchte doch mit Christoph in Chengdu sprechen ... Gilles ruft mich wieder an, um mich zu trösten und sagt, die Botschaft bedauere, daß wir im Juni nicht offiziell in der Kulturabteilung registriert worden seien. Vielleicht wäre dann alles viel einfacher gewesen. Aber die Botschaft erinnert sich offenbar nicht mehr daran, daß das gesamte Personal während der Ereignisse auf dem Tiananmen-Platz nach Frankreich geflohen war. Als Christoph im Juni in Peking gewesen ist, war niemand da, um ihn zu empfangen.

Am Abend passe ich auf Adrien auf. Was für ein Tag!

Epilog

24. Oktober

Ich beschließe, den 4.40-Uhr-Flug nach Chengdu zu nehmen. Ich werde die Filme nach Peking zurückbringen. Catherine Morel ist so lieb, mich von ihrem Chauffeur zum Flugplatz bringen zu lassen (sie arbeitet bei Total). Ich bin gereizt wie eine Bulldogge. Das Flugzeug ist voll mit aufgeregten Chinesen. Diese kleinen schwarzhaarigen Köpfe machen mich rattendoll. Ständig müssen sie sich auf ihren Sitzen hin und her bewegen oder zur Toilette gehen. Das abgepackte Abendessen ist, wie immer, ungenießbar – eine Art kalter Fisch, nicht mehr frisch, und in Essig eingelegtes Gemüse.

Das Flugzeug landet viel zu schnell und bremst so stark, daß der Rauch bis in die Kabine dringt. Es riecht verbrannt. Ein sehr netter Deutscher, Siemens-Vertreter, dem ich die ganze Geschichte erzählt habe, bietet mir an, unsere Filme mit seinem Umzugsgepäck von Peking nach Frankfurt am 23. November mitzunehmen. Ich richte es so ein, daß ich als erste aussteigen kann und gehe sehr schnell, in der Hoffnung, daß Christoph vor mir da ist. Er kommt erst ein wenig später, was mich nervös macht, weil ich irgendwie das Gefühl habe, daß mir zwei Chinesen folgen. Zivilfahnder der Polizei?

Wir kommen im Jin Jiang an und nehmen einen Drink mit dem amerikanischen Konsul, Kenneth Jarrett, und seiner chinesischen Frau Anne. Sie haben ein Baby von sechs Monaten, sind jung, kultiviert (endlich einmal!) und sympathisch.

Wieder einmal eine Nacht voller Ängste. Ich habe das Gefühl, daß das Hotel bebt. Davon werde ich wach. Ich beruhige mich und schlafe wieder ein. Dann ist Christoph dran. Er springt auf wie von der Tarantel gestochen. Ich glaube, auch er ist am Rande seiner Kräfte. Als ich in Peking ankam, fand ich, daß er sehr müde aussah. Kein Wunder!

25. Oktober

Zusammenkunft mit den Tourismus-Vertretern von CITS (Herrn Lou, Zhou, Shao Fen, einem alten Herrn und Liu, „dem Belgier", der ins Französische übersetzt). Es ist die deprimierendste Sitzung, an der ich seit Beginn der ganzen Angelegenheit teilgenommen habe. Ohne uns in die Augen zu schauen, hält uns Herr

Lou eine Rede, in der es von Lügen nur so wimmelt. Er behauptet wieder, er habe uns schon immer gesagt, daß der Film entwickelt werden müsse...

Weshalb haben wir dann aber bloß die ersten acht Filmrollen Mitte Juli zu unserem Laboratorium nach Frankreich schicken dürfen? Weshalb haben sie uns am 14. September, als das Team abreiste, mit den Filmen zum Flugplatz gefahren? Weshalb haben sie alle diese Telexe geschickt, daß wir kommen müßten, daß alles bestens organisiert sei und alle offiziellen Genehmigungen erteilt seien, ohne uns jemals auf dieses Problem aufmerksam zu machen? Weshalb ein Vertrag, daß wir ein- und ausreisen könnten, so wie es uns beliebt, vorausgesetzt, daß wir keine militärischen Anlagen filmen und daß die Verbindungsoffiziere von CITS kein Veto einlegen? Weshalb haben sie uns, als die Schwierigkeiten zuerst auftraten, versichert, daß es genüge, das Skript-Heft zu übersetzen und Lao Wangs Fotos zu zeigen? Weshalb haben wir die Genehmigung zur Abreise erhalten, um dann plötzlich, nach der Verleihung des Friedens-Nobelpreises an den Dalai-Lama, durch die Armee daran gehindert zu werden?

Wir müssen nichts in China entwickeln lassen. Der Generalstab der Armee erteilt Frankreich eine Lektion, weil es sich in seine inneren Angelegenheiten eingemischt hat, indem es gegen die chinesische Regierung Stellung bezog, die chinesischen Studenten, die vor dem chinesischen Faschismus flohen, aufnahm und dazu noch die chinesische demokratische Partei anerkannte.

Ein junger Mann von CITS kommt nach der Sitzung, um uns zu sagen, wir sollten uns vorsehen, weil die Chinesen uns angelogen hätten: den Film entwickeln bedeute für sie, ihn zu zerstören. Wie schnell kann ein Unfall passieren! Die Ausländer müssen die chinesischen Gesetze achten. Die Vorschrift, in China zu entwickeln, war schon lange nicht mehr in Kraft, ist jedoch, merkwürdigerweise, gerade rechtzeitig für uns wieder hervorgeholt worden. Michèle Reiser durfte vor zwei Wochen mit ihrem Film aus China ausreisen, ohne alle Umstände.

Wir versuchten, mit ihnen zu verhandeln, indem wir sagten: Sie wollen entwickeln, weil wir in für den Tourismus verbotenen Regionen gefilmt haben. Also lassen Sie uns nur diese Teile entwickeln; sie machen sowieso nur 40 % des Films aus ... Tatsächlich besagt das Gesetz, daß nur das entwickelt werden muß, was in verbotenen Regionen gedreht wurde. Die Antwort dieser Herren des Tourismus ist: Nein, Sie müssen alles entwickeln

Epilog

lassen. Daran sieht man, daß unser Fall ein politischer ist. Sie weigern sich, eine Liste der heiklen Regionen aufzustellen.

Ich bin äußerst deprimiert und schleppe mich mit Anne, der Frau des amerikanischen Konsuls, bis zum kleinen Restaurant am Flußufer. Ich beschließe, mit dem Film nach Peking zurückzufliegen, um mich unter den Schutz meiner französischen Freunde zu begeben.

Donnerstag, den 27. Oktober

Alles geht sehr schnell. Zwei Koffer und ein Reisesack im Wagen. Hundertfünfzig Kilo. Wir fahren zum Flughafen. Eine Menschenmenge. Ein Koffer ist aufgeplatzt. Wir irren uns im Eingang. Christoph schwitzt. Endlich ist alles eingeladen. Christoph hat beschlossen, nicht mit mir abzureisen. Er will noch einen letzten Versuch machen, CITS mit Golden Bridge, den Vertretern der privaten Tourismusorganisationen, die sehr gute Beziehungen zur Armee haben, zusammenzubringen. Wir zahlen eine enorme Summe für Übergepäck.

Ich schlafe vom Anfang bis zum Ende der Reise. Zweieinhalb Stunden Flug. Gilles holt mich ab. Er nimmt meine Koffer und bringt mich zu sich nach Hause. Wenn Christoph morgen zurückkommt, werden wir weitersehen.

27. Oktober

Georges Meunier von den „Médecins sans Frontières" ruft mich aus Chengdu an, um mir zu sagen, daß Christoph sein Flugzeug nicht nehmen konnte, daß er aber versuchen wird, die Abendmaschine zu erreichen. Dann, gegen 10.30 Uhr, Anruf von Christoph. Er sagt, daß er bestimmt heute abend ankommt.

Ich frage Gilles, der nach dem Mittagessen einfach weggegangen ist, telefonisch, ob er mich zum Flugplatz begleiten kann. Christoph braucht uns. Er hat unbelichtete Filmrollen bei sich und möchte beim Aussteigen nicht belästigt werden.

Aber Gilles hat zuviel Arbeit heute, und Christoph muß sehen, wie er allein fertig wird.

Heute abend fühle ich mich unnütz, verzweifelt. Ich warte auf Christoph. Ich möchte nach Paris zurückkehren. Ich sehe keine

Lösung. Ich wünschte, daß jemand mich ablösen könnte. Ich hoffe, daß Christoph keinen Ärger mit dem Zoll hat. Er kann auch nicht mehr. Sechs schreckliche Wochen.

Christoph kommt mit den restlichen Filmrollen an. Wir nehmen ein Zimmer in einem überheizten japanischen Hotel.

28. Oktober

Lunch mit Reinhard Koeble, dem Direktor von IBM in Peking, der aus Chengdu die restlichen unbelichteten Filmrollen mitgebracht hat. Er lädt uns zu einem unerhört luxuriösen Lunch ein: Lachs und Kaviar, soviel wir wollen.

29. Oktober

Wir treffen Manfred Durniok im Palace Tower. Er ist ein alter Freund von Christoph und hat schon mehr als zwanzig Filme in China gemacht; er verspricht zu sehen, was er für uns tun kann.

30. Oktober

Wir gehen zu Herrn Yoichi Kendo, dem Fuji-Vertreter in Peking. Er sagt, daß er uns nicht helfen könne. Und dabei haben wir doch mit Fuji-Filmen gearbeitet! Er nennt uns aber wenigstens die Namen von zwei Film-Laboren in Peking. Am Nachmittag vor meiner Abreise nach Paris geben wir eine Erklärung für AFP ab, für Patrick Lescot.

Christoph fährt mich zum Flughafen. Dort bin ich wieder umringt von Polizisten in Zivil, die glauben, daß ich die Filmrollen mitnehmen will. Große Nervosität. Man läßt mich in das Flugzeug einsteigen. Der Direktor von Air France stellt sich vor und bietet mir die Erste Klasse an, was ich aber ablehne, da ich weiß, daß sich, wenn genügend Platz da ist, die Sessel der „Business Class" ausziehen lassen und man wirklich gut schlafen kann.

Das Flugzeug hebt ab. Ich weine. Ich werde wie eine Königin behandelt, Champagner, Kaviar während des ganzen Fluges.

Epilog

16. November

Christoph wird mit den von den Chinesen entwickelten Filmrollen nach Roissy zurückkommen. Ein von zwanzig Militärs aus zwei Einheiten (eine aus Peking, die andere aus Chengdu) gebildetes Komitee wird sich fünfunddreißig Stunden lang die stummen Filmteile in Chengdu mit einem kleinen 16-Millimeter-Projektor angesehen haben. Deprimiert und müde konnten sie nur fünfzehn Minuten uninteressanter Szenen herausschneiden: einige Militärs mit verkehrt herum aufgesetzten Mützen oder den Händen in den Taschen.

Ich weiß, daß es nur der Intervention von Freunden zu verdanken ist, daß die Chinesen den Film nicht zerstört haben und das Gesicht wahren konnten. Wir sind ihnen dafür sehr, sehr dankbar.

Alice, Jane und ich sind am Flughafen. Christoph kommt ruhmreich, strahlend mit seinen Filmrollen, ohne daß der französische Zoll eingreift. Er hat eine Orchidee für jede von uns.

Die vier anderen Frauen der Expedition haben sich in alle Welt verstreut, sind mit neuen Abenteuern befaßt.

Anhang

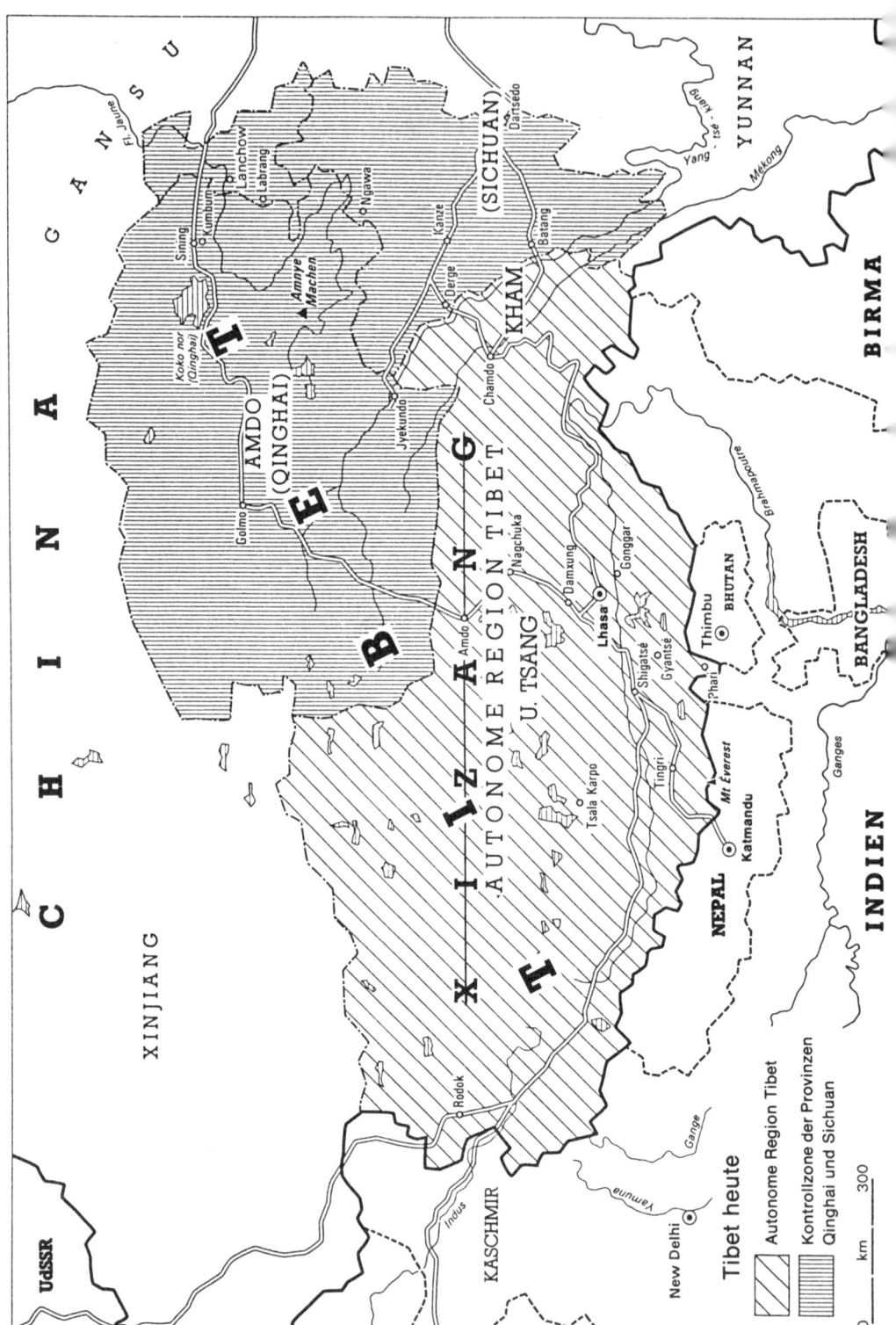

— Juin 1939 —

Le 15 [juin] Chouen Kien Cheng[?] a été bombardé très fortement. De très nombreuses maisons ont été incendiées et après midi le P. Decré me dit qu'il a autant rapporté que le bombardement a fait 20 au victimes. C'est évidemment exagéré mais les victimes doivent probablement aussi être nombreuses.

— Avant hier, aussi, au matin, on a trouvé tué près de chez moi, frappé entre le menton [?] et le cou[?] les restes de famine, deux humains assassinés. Sans entrailles, or, en sateurs [?] de leurs ventres... des [?] manquent.

— Alb. a acheté un jif[?] 雞. On a confectionné 3 [?]... to abri qui prudemment servir, si la ville [?]ment

très peu sûre. — Reçu des nouvelles du Dr Buissard. Tranquillité à Pékin, dans le mur, sous la batte militaire. Bayonnage [?] de vos murs dû à un s'énage à une foule hypocrite qui consomme[?] [?]rieusement de la Chine. Partout ou n'entend que [?] de fort — nous l'avons ici sous la batte militaire. Mais c'est le bombardement et je n'ai pas mis le prix [?] à ma [?] depuis [juillet] dernier. Quant à le f[?] alors c'est une chose que je n'ai pas été entendu. Tout le monde me [?] .

— Je fais venir un bagage de Tai-juan Kien [?] [?] est sûr sur la ligne. Il y a trois semaines un train entier a été [?] et brûlé entre Tientsin et Pékin ......

(La lettre a été cotée avant le Nouvel An et envoyée par avion à [?])

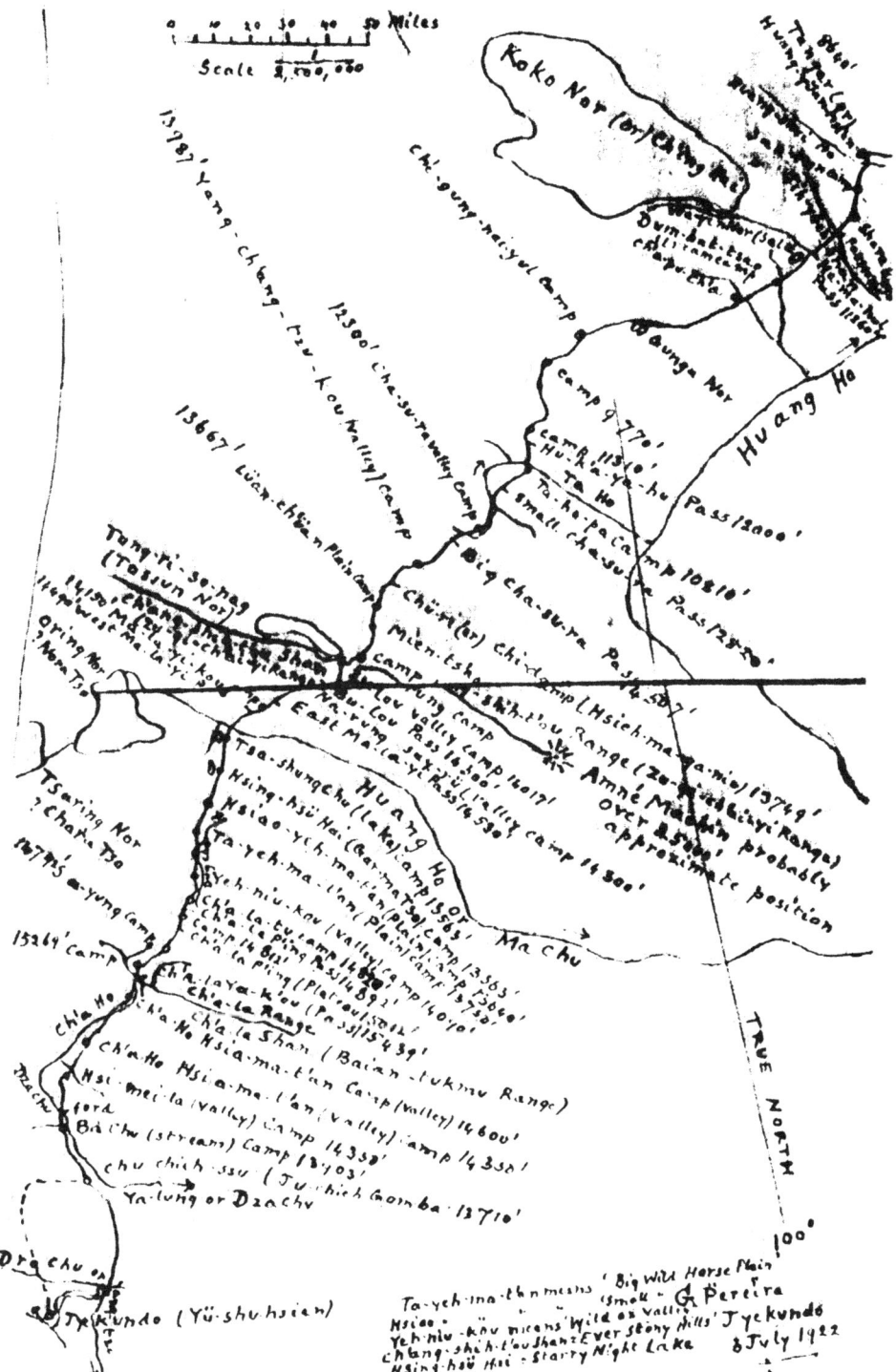

Auszug aus der Reisekarte der Alexandra David-Néel

Bibliographie

Werke der Alexandra David-Néel:
Heilige und Hexer. Glaube und Aberglaube im Lnde des Lamaismus, Wiesbaden, 1984
Der Lama der fünf Weisheiten. Ein tibetischer Roman, 1990
Leben in Tibet. Kulinarische und andere Traditionen aus dem Lande des ewigen Schnees, 1989
Liebeszauber und Schwarze Magie. Abenteuer in Tibet, 1988
Mein Indien. Pilgerfahrten durch den geheimnisvollen Subkontinent. Die abenteuerlichen Reisen der ungewöhnlichsten und mutigsten Frauen unseres Jahrhunderts, 1990
Mein Weg durch Himmel und Höllen. Das Abenteuer meines Lebens, München 1989
Wanderer mit dem Wind. Reisetagebücher in Briefen 1904–1917, Wiesbaden, 1979
A l'Ouest barbare de la vaste Chine, Plon, 1981
Au pays des Brigands Gentilshommes, Plon, 1930
Journal de Voyage (lettres à son mari) 2 Bände, Plon, 1975
La vie surhumaine de Guesar de Ling, Ed. du Rocher, 1978
Le vieux Tibet face à la Chine nouvelle, Plon, 1981

J. Avedon, *Lion du pays des neiges,* Calmann-Lévy, 1985
J. Bacot, *Le Tibet Révolté,* réed. R. Chabaud-Peuples du Monde, 1987
Ph. Blanc, *Tibet d'hier et d'aujourd'hui,* Guy le Prat, 1985
Jean Chalon, *Le lumineux destin d'Alexandra David-Néel,* L. Acad. Perrin, 1985
H. H. Dalai-Lama, *Mein Leben und mein Volk. Die Tragödie Tibets,* München, 1982
R. Dorge, *La cuisine tibétaine,* R. Chabaud-Peuples du Mondne, 1985
J. Edou, R. Vernadet, *Tibet: les chevaux du vent,* Ed. Shambala, 1988
A. Guibaut, *Ngolo-Setas,* Susse, 1947
A. Guibaut, *Missions perdues au Tibet,* Ed. A. Bonne, 1967
Rév. P. Huc et Gabet, *Souvenirs d'un voyage dans la Tartarie et le Tibet,* Ed. Chabaud-Peuples du Monde, 1987
H. Karmay, *Le mendiant de l'Amado,* Societé d'Ethnorgraphie, 1985
G. Kish, *Tibet au cœur. La vie Sven Hedin,* Ed. R. Chabaud (Peuples du Monde), 1988

Bibliographie

F. Mairani, *Tibet secret*, Arthaud, 1952
F. Meyer, *Gso. Ba. Rigs. pa. : Le système médical tibétain*, CNRS, 1981
A. Migot, *Caravane vers Bouddha*, Amiot-Dumont, 1954
Norbu, T. D., *Tibet, patrie perdue*, A. Michel, 1963
Michel Peissel, *Les cavaliers du Kham*, Laffont, 1972
M. M. Peyronnet, *Dix ans avec Alexandra David-Néel*, Plon, 1973
Revue *Autrement*, numéro spécial «Himalayas», 1988
Revue *Question de,* n° 60, «Alexandra David-Néel», Albin Michel, 1984
Revue *Question de,* n° 61, «Tibet, une culture en exil», Albin Michel, 1985
J. F. Rock, *The Amnye Machen and Adjacent Regions*, ISMEO, 1956
V. Segalen, *Odes, suivies de Thibet*, Gallimard, 1979
R. A. Stein, *Les tribus anciennes des marches sino-tibétaines*, Institut des Hautes Etudes, 1961
R. A. Stein, *La civilisation tibétaine*, Le Sycomore, 1982
M. Taylor, *Le Tibet de Marco Polo á Alexandra David-Néel*, Payot, 1985
E. Teichmann, *Travel of a Consular Officer in Eastern Tibet, together with a history of the relations between China, Tibet, and India*, 1922, Chambridge
G. Tucci, *Tibet, pays de neiges*, Albin Michel, 1969; *Sadhous et brigands du Kailash*, Ed. R. Chadbaud-Peuples du Monde, 1988
Un cavalier dans la neige, la saga de la résistance tibétaine, Ed. Maisnonneuve, 1981
Vie et enseignements de Geshe Rabten, Ed. Dharma, 1980

Danksagung

Die Ermutigungen seiner Heiligkeit, des Dalai-Lama, sind mir sehr wertvoll gewesen. Möge dieser Bericht ein Ausdruck meines Dankes sein.

Auch all unsere Freunde, die durch ihre moralische, professionelle und kulturelle Unterstützung in Frankreich, China, Tibet oder anderen Teilen der Welt dazu beigetragen haben, daß dieser Film über eine faszinierende Reise gedreht werden konnte, sollen wissen, daß ich mir stets der Verpflichtung bewußt war, so viel Entgegenkommen und risikoreiches Engagement nicht enttäuschen zu dürfen. Ohne ihre Hilfe und ihr Vertrauen hätte ich das Unternehmen nicht durchstehen können. Es liegt mir besonders am Herzen, unter ihnen Isabelle Adjani hervorzuheben, die mich zu diesem Projekt inspirierte und mir stets getreu zur Seite stand.

Ich danke auch der Stiftung Alexandra David-Néel, Marie-Madeleine Peyronnct und Frank Tréguier, der Französischen Botschaft in Peking, dem Bürgermeister von Digne-les-Bains, dem Hause Guerlain (Parfum Samsara), Bernard Fornas und Philippe Dupin von Lacoste, der Buchhandlung Plon, der von Mariella Bertheas geleiteten „Espace K Aventure", TF 1, Canal +, dem Centre national du Cinéma, RGP, F. Productions, Médecins du Monde, Patrick Aeberhard und dem Magazin „Cosmopolitain", die mich bei meiner Arbeit unterstützt haben; ihnen allen sei herzlich gedankt.

Schließlich muß ich auch noch sagen, daß nichts ohne meine sechs Engel, die aber auch meine sechs Dämonen waren, möglich gewesen wäre: Alice, den Engel der Jugend; Nurith, den Engel der

Stärke; Claire, den Engel des Opfermuts; Sybille, den Engel der Musik; Jeanne, den Engel der Leidenschaft und des Mitleidens; Jane, den Engel der Reinheit.

Ich vergesse auch nicht Franz Christoph Giercke, meinen „skywalker", Gyurme Dorje, den Tibetologen, und Snafu Wowkonowicz.

Dank auch an Anthony Awis, Uttara Crees, Joëlle Désiré, Manfred Durniok, Claude und Françoise Evin, Evelyne Faure, Henri-Christian Giraud, Heather Karmay-Stoddard, Michel Magloff, Jean und Lise Mansion, Pascal Meunier, Naïla de Monbrison, Ugen Noubpa, Michaël Oppitz, Fabien Ouaki, M. Alain Peyrefitte, Marie Quilgars, Françoise Vitali-Jacob, Philippe Sarde, Pascal Bensoussan und Philippe Pochet.